Pe bawn i ond yn cymeradwyo'r un llyfr hwn i chi, l
ei fyw. Pam? Dw i wedi gweithio i ddatblygu rhwyd
Cambodia i ardaloedd tlotaf dinasoedd y byd a dw i
ei wneud yn ein dydd. Mae llawer o lyfrau gwych wedi'u hysgrifennu, ond mae hwn yn
arbennig. Gyda sefyllfaoedd tywyllaf llygredd dynol yn gefndir, mae stori Rhiannon, fel un
Corrie Ten Boom o'i blaen, yn hynod bwerus. Dylai gael ei ddarllen gan bawb. Mae Lilïau
Tân yn wych ac yn ddarllenadwy i bawb. Mae'r straeon yn cael eu hadrodd gyda symlrwydd
plentyn ac eto yn cynnwys doethineb sy'n trawsffurfio bywydau. Yn fwy na dim, mae
gwir natur cariad Duw yn dod i'r amlwg. Bydd y tudalennau hyn yn eich llenwi â gobaith,
dealltwriaeth a llawenydd.

John Dawson
Sylfaenydd yr International Reconciliation Coalition
Llywydd Emeritws, Youth With A Mission

Mae Lilïau Tân yn stori bwerus am fywyd a gwaith Rhiannon. Mae hi wedi gweithio ym
mannau tywyllaf y byd; yn dilyn Iesu, y Seren Fore ddisglair sy'n datgan diwedd y nos
dywyll a gobaith diwrnod newydd. Drwy wrando ar Ei arweiniad mae hi wedi troi yn seren
ddisglair iddo. Mae'n hyfrydwch darllen yr hanes, gweld y lluniau a rhyfeddu at y gwaith
gwych mae hi wedi ei gychwyn a'i basio ymlaen i sawl tyst ffyddlon.

Josiane André
Cyd-sylfaenydd Medair

Rhiannon Lloyd, "Ein Rhiannon ni". Gwnes i gyfarfod Rhiannon Lloyd ym 1995 yn ystod
seminar i arweinwyr eglwysig, flwyddyn ar ôl yr hil-laddiad yn erbyn y Twtsis. Roedden
ni i gyd yn chwilio am y balm iachusol fyddai'n gwella calonnau clwyfus ein pobl. Yn
ddiweddarach ymunodd Rhiannon â ni yn African Evangelistic Enterprise (AEE) a datblygu
"Iacháu Clwyfau Gwrthdaro Ethnig", seminar a drodd allan i fod yr ateb roedden ni'n
chwilio amdano. Darllenwch "Lilïau Tân" ac ymunwch â Rhiannon wrth iddi chwilio am
elicsir iachâd mewnol. Dilynwch hi yn Liberia, Rwanda, Y Congo, Cenia a mannau eraill o
ddioddefaint a galar. Dewch i gwrdd â'r bobl hynny sydd wedi eu profi yn y ffwrnais o boen
ac wedi'i hiachau wrth y groes, fel Lilïau Tân hardd yn blodeuo o'r lludw. Falle y cewch
chithau hefyd eich herio i ddod yn un.

Parchg Ddr Antoine Rutayisire
Prif Fugail, Eglwys Anglicanaidd Remera
Awdur "Faith Under Fire, Stories of Christian Bravery During the Genocide"
a "Reconciliation is My Lifestyle"
Cyn Is-Gadeirydd, Y Comisiwn Undod a Chymod Cenedlaethol (1999-2011).

Bydd bywyd a phrofiadau Rhiannon ymhlith y cenhedloedd yn darlunio calon Duw i chi mewn ffyrdd ffres a rhyfeddol. Mae yma brofiadau fydd yn eich trawsnewid chi wrth i chi ddarllen am waith Duw ymhlith y bobloedd. Mae'r llyfr hwn yn dal yr allweddi i'w galon, a bydd yn cael ei ddarllen gan genedlaethau'r dyfodol.

Fawn Parish
Datblygwraig Pobl, Awdures/Siaradwraig
International Reconciliation Coalition/Reignbridge

Mae Lilïau Tân yn stori onest am daith bywyd bersonol, ysbrydol a chymdeithasol Rhiannon. Wrth iddi rannu'n agored am uchafbwyntiau ac isafbwyntiau ei bywyd, gwelwn yn glir sut mae'r allweddi ysbrydol a ddarganfu wedi cael eu rhannu a'u defnyddio i gynnig iachâd i unigolion a chymunedau ledled y byd. Daethom i adnabod Rhiannon gyntaf yn Ysgol DTS a chwnsela YWAM, ac yn ddiweddarach buom yn cydweithio am nifer fawr o flynyddoedd – yn Nwyrain Affrica yn bennaf, mewn cymunedau oedd wedi eu chwalu gan hil-laddiad, aflonyddwch sifil a phob math o anghyfiawnder. Rydym wedi sefyll ochr yn ochr â Rhiannon, ac wedi gweld â'n llygaid ein hunain gymod a iachâd yn digwydd mewn mannau cwbl anobeithiol, a siarad yn ddynol. Mae miliynau wedi'i cyrraedd â'r deunydd gyflwynir yn Lilïau Tân, gan beri i ni synnu a rhyfeddu at y ffordd mae Duw yn newid pobl.

Heddiw, mae'n dal yn fraint i ni barhau i weithio gyda llawer o'r arweinwyr cenedlaethol gafodd eu hyfforddi gan Rhiannon, a gweld y ffrwyth yn parhau i luosogi. Rydym yn cymeradwyo Lilïau Tân yn galonnog, fel stori anhygoel, werth ei darllen, sy'n dangos sut y gall Duw ddefnyddio unrhyw un, hyd yn oed un ddynes ifanc sengl o Gymru, i wneud pethau gwych dros Deyrnas Dduw ledled y byd.

Dr. Erik Spruyt
Cyfarwyddwr, Le Rucher Ministries

Mae Rhiannon mewn ffordd unigryw wedi gallu uniaethu â'r boen a'r trawma mae eraill wedi'u profi – hyd yn oed mewn sefyllfaoedd lle bu rhyfela a cholled. P'run ai drwy dreialon a salwch personol, brwydrau a chwestiynau – i'r ffordd y gall Duw newid cenhedloedd. Mae'n stori ryfeddol.

Dw i wedi teithio gyda Rhiannon ambell waith. Dw i wedi'i gwylio hi yn uniaethu â phobl sydd wedi'i clwyfo, wedi edmygu ei hysbryd, wedi gwerthfawrogi dyfnder a chreadigrwydd ei dysgeidiaeth, wedi uniaethu â hi fel cymodwr, wedi gweddïo, chwerthin ac wylo gyda hi. Rwy'n gweddïo y gwnewch chithau hefyd, wrth i chi ddarllen y stori ddynol ond duwiol hon, am edifeirwch, maddeuant a chymod. Nid stori Rhiannon yn unig sydd yma, mae hefyd yn stori am Dduw.

Brian Mills
Awdur, Arweinydd Gweddi Rhyngwladol

Mae Lilïau Tân wedi gadael argraff ddofn arnom. Mae Rhiannon yn disgrifio ei hun fel 'person cyffredin gyda gwendidau a brwydrau', gan arddangos y gostyngeiddrwydd cywiraf. Yr hyn sy'n disgleirio drwy'r tudalennau yw ei bod yn ymddiried mewn Duw rhyfeddol, un sydd wedi gweithio ynddi a thrwyddi mewn ffyrdd rhyfeddol a goruwchnaturiol. Mae ei dyhead i weld pobl a chenhedloedd amrywiol yn cael eu hiacháu, adfer a cael eu trawsffurfio yn adlewyrchu mewn ffordd rymus calon dosturiol a grasol Duw tuag atom. Mae gweinidogaeth Rhiannon yn cyfeirio ein sylw at Groes ein Gwaredwr annwyl, ac mae'r tystiolaethau yn y gyfrol yn gwneud yr un modd, ein cyfeirio at yr Oen a drywanwyd, yr Un fydd yn gweld 'o lafur ei enaid' yr Un y mae popeth, ac y bydd popeth 'er ei fwyn'.

Sarah a Meirion Morris
Eglwys Bresbyteraidd Cymru

Addasiad Cymraeg: Arfon Jones
Golygydd Cyffredinol: Aled Davies
Cynllun y clawr a chysodi: Rhys Llwyd

CYHOEDDIADAU'R
GAIR

Cyhoeddwyd gan:
Cyhoeddiadau'r Gair
Ael y Bryn, Chwilog,
Pwllheli, Gwynedd
LL53 6SH.
www.ysgolsul.com

LILÏAU

DOD O HYD I OBAITH MEWN LLEOEDD ANNISGWYL

TÂN

ATGOFION DR. RHIANNON LLOYD
ADDASIAD CYMRAEG GAN ARFON JONES

I'm chwaer arbennig, Gwenda,

ac i'r holl arwyr a dderbyniodd y neges a dechrau ei byw.

Ni allasai'r llyfr hwn fod wedi ei ysgrifennu hebddyn nhw.

CYNNWYS

MUDIADAU CRISTNOGOL

Medair, www.medair.org - sefydliad dyngarol rhyngwladol wedi'i ysbrydoli gan ffydd Gristnogol i leddfu dioddefaint yn rhai o'r lleoedd mwyaf anghysbell ac anrheithiedig. Mae wedi'i leoli yn y Swistir.

Youth with a Mission (YWAM), www.ywam.org - mudiad byd-eang, yn llawn o bobl ifanc yn bennaf, wedi ei tanio ag angerdd i nabod Duw yn well a dweud wrth eraill amdano.

Operation Mobilisation (OM), www.om.org – mudiad cenhadol Cristnogol wedi ei sefydlu gan George Verwer i ysgogi pobl ifanc i fyw a rhannu Efengyl Iesu Grist.

African Evangelistic Enterprise (AEE), www.aeerwanda.ngo – rhan o fudiad mwy: African Enterprise (AE), www.africanenterprise.com. Ar hyn o bryd mae AE yn weithredol mewn 10 o wledydd Affricanaidd, yn ceisio rhannu'r Efengyl mewn gair a gweithred yn y gwledydd hynny, mewn cydweithrediad agos â'r eglwysi lleol.

Le Rucher Ministries, www.lerucher.org - wedi'i leoli ger Genefa. Ei nod yw arfogi pobl i wneud gwahaniaeth mewn byd anghenus. Yn ogystal â chanolbwyntio ar ofalu am anghenion cenhadon a datblygu cymunedol mae hefyd yn cefnogi gweinidogaethau cymodi ethnig mewn sawl gwlad.

Tearfund, www.tearfund.org – asiantaeth cymorth a datblygiad Cristnogol wedi'i leoli yn Teddington ger Llundain. Ar hyn o bryd mae Tearfund yn gweithio mewn tua 50 o wledydd, gan ganolbwyntio'n bennaf ar gefnogi'r rhai mewn tlodi a darparu cymorth trychineb i gymunedau difreintiedig.

EFICOR, www.eficor.org - sefydliad Cristnogol yn yr India sy'n ceisio cyflawni trawsffurfiad cymunedol mewn llawer o wahanol ffyrdd.

Rabagirana Ministries, www.rabagirana.org – wedi'i leoli yn Rwanda. Maen nhw am weld Rwanda yn dod yn fodel o heddwch parhaol, undod a goleuni i'r cenhedloedd er gogoniant i Dduw. Eu prif ffocws yw cymod ethnig, datblygiad cymunedol ac arweinyddiaeth gwasanaethgar.

Resonate Global Mission, www.resonateglobalmission.org - eu gweledigaeth yw cyflwyno'r Efengyl i bobl, cymdogaethau, cymunedau, eglwysi a'r byd, i'w hysgogi i gymryd rhan yng nghenhadaeth Duw drwy gyhoeddi a byw newyddion da Iesu yn ffyddlon.

RHAGAIR

Hanes Duw ar waith yn ein dyddiau ni ydy **Lilïau Tân**. Mewn byd o wrthdaro, casineb, rhagfarn a rhyfeloedd, fe alwodd Duw Gymraes ifanc i fynd allan i ganol rhai o sefyllfaoedd tywyllaf ein byd i rannu'r newyddion da am ewyllys da a chymod drwy groes Crist. Roedd Rhiannon yn gyfarwydd ers yn ifanc â Neges Ewyllys Da yr Urdd ac â gweledigaeth Eisteddfod Ryngwladol Llangollen, ond roedd Duw yn ei galw i fynd gam ymhellach. Mentrodd Rhiannon allan mewn ffydd i ganol rhai o'r amgylchiadau tywyllaf o wrthdaro yn ein byd a chynnig ffordd amgenach a gobaith gwirioneddol.

Craidd neges Rhiannon, yng nghanol sefyllfaoedd o wrthdaro a rhagfarn, ydy fod Duw yn gallu prynu nôl bopeth da sydd wedi'i golli, a'i fod trwy groes Crist yn cynnig i bawb fywyd ar ei orau – bywyd yn ei holl gyflawnder.

Gan fod Rhiannon yn Gymraes roedd ganddi brofiad o gael ei dilorni, ei sarhau a'i gwawdio. Defnyddiodd Duw y profiadau hynny i siapio'i gweinidogaeth a'i helpu i gyfathrebu a rhannu'i neges mewn ffordd onest, apelgar ac agored, heb ofni rhannu ei hofnau a'i briwiau ei hun a chydnabod ei bod hithau hefyd yn fregus ac yn hawdd ei chlwyfo.

Bellach mae gweithdai *Iacháu Calonnau, Trawsnewid Cenhedloedd* yn cael eu cynnal mewn gwledydd ar hyd a lled y byd.

Dewch ar antur gyda Rhiannon i Rwanda, De Affrica, y Congo, Cenia, Wcrain a mannau eraill. Gadewch i'w hanes eich herio chi am ein sefyllfa yma yng Nghymru, i weld yr angen am ddealltwriaeth, parch, cyfiawnder a chymod rhyngom ni Gymry Cymraeg, y Cymry di-Gymraeg, y Saeson ac eraill sy'n byw yn ein plith.

Gwnes i gyfarfod Rhiannon gyntaf yn Ysgol Haf y Weinidogaeth Iachau ddiwedd y 70au. Hi oedd yn arwain yr addoliad yn y gynhadledd. Mae ei galwad a'i gweinidogaeth ers hynny wedi parhau ar yr un trywydd – iachau'r clwyfau sy'n ganlyniad gwrthdaro mewn cymunedau a chenhedloedd ac arwain pobl at y groes lle mae'r ffocws yn troi o'r hunan at yr Un sy'n haeddu ein haddoliad i dragwyddoldeb!

Mae wedi bod yn fraint cael cydweithio gyda Rhiannon i ddarparu'r gyfrol yma yn y Gymraeg.

Arfon Jones (beibl.net)

"Edrychais eto ac roedd tyrfa enfawr o bobl o mlaen i – tyrfa mor aruthrol fawr, doedd dim gobaith i neb hyd yn oed ddechrau eu cyfri! Roedden nhw'n dod o bob cenedl, llwyth, hil ac iaith, ac yn sefyll o flaen yr orsedd ac o flaen yr Oen."

Datguddiad 7:9

PAM LILÏAU TÂN?

Ro'n i'n gweld yr wlad gyfan wedi'i gorchuddio â lludw, a dyma fi'n dechrau crio dan bwysau'r teimlad o ddifrod ac anobaith. Ro'n i yn Rwanda ar y pryd – fy ail ymweliad â'r wlad, ac yn gweddïo gyda grŵp o ffrindiau yn fuan iawn ar ôl hil-laddiad 1994 yn erbyn y Twtsi. Yna, wrth i ni weddïo gyda'n gilydd, dyma'r darlun yn dechrau newid a gwelais flodau coch hardd yn tyfu allan o'r lludw. Dywedais wrth Dduw fy mod am gredu y byddai harddwch yn dod o ludw Rwanda.

Ychydig flynyddoedd yn ddiweddarach, roeddwn yn Ne Affrica ac ro'n i a ffrind yn bwriadu mynd i gerdded heb fod yn bell o Cape Point. Pan gyrhaeddon ni yno dyma ni'n darganfod fod *bushfire* wedi llosgi popeth ac roedd ochr y bryn yn ddu gan ludw. Gan feddwl na fyddai'n le braf iawn i gerdded dyma ni'n troi i ffwrdd, ond yna dyma ni'n clywed rhyw bobl yn galw arnon ni o ben y bryn. 'Ydych chi wedi gweld y lilïau tân?' Dyma nhw'n esbonio i ni mai blodau yn Ne Affrica ydy'r rhain sydd ond yn tyfu ar ôl tân. Gall yr hadau aros tan y ddaear am flynyddoedd, ond pan mae yna dân ar wyneb y tir mae'r gwres yn gwneud i'r hadau gracio ar agor a dechrau tyfu. 'Ewch i fyny i'w gweld,' medden nhw.

Felly dyma ni'n dechrau dringo'r llechwedd, a wir i chi, dyna ble roedden nhw. Ac roedden nhw'n goch. Trois at fy ffrind gyda dagrau yn fy llygaid, 'Dw i'n gwybod enwau'r blodau yma! ... Anastase a Joseph a Devota a Deborah a Judith ac Abednego... fy ffrindiau annwyl yn Rwanda sydd wedi bod drwy'r tan, ac wedi dod allan yr ochr arall mor hardd.'

Lilïau Tân ar Benrhyn y Cape, De Affrica, Ionawr 2016

Meet the Fire Lily gan Callan Cohen wedi'i drwyddedu dan CC-BY-SA 3.0

MAE'R LLYFR YMA AM...

(PLÎS DARLLENWCH HWN!)

Berson cyffredin

Dw i'n berson cyffredin gyda'm holl wendidau a'm brwydrau, ond wedi darganfod y gall Duw ddefnyddio popeth er ei ogoniant. Does dim byd yn mynd yn wastraff gyda Duw. Gall droi ein holl dreialon yn aur fydd yn bendithio rhywun arall. Gall hyd yn oed gymryd ein gwendidau a'n dioddefiadau a'u troi'n rhywbeth sy'n rhoi bywyd newydd. Fyddai neb wedi synnu mwy na mi.

Mi fûm i'n brwydro am flynyddoedd i geisio deall cymeriad Duw – ydy hi wir yn bosib credu ei fod o'n Dduw da a chariadus pan mae rhywun yn dioddef ac yn profi anghyfiawnder? A beth am gyflwr y byd? Wnes i erioed ddychmygu y byddai Duw yn fy nefnyddio i i gynnig gobaith i rai o'r lleoedd mwyaf trasig ar y ddaear. Ond dyna'r union frwydrau meddyliol ddefnyddiodd Duw i ddatgloi miloedd o galonnau toredig a chynnig gobaith ac iachâd iddyn nhw.

Doeddwn i ddim eisiau ysgrifennu llyfr am fy stori ychwaith. Pam? Am fy mod i'n credu mai'r arwyr go iawn ydy'r bobl hynny sydd wedi derbyn y neges yma am iachâd, maddeuant a chymod, ac wedi ei fyw, a hynny'n aml yn costio'n ddrud iddyn nhw. Roeddwn i'n hapus i rannu eu stori nhw, ond dim fy un i.

Ond newidiodd hynny pan oeddwn mewn cynhadledd arbennig, pan ddaeth dyn ifanc ata i – dyn oedd erioed wedi nghyfarfod i ac yn gwybod dim amdana i. Dywedodd fod Duw wedi tynnu ei sylw at fy nwylo i. Roedd yn teimlo fod Duw yn dweud, 'Mae yna straeon ynot ti mae'r byd angen eu clywed, felly dechreua sgwennu!' Felly mae'r llyfr yma wedi ei ysgrifennu fel gweithred o ufudd-dod.

Prynedigaeth

Hanesion am brynedigaeth ydy'r rhain. Doeddwn i ddim yn deall ystyr y gair am flynyddoedd. Roeddwn yn meddwl ei fod yn golygu'r un peth ag achubiaeth. Mae'r gair 'achubwr' (neu 'waredwr') yn disgrifio rhywun sy'n gwneud hynny'n union – achub, *talu'r pris* i ddod â rhywun yn ôl o farwolaeth i fywyd, yn ystyr llawnaf y gair. Mae prynedigaeth yn disgrifio popeth yn cael ei *'brynu nôl'* a mwy! Prynodd Iesu y cwbl yn ôl gyda llog.

Talodd Iesu y pris yn llawn am *bopeth* roedd Satan, y Lleidr, wedi'i ddwyn oddi arnon ni. Dw i ddim yn credu y byddwn i erioed wedi gallu mynd i rai o'r lleoedd mwyaf tywyll a thrist ar y ddaear oni bai fod hynny wedi ei ddatguddio i mi. Mae popeth yn brynadwy. Does dim gobaith mwy yn bod.

Dydy fy ngwaith ddim wedi bod heb ei broblemau, ei heriau a'i boen, ond mae wedi bod y fath fraint, ac mae'n dal i fod yn fraint, gweld Duw yn iacháu a thrawsffurfio calonnau briw – rhai ohonyn nhw yn llawn casineb – a'u troi yn lilïau tân hardd. Roedd o'n werth y cwbl.

Gobaith

Hanesion am obaith ydy'r rhain. Y gobaith fod dim yn cael ei wastraffu gyda Duw. Mae o'n gallu defnyddio'n holl brofiadau ni, y da a'r drwg, i gyflawni'r gwaith mae eisiau ei wneud ynon ni a thrwon ni. Mae wedi rhoi i ni y doniau a'r bersonoliaeth sydd ei angen i gyflawni ei fwriadau. Wrth i chi ddarllen yr hanesion hyn, fy nymuniad i ydy y cewch eich llenwi â'r gobaith fod Duw yn gallu defnyddio'ch profiadau mwyaf poenus chi i fendithio rhywun arall.

Iachâd

Mae pwyslais mawr ar iachâd yn y llyfr yma. Y newyddion da ydy fod Duw yn gallu iacháu ein briwiau mewnol i gyd, hyd yn oed rhai sy'n dilyn hil-laddiad. Mae gan Dduw gonsyrn am ein briwiau gymaint ac am ein pechod, ac mae wedi trefnu fod y groes yn delio gyda'r naill a'r llall. Dyma ffaith bwysig arall sy'n rhoi gobaith i ni.

Arweiniad Duw

Mae'r hanesion yma yn dangos sut y gall Duw ein harwain ni pan nad ydyn ni hyd yn oed yn ymwybodol o'r peth. Ro'n i bob amser yn cael trafferth gyda'r teimlad mod i'n ddiffygiol yn clywed llais Duw a derbyn ei arweiniad. Sut allwn ni wybod os ydyn ni go iawn yn dilyn ei arweiniad. Sut allwn ni wybod os ydyn ni wir yn cyflawni ei ewyllys? Falle y dylwn i bwysleisio yma, er fy mod i'n aml yn sôn am Dduw yn dangos pethau i mi, yn amlach na pheidio doeddwn i ond yn gweld hynny wrth edrych yn ôl. Dw i erioed wedi cael rhyw arweiniad dramatig, goruwchnaturiol.

Dim ond syniad wnaeth groesi fy meddwl oedd arweiniad Duw, a minnau wedyn yn penderfynu gweithredu arno. Doeddwn i ond yn gweld y ffrwyth wrth edrych yn ôl, ac yn gorfod dod i'r casgliad fod Duw wedi bod yn fy arwain bob cam o'r ffordd.

Dw i wedi dod i ddeall o dipyn i beth fod Duw yn siarad â ni yn unigol mewn ffordd sy'n gweddu i'n personoliaeth a'n doniau. Ar ôl treulio cymaint o flynyddoedd yn cwyno nad ydw i byth yn clywed llais Duw, dw i wedi gorfod dod i'r casgliad fy mod i'n ei glywed, ond fel arfer mae'n dod trwy fy *meddyliau naturiol*. Yn amlach na pheidio, dw i wedi cerdded drwy'r drws agored nesaf o'm blaen, heb unrhyw syniad i ble roedd o'n arwain.

Cymeriad Duw

Dw i eisiau i chi weld yn yr hanesion yma, harddwch rhyfeddol a nodweddion hardd cymeriad Duw, ei galon. Mae o'n gwbl ddibynadwy ac yn weithredol yn ein byd drylliedig, pechadurus. 'Tad celwyddau' ydy Satan, sy'n mynnu ceisio gwenwyno ein dealltwriaeth o gymeriad ac ewyllys Duw. Ac eto, fel y dywed Tozer yn '*The Roots of the Righteous*':

> Y *gwir yw mai Duw yw'r bod mwyaf enillgar sydd, a'i wasanaethu yn un o bleser anrhaethol.*

Mae Duw yn gwneud pethau hardd a rhyfeddol drwy'r adeg a dyn ni ond yn clywed am ychydig ohonyn nhw. Ond ryw ddydd byddwn yn clywed am y cwbl ac yn rhyfeddu ac addoli. Mae Duw yn wirioneddol anhygoel. A'm gweddi ydy y dowch i weld y gwirionedd yma'n glir ac yn rymus.

Hanes fy mywyd personol i sydd yma. Mae'n disgrifio sut gwnaeth Duw, yn gwbl annisgwyl, fy nefnyddio i greu, a gweld twf rhyfeddol y gwaith rhyngwladol sy'n cael ei adnabod bellach fel *Iacháu Calonnau, Trawsnewid Cenhedloedd*. Yr enw gwreiddiol oedd *Iacháu Briwiau Gwrthdaro Ethnig*. Dw i'n eich gwahodd chi i ddod hefo fi ar y daith.

Yn Atodiad 1 fe welwch awgrymiadau ar gyfer myfyrdod personol neu drafodaeth grŵp ar gyfer pob pennod.

1. Y BONT

Wrth weld y bont raff yn siglo'n simsan dros ruthr yr afon ddofn, oedd fwy na thebyg yn llawn crocodeiliaid, ro'n i wedi dychryn drwyddo i . Oedden ni wir i fod i groesi *hon?*

Ebrill 2007 oedd hi, ac roedden ni yng ngogledd-ddwyrain Gweriniaeth Ddemocrataidd y Congo. Roedd Cathy, fy ffrind o'r Swistir, a minnau yn cynnal sesiwn hyfforddiant ar Iachâd a Chymod Ethnig yn Nyankunde, tre wedi ei hanrheithio gan ddeg mlynedd o ryfel cartref oedd newydd ddod i ben. Roedd yn daith o awr i Bunia, ble roedden ni'n aros. Doedden ni erioed wedi gallu teithio allan o Bunia ar ein hymweliadau blaenorol. 'Dyn ni am fynd a chi am dro bach i ganolfan dwristaidd ar y ffordd,' meddai'n ffrindiau ar y tîm lleol. Roedden ni braidd yn ddryslyd pan ddwedon nhw wrthon ni y dylen ni wisgo ein dillad gorau, ond wnaethon ni ddim cwestiynu'r peth.

Stopiodd y cerbyd mewn ardal wledig a chawsom ein harwain ar hyd llwybr hir drwy'r *bush* i gyfeiriad afon. Wrth gerdded yn ein blaenau dyma ni'n clywed sŵn canu o gyfeiriad y llechwedd yr ochr arall i'r afon. Yna, wrth edrych i fyny, roedden ni'n gweld tyrfa o bobl yn chwifio canghennau. 'Beth sy'n digwydd yn fan'cw?' medden ni. Gwenodd y tîm. 'Maen nhw wedi dod i'ch cyfarfod chi,' medden nhw. 'Mae rhai ohonyn nhw wedi cerdded am chwe awr i ddiolch i chi am ddod â neges heddwch i'n gwlad. Mae'r neges yma wedi dod a'r rhyfel i ben. Dacw'r ganolfan lle roedd y militia lleol yn arfer dod at ei gilydd.'

Roedd ein calonnau'n llawn rhyfeddod a diolchgarwch – nes i ni weld y bont raff. Ond sdim ots pa mor betrus ac ofnus oedden ni, roedd rhaid i ni groesi i gwrdd â'r bobl yma. Roedd yna lot fawr o chwerthin ymhlith y tîm lleol wrth i ni stryglo gam wrth gam yn ein sgertiau hir, weithiau yn gorfod cropian, i groesi'r bont simsan o raff a changhennau, tra'n ceisio osgoi edrych ar yr afon wyllt oddi tanom...

Roedd y dyrfa yn gwthio ymlaen at y bont i'n croesawu ni, yn canu a chwifio'r canghennau. 'Ai dyma sut mae'r frenhines yn teimlo?' meddyliais, wrth chwifio llaw yn ôl. Roedd y cyfarfod gafwyd wedyn mor deimladwy wrth i ni wrando ar un dystiolaeth ar ôl y llall o sut roedd neges iachâd a chymod ein gweithdai wedi newid calonnau ac achosi i garfannau rhyfelgar roi'r gorau i ymladd. Cafwyd araith gan bennaeth y llwyth lleol, yn diolch i ni am helpu i ddod â heddwch i'r ardal.

Yna, cyn cloi, dyma fo'n gofyn os oedd yna unrhyw bosibilrwydd y gallen ni helpu i ariannu'r gost o drwsio'r bont, gan ei bod hi ddim yn saff. Dyna'r peth olaf oedden ni eisiau ei glywed cyn gorfod ei chroesi unwaith eto i fynd yn ôl i'n cerbyd, yn arbennig gan ein bod bellach yn cario saith o ieir byw a basged o wyau oedd wedi eu rhoi'n rhodd i ni!

Sut yn y byd wnes i, dynes fach o Gymru, ffeindio fy hun yn y fath le? meddyliais. Doeddwn i erioed wedi bwriadu gwneud rhywbeth fel yma. Aeth amser maith heibio cyn i mi ddarganfod fod Duw wedi dechrau cynllunio hyn i gyd hyd yn oed cyn i mi gael fy ngeni...

Y bont

2. DYLUNIWYD GAN Y CREFFTWR MEDRUS

'Pwy ydw i? Beth sydd wedi fy ngwneud i'n *fi*?' Cwestiynau oedd yn aml yn mynd trwy'r meddwl. Ro'n i wedi stryglo gyda diffyg hunan-barch, yn meddwl fod pobl eraill gymaint gwell na mi. Ro'n i wir yn eiddigeddus o'r bobl hynny oedd yn wynebu popeth oedd yn cael ei daflu atyn nhw yn dawel a di-gyffro. Pam oedd Duw ddim wedi fy ngwneud i'n ferch hardd? Dw i'n cofio eistedd ar y gwely pan oeddwn i'n y brifysgol, yn teimlo fel plisgyn wy gwag. Roedd gen i wynebau gwahanol ar y tu allan, yn dibynnu ar y cwmni roeddwn i'n ei gadw ar y pryd, ond oedd yna unrhyw beth o werth ar y tu mewn?

Mae Diarhebion 8 yn siarad am rywun o'r enw Doethineb, oedd yn bresennol adeg y creu – mae'n cael ei ddisgrifio fel crefftwr neu bensaer; crefftwr medrus, yn cael pleser pur yn y ddynoliaeth. Mae'r Beibl yn galw Iesu yn ddoethineb Duw (1 Corinthiaid 1:24); ac mae Ioan 1:2-3 yn datgan ei fod gyda Duw ar y dechrau cyntaf a bod popeth sy'n bod wedi eu creu trwyddo fo.

Dw i bellach yn gwbl argyhoeddedig ein bod wedi ein dylunio gan Grefftwr Medrus ymhell cyn i ni gael ein cenhedlu, fel bod pob un ohonon ni yn tyfu i fod yn berson unigryw gyda'r bersonoliaeth, y doniau a'r gallu sy'n cyfateb yn union i'r hyn oedd gan Dduw mewn golwg ar gyfer ein bywydau. Ers peth amser roeddwn wedi bod yn rhyfeddu at y ffordd y cefais fy arwain i mewn i weinidogaeth dw i wir yn ei charu, ac sydd mewn gwirionedd yn 'fi' ... er nad oedd gen i bryd hynny, unrhyw syniad o'r hyn roedd Duw yn ei wneud. Ro'n i'n teimlo fod Duw'n ymateb drwy ddweud, 'Dw i'n gwybod beth ydy dy seis di.'

Dw i'n credu ein bod ni fwyaf bodlon pan fyddwn ni'n rhydd i fod y bobl mae Duw wedi'n bwriadu ni i fod: *'Wna i ddim gosod unrhyw beth sydd ddim yn ffitio arnat ti'* (Mathew 11:28-30 - 'The Message'). Er, wrth gwrs, does neb ohonon ni'n gallu ymateb yn ddigonol i alwad Duw oni bai ei fod o'n ein harfogi a'n cynnal ni. Dydy'n 'hadnoddau naturiol' ni ddim yn ddigon.

Wrth edrych yn ôl ar fy mywyd, dw i'n gweld patrwm yn cael ei greu. Hyd yn oed pan yn blentyn bach, ro'n i'n 'berson syniadau', 'Beth am drio hyn?' Ro'n i wrth fy modd hefo cerddoriaeth, drama a symboliaeth, ac yn barod iawn i fentro. 'Os oes na neb arall yn barod i wneud hyn, mi wna i o'. Byddwn i'n casglu plant y pentre at ei gilydd i baratoi cyngherddau a dramâu fydden ni'n eu cyflwyno i'n rhieni a'n cymdogion amyneddgar, oedd bob amser yn werthfawrogol ac yn llawn anogaeth. Doedd dim angen sgript – ro'n i'n annog pawb i fod yn greadigol a dilyn ein calonnau, ond roedd gen i safonau uchel ac eisiau i bopeth gael ei wneud mor dda ag oedd modd.

Ro'n i hefyd yn mwynhau siarad cyhoeddus, ac wedi fy newis yn yr ysgolion cynradd ac eilradd i siarad ar ran y disgyblion ar achlysuron arbennig. Yn yr ysgol fawr, fi oedd yr ifancaf i gael fy newis i fod yn rhan o'r tîm dadlau ar gyfer cystadleuaeth radio. Pan oedd cystadleuaeth ddrama yn yr ysgol, roeddwn i'n sgwennu, cyfarwyddo a chwarae'r prif rannau yn y dramâu, ac fel arfer yn ennill. Roedd hyn i gyd gymaint o hwyl – roeddwn i'n ei fwynhau lawer mwy na'r gwersi. A bellach dw i'n gweld mai Duw oedd yn fy mharatoi ar gyfer ei gynllun o i mi i'r dyfodol, er nad oeddwn i'n ei nabod o bryd hynny. Mae Duw yn sancteiddio ein doniau naturiol i'w defnyddio i hyrwyddo ei deyrnas.

Hefyd, mor bell yn ôl a dw i'n cofio, roedd gen i ddiddordeb mawr mewn gwledydd eraill. Cefais hyn gan fy rhieni. Roedd fy nhad wedi teithio o gwmpas Ewrop eitha tipyn cyn priodi pan oedd o'n hŷn, ac roedd wrth ei fodd yn siarad am y gwahanol wledydd roedd wedi ymweld â nhw. Roedd fy mam wedi chwarae rhan bwysig yn nyddiau cynnar yr Urdd – mudiad oedd i gynnig gobaith i Gymru. Yr arwyddair oedd 'Byddaf yn ffyddlon i Gymru, i gyd-ddyn ac i Grist.' Roedd yna raglen radio 'Dydd Ewyllys Da' pan oedd plant Cymru yn anfon neges o ewyllys da i blant gwledydd eraill, a bydden nhw'n ymateb yn yr un modd. Roedd y diwrnod yma yn un o uchafbwyntiau'r flwyddyn i mi.

Wedyn, wrth gwrs, roedd yr Eisteddfod Ryngwladol yn Llangollen. Digwyddiad arall oedd yn hybu ewyllys da rhwng cenhedloedd a gwerthfawrogiad o ddiwylliannau pobloedd eraill.

Byddai côr yr ysgol yn mynd am drip yno, ac ro'n i wrth fy modd, yn clywed y canu mewn amrywiol arddulliau a gweld dawnsfeydd gwahanol genhedloedd. Awgrymais i'm ffrindiau y dylen ni gael cystadleuaeth i weld pwy allai gasglu'r nifer mwyaf o lofnodion o wahanol wledydd, ac ro'n i'n benderfynol fy mod i'n mynd i ennill. Roedd y syniad o deithio i wledydd eraill a dysgu am eu diwylliannau mor gyffrous.

Poen plentyndod

Ond wynebais lot fawr o boen yn fy mhlentyndod hefyd. Cafodd fy unig chwaer, Gwenda, ei geni ddwy flynedd ar fy ôl i, ac wrth iddi dyfu daeth yn amlwg nad oedd popeth yn iawn. Doedd hi ddim fel petai'n gallu deall pethau, ac yn aml yn troi'n rhwystredig ac ymosodol. Cafodd ei gweld gan feddygon, ond wnaeth dim un ddeall natur ei phroblem. Roedd pethau'n mynd mor ddrwg weithiau byddai'n rhaid iddi fynd i ysbyty'r meddwl i'n cadw ni'n saff. Bryd hynny doedd yna ddim darpariaeth yn ein hardal ni ar gyfer y rhai oedd ag anableddau dysgu.

O be dw i'n ddeall erbyn hyn, pan gafodd Gwenda y frech goch yn bedair oed, roedd ganddi hefyd lid yr ymennydd (*encephalitis*), wnaeth achosi arestiad yn ei datblygiad emosiynol a gwybyddol, rhai anawsterau cydsymud ac epilepsi ysgafn. Falle fod yna beth hanes o awtistiaeth yn y teulu hefyd.

Fy ymateb i oedd ei gweld hi fel baich, fel maen melin am ein gyddfau. Roedd gen i gywilydd fod gen i chwaer oedd yn 'wahanol' ac yn camfihafio, yn arbennig felly pan oedd pobl yn syllu arnon ni. Dw i'n siŵr fy mod i wedi ychwanegu at ei theimladau o gael ei brifo a'i gwrthod.

Bu'n frwydr hir i'w derbyn hi fel unrhyw beth ond problem, ac eto drwy'r profiad datblygais ymwybyddiaeth o anghenion a phroblemau teuluol all fod yn guddiedig i'r gymuned.

Dw i bellach yn ei gweld fel rhodd Duw i mi – chwaer werthfawr a ffrind. Dw i wedi dysgu cymaint trwy fy mherthynas â hi – yn arbennig yr angen i geisio ei deall, ceisio rhoi fy hun 'yn ei hesgidiau hi'. Byddwn yn gofyn i mi fy hun, 'Sut deimlad ydy o i fod yn Gwenda?' ac yn ceisio cyfathrebu'n glir ac yn syml, gan wneud yn siŵr ei bod hi wir wedi deall. Byddai'r sgiliau yma yn amhrisiadwy yn ddiweddarach yn fy mywyd.

Llun ohono i a Gwenda 2010

Pan oeddwn i'n 11 oed dechreuodd mam ddiodde o gryd cymalau gwynegol difrifol a chyn bo hir roedd hi mewn cadair olwyn. Roedd hi'n wraig hyfryd, ddiwylliedig, yn gerddor naturiol, yn greadigol, yn ysgrifennu cerddi, straeon plant a dramâu. Roedd hi'n rasol tuag at bawb, yn faddeugar ac yn parchu eraill, yn casáu gwrthdaro a bob amser yn ceisio heddwch a chymod. Ond roedd hi hefyd yn eithaf swil, yn meddwl yn isel ohoni ei hun, a ddim yn gyfforddus yn gwneud unrhyw beth cyhoeddus.

Roedd ganddi gonsyrn am yr alltud. Dw i'n ei chofio yn iawn adeg y Nadolig, eisiau rhoi cardiau ac anrhegion i'r bobl yn y pentref fyddai byth yn disgwyl derbyn dim. Ond roedd rhaid gwneud y cwbl yn gyfrinachol ac yn ddienw. Falle mai cael fy anfon i adael cerdyn ac anrheg ar stepen drws rhywun, canu'r gloch a rhedeg i ffwrdd mor gyflym ag y gallwn, oedd un o bleserau mwya'r Nadolig. Roedd mam wedi ysgrifennu emynau hyfryd pan oedd hi'n ifanc, ac wedi cysegru ei bywyd i'r Arglwydd, ond oherwydd diffyg dysgeidiaeth Feiblaidd gyson yn y capel, doedd hi heb dyfu rhyw lawer yn ei phrofiad o Dduw.

Roedd cael mam oedd yn gripl ac mewn poen cyson yn bwysau mawr arna i, gan fy mod yn ei charu gymaint, ond dangosodd nerth mawr er gwaetha'r dioddef. Wnes i rioed ei chlywed hi'n cwyno. Roedd y nyrsys oedd yn dod i ofalu amdani bob amser yn dweud eu bod yn derbyn mwy ganddi nag oedden nhw'n gallu ei roi iddi. Bu farw'n sydyn pan oeddwn i yn fy ugeiniau cynnar ac ro'n i'n crio bob nos cyn mynd i gysgu am fisoedd lawer.

Roedd fy nhad yn llawer hŷn na'm mam ac yn ei chael hi'n anodd i adeiladu perthynas agos gyda phobl. Roedd yn wyddonydd, yn ddyn galluog iawn, gyda diddordeb ym materion y byd. Roedd o yn erbyn militariaeth, gan fynnu nad oedd arfau yn datrys unrhyw beth, ac fe adawodd hynny ei ôl arna i byth ers hynny. Roedd yn mwynhau dramâu ac roedd ganddo synnwyr digrifwch iach. Roedd yn ddyn ffyddlon a phenderfynol, ac yn dyfalbarhau yn wyneb pob anhawster, er gwaetha'i ddiffygion ei hun. Rwy'n meddwl bellach fod rhyw ffurf ar awtistiaeth arno, felly doedd o ddim yn gallu ein cefnogi ni'n emosiynol. Ond fe wnaeth bopeth allai i'n cynnal yn gorfforol a sicrhau addysg dda i ni. Canlyniad hyn i gyd oedd fy mod yn fuan iawn wedi gorfod cymryd arna i fy hun rôl rhiant, yn gofalu am bawb.

Er fy mod wedi tyfu i fyny yn falch fy mod yn Gymraes, gydag ymdeimlad cryf o hunaniaeth a chariad at y diwylliant Cymraeg, roedd yna hefyd ymdeimlad dwfn o boen yn gysylltiedig â'm 'Cymreictod'. Fe ddwedaf i fwy am hynny mewn pennod arall, yn arbennig am y ffordd y gwnaeth Duw fy iacháu a'm trawsffurfio i, gan fod hynny wedi bod yn arwyddocaol iawn yn y gwaith cymodi rwy'n ei wneud..

Dod o hyd i ffydd bersonol

Ces i sioc tua diwedd yr ysgol uwchradd, pan ddywedodd ffrind wrtho i ei bod wedi "dod yn Gristion", a bod angen hynny arna i hefyd. Oedd hi'n meddwl fy mod i'n bagan neu rywbeth? Ro'n i'n dadlau'n gryf yn ei herbyn. Wedi'r cwbl, ro'n i wedi fy magu mewn teulu crefyddol ac yn perthyn i ddiwylliant crefyddol. Ro'n i'n mynd i'r capel yn rheolaidd ac yn athrawes Ysgol Sul... Ac eto roedd Duw yn teimlo'n bell i ffwrdd rywsut. Doeddwn i ddim wedi clywed neb yn sôn am berthynas bersonol gyda Duw, ac roedd mynd i'r capel yn teimlo fel rhywbeth oedd ond yn perthyn i'r diwylliant ac yn ffordd o gadw Cymreictod yn fyw.

Ychydig fisoedd yn ddiweddarach, es i Rali Ieuenctid Gristnogol gyda fy ffrind, a gweld pobl ifanc yr un oed â mi fel petai ganddyn nhw berthynas agos a chariadus gyda Duw – Duw oedd yn real iawn ac yn gweithredu heddiw. Ar ôl noson ddi-gwsg, dyma fi'n dweud wrth Iesu fy mod i eisiau 'ymuno' a bod yn 'Gristion go iawn', beth bynnag oedd ystyr hynny. Ychydig iawn oeddwn i'n ei ddeall am yr Efengyl bryd hynny, ond roedd gen i ryw sicrwydd fod Iesu wedi clywed ac wedi fy nerbyn i, a ches fy llenwi â llawenydd.

Ro'n i'n trio achub pawb o nghwmpas i, yn dweud wrthyn nhw eu bod nhw hefyd angen Iesu, a galla i ddeall pam wnes i brofi lot o wrthwynebiad o bob cyfeiriad.

Ces fy ngalw i ystafell y brifathrawes, a dyma hi'n mynegi ei chonsyrn am fy sêl crefyddol sydyn. 'Well i ti stopio hyn,' meddai, 'neu byddi'n dy gael dy hun yn yr ysbyty meddwl.' Mae'n wir i mi gael fy hun yn yr ysbyty meddwl flynyddoedd yn ddiweddarach... ond fel seiciatrydd!

Ro'n i'n nabod dau o bobl fyddai'n deall fy mod wedi cyfarfod Iesu yn bersonol – Yncl Glyn ac Anti Lena. Roedd Yncl Glyn, brawd fy mam, yn weinidog. Roedden nhw'n wahanol. Roedd eu ffydd yn real, ac roedd ganddyn nhw ryw lawenydd a sylfaen gadarn i'w bywydau. Roedden nhw bob amser wrth law i'n helpu ni fel teulu, ac roedd mynd i aros atyn nhw fel ymweld a gwerddon mewn anialwch. Roedden nhw wrth eu bodd pan sgwennais i atyn nhw i ddweud am fy ffydd.

Gwnes i ddarganfod yn ddiweddarach eu bod nhw wedi treulio mis cyfan yn gweddïo, ac ymprydio weithiau, yn gofyn i Dduw wneud rhywbeth am yr holl ddioddef yn ein teulu ni. Bryd hynny roedd fy modryb wedi 'gweld' darlun yn ei phen o'n tŷ ni gyda golau ar siâp croes yn disgleirio uwch ei ben, ac roedd yn hollol sicr fod Duw wedi gwrando ac yn ateb eu gweddïau. Derbynion nhw fy llythyr i ar ddiwedd yr union fis yna.

Roedd hi rai misoedd wedi hynny pan ddechreuais i ddeall fy angen am faddeuant a sut roedd Iesu wedi marw i sicrhau hynny i mi. Gwnaeth hynny i mi ei garu gymaint mwy ac ro'n i eisiau treulio fy mywyd cyfan yn ei wasanaeth. Ond roeddwn i wir yn stryglo tu mewn am fod cymaint o wahaniaeth rhwng fy llawenydd wrth addoli a rhannu'r newyddion da a'r cwbl roeddwn i'n mynd trwyddo adre. Dw i'n cofio treulio oriau ar fy ngliniau wrth fy ngwely, yn amau tybed os oedd fy ngweddïau yn mynd ddim pellach na'r nenfwd. Roedd yr ystafell yn teimlo mor wag, a byddwn i'n dychmygu, braidd yn or-ddramatig, 'Dw i ar fy mhen fy hun yn y bydysawd. Does neb yn gallu ein helpu ni.' Cuddiais y boen yma yn fy nghalon am flynyddoedd.

Dw i'n cofio'n glir un tro pan oedd yr anobaith yn bygwth fy llyncu'n llwyr. Roeddwn yn sefyll wrth y sinc yn y stafell ymolchi, pan drodd mam y radio ymlaen i lawr y grisiau. Y peth nesa glywais i oedd lleisiau yn canu emyn ryfeddol George Matheson, gafodd ei hysgrifennu yn 1882.

O gariad na'm gollyngi i,
Gorffwysfa f'enaid ynot sydd;
Yr einioes roddaist , cymer hi,
A llawnach, glanach fyth ei lli
Yn d'eigion dwfn a fydd.
                    cyf. D.Tecwyn Evans

Roedd fel neges wedi ei anfon yn unionyrchol o'r nefoedd i nghalon i. Byddai geiriau'r emyn yna yn dod yn ôl i mi ar adegau gwahanol yn fy mywyd pan oedd wir angen y sicrwydd yna arna i, er fod yna rai llinellau ynddi fyddai ond yn gwneud synnwyr flynyddoedd yn ddiweddarach.

Priodas fy rhieni

3. BE YN Y BYD DW I'N WNEUD YMA?

Fe wnes i'n dda yn academaidd ac ro'n i'n benderfynol o lwyddo, ond doeddwn i ddim yn mwynhau astudio. Roedd yn well gen i y gweithgareddau diwylliannol, yn enwedig cerddoriaeth a drama. Ro'n i'n cael fy nhynnu y ddwy ffordd wrth feddwl am astudiaethau pellach: oeddwn i am fynd ymlaen i fod yn feddyg (gan fy mod yn hoff iawn o wyddoniaeth), neu mynd i goleg cerdd a drama a dilyn gyrfa ar lwyfan? Ro'n i wrth fy modd yn actio – falle am fy mod yn ei chael yn haws cymryd arna fod yn rhywun arall na bod yn fi fy hun.

Dewis meddygaeth wnes i yn y diwedd, ond am y rhesymau anghywir mae'n siŵr: Datblygais ddelwedd ohono i fy hun fel 'achubwr' oherwydd holl anghenion y teulu – fi oedd y gofalwr, yr un oedd yn datrys problemau, a'r un oedd yn cysuro. Roeddwn i'n casáu salwch ac eisiau brwydro yn ei erbyn. Ond roedd yr ochr 'ddrama' yn bwysig hefyd, oherwydd rhaglenni fel *Doctor Kildare* ac *Emergency Ward 10* – roedd y syniad o ruthro ar hyd coridorau ysbyty yn cario stethosgop ac achub bywydau yn apelio'n fawr.

Pan es i astudio meddygaeth yn Leeds, roedd cyrraedd yno, ar ôl cael fy magu mewn pentref bach yng Nghymru, yn teimlo fel petawn i wedi glanio yn Efrog Newydd! Roedd bod mewn dinas brysur hefo rhesi o draffig ac adeiladau uchel ym mhobman mor wahanol. Roedd fy amser yno yn gymysgedd o brofiadau, gyda lot fawr o frwydrau mewnol. Roedd hi'n anodd gadael y teulu a'u holl anghenion, a byw mor bell i ffwrdd oddi wrthyn nhw. Dwedodd rhywun wrtho i un diwrnod 'Rwyt ti'n edrych fel petai ti'n cario beichia'r byd ar dy gefn.' Roedd rhai o'm problemau yn ymwneud â'r ffaith mai Cymraes oeddwn i – rhywbeth wna i sôn mwy amdano mewn pennod arall.

Ac eto, roedd yna lot fawr o lawenydd hefyd, wrth i mi gyfarfod cymaint o fyfyrwyr eraill gyda ffydd Gristnogol fyw. Roedd yn gyfnod cyffrous pan oedd yr hyn oedd yn cael ei alw yn 'Adnewyddiad Carismataidd' yn dechrau cael effaith ar fywyd llawer o eglwysi, a chawsom y fraint o wrando ar nifer o siaradwyr gwych yn y Gymdeithas Gristnogol. Roedd yn fendigedig cael dysgu am, a phrofi, cymaint mwy allai'r Ysbryd Glân ei wneud. Ond dan yr wyneb roedd yna bob amser ryw deimlad o euogrwydd, fy mod i'n cael profi'r fath fendith tra roedd y teulu adre yn dioddef. I ddweud y gwir, wrth i mi brofi mwy a mwy o fendith a dyfnhau yn fy ymroddiad i Iesu, byddai pethau'n mynd yn anoddach iddyn nhw adre.

Dw i'n cofio meddwl tybed os oedd y cwbl yn ei werth o. Falle y dylwn i slofi i lawr a peidio bod mor ymroddedig. Ond roedd geiriau Iesu wrth ei ddisgyblion, ar ôl i nifer o'i ddilynwyr droi cefn arno, yn fy herio: 'Dych chi ddim am fy ngadael i hefyd, ydych chi?' Allwn i ddim dianc rhag ateb Simon Pedr: 'Arglwydd, at bwy yr awn ni? Y mae geiriau bywyd tragwyddol gennyt ti.'

Sylweddolais yn fuan nad oedd hyfforddiant meddygol yn union beth roeddwn i wedi'i ddychmygu. Roedd yn golygu gwaith caled ac oriau hir o astudio. Ro'n i'n teimlo fel rhoi'i fyny yn aml, ond doedd Duw ddim yn gadael i mi. Dechreuais helpu gyda gweinidogaeth i'r digartref a phobl oedd yn gaeth i gyffuriau, a hyd yn oed symud i fyw i'w hostel, oedd yn cael ei rhedeg gan ffrindiau Cristnogol. Ro'n i hyd yn oed yn rhannu stafell gyda 'phobl y stryd' am sbel. Roedd yn gyfnod cyffrous wrth i ni weld nifer o wyrthiau wnaeth drawsffurfio bywydau pobl. Roedd gen i lot mwy o ddiddordeb yn yr hyn oeddwn i'n ei ystyried yn 'weinidogaeth Gristnogol' nag yn fy astudiaethau meddygol. (Fodd bynnag, dw i bellach yn argyhoeddedig bod pob Cristion yn gwneud 'gwaith Cristnogol' os ydyn nhw'n byw i Dduw.)

Ar ddiwedd fy mhedwaredd flwyddyn yn y coleg, cefais ddiagnosis o diciâu (*tuberculosis*). Ro'n i'n teimlo mor flinedig a sâl, roedd cael dringo i'r gwely ac aros yno yn rhyddhad mawr. Ro'n i newydd gyrraedd adre dros hanner tymor, ond cefais fy hun yn y diwedd yn cael blwyddyn allan, a threuliais dri mis mewn sanatoriwm. Roedd yn brofiad da, a dysgais sut beth oedd bod 'ar ochr arall y ffens'.

Cyn gynted ag roeddwn wedi dechrau gwella ac yn gallu ymweld â wardiau eraill, dechreuais edrych am bobl gyda doniau cerddorol a threfnu cyngerdd i'r cleifion hynny oedd yn dal yn gaeth i'w gwelyau. Mae gen i atgofion melys o'r tri mis yna – ac eithrio'r adegau pan roedd rhaid i mi gael *injections*. Roedd un nyrs yn rhoi rhai arbennig o boenus. Byddai'n galw allan 'Ymlaciwch bawb!' wrth agosáu, ond arwydd oedd hynny i ni i gyd fod yn llawn tyndra!

Graddio

Graddiais yn y diwedd, a chael gwaith fel meddyg yng Ngogledd Cymru, ond ro'n i'n gofyn o hyd ac o hyd i Dduw 'adael i mi ddianc'. Roedd yn berthynas dda a drwg. Ro'n i wrth fy modd bod gyda phobl yn ceisio eu helpu i wella, ond yn casáu cael fy ngorfodi i wneud penderfyniadau 'bywyd a marwolaeth'.

Graddio, 1972

Mae'n debyg fy mod i'n cofio yr holl gyfrifoldeb oedd gen i dros fy nheulu pan o'n i'n dal yn ifanc fy hun. Ro'n i'n teimlo nad oeddwn i'n perthyn – 'peg sgwâr mewn twll crwn'. Ac eto, arhosais yn y byd meddygol am 13 mlynedd a chael llu o brofiadau gwerthfawr, yn ogystal â rhai gwirioneddol heriol a dychrynllyd!

Dysgais beidio 'disgyn yn ddarnau' yn wyneb dioddefaint, er mwyn bod yno i bobl pan oedden nhw fwyaf anghenus. Ro'n i wir eisiau bod â rhan mewn cenhadaeth dramor, ond doeddwn i ddim yn gweld sut allwn i symud i ffwrdd o'm teulu a'u holl anghenion. Felly meddyliais y gallwn wneud rhywbeth i helpu pobl oedd yn gaeth i gyffuriau. Roedd llyfr David Wilkerson, *'The Cross and the Switchblade'* wedi gwneud argraff ddofn arna i. Dangosodd i mi sut y gallai'r Ysbryd Glân drawsnewid bywydau anobeithiol mewn ffordd wirioneddol ryfeddol.

Tua'r adeg yna, fe wnes i ddal llid yr ymennydd (*meningococcal meningitis*) gan un o'r cleifion, a bum mewn coma am bum diwrnod. Doedden nhw ddim yn disgwyl i mi fyw. Ond o ganlyniad i weddïau Cristnogion mewn gwahanol rannau o'r byd, ac er mawr syndod i'r meddygon, ces adferiad llwyr o fewn tri mis, er gwaetha'r niwed difrifol i rannau o'm corff.

Wedi hyn, cafodd fy hanes ei 'arddangos' mewn cyfarfodydd meddygol a disgrifiwyd fy achos mewn erthygl yn y *British Medical Journal*. Cadarnhaodd hyn fy awydd i fyw fy mywyd yn llwyr i Dduw, a ches fy argyhoeddi y gallai Duw gyflawni gwyrthiau mewn amgylchiadau oedd yn edrych yn gwbl amhosib ac anobeithiol.

Digwyddodd y salwch bum niwrnod ar ôl i mi fod yn gweddïo'n daer dros fy nhad. Roedd o'n hen ŵr 83 mlwydd oed erbyn hyn, a phan soniais am rai o'm cleifion yn marw, sylwais ar 'gwmwl' yn dod dros ei wyneb. Roedd hi'n amlwg fod ganddo wir ofn marw, a dywedais wrth Dduw, 'Dw i ddim yn gwybod am faint mwy mae o'n mynd i fyw. Dydy o ddim fel petai'n barod i dy gyfarfod di. Plîs wnei di ei baratoi, pa ddioddefaint bynnag fydd hynny'n ei olygu.' Ro'n i'n meddwl ei fod yn mynd i olygu dioddefaint i dad, nid i mi.

Yn ystod y dyddiau pan oeddwn i mewn coma, fe wnaeth o ddioddef mwy na fi. Dywedwyd wrtho yn gyntaf, os oedd o eisiau fy ngweld i'n fyw, byddai'n rhaid iddo ddod i'r ysbyty ar unwaith. Yna, wrth i mi ddechrau gwella, dywedwyd wrtho y gallai yna fod niwed difrifol i'r ymennydd petawn i yn goroesi. Ar ôl gweld y ffordd wnaeth Duw ateb gweddïau wrth i mi wella, daeth o hyd i ffydd go iawn am y tro cyntaf. Y fath wefr oedd hynny. Dechreuais ddysgu am brynedigaeth – sut y gall Duw ddod â daioni o ddioddefaint a throi colled yn elw.

Rheolaeth

Yn ddiweddarach, pan o'n i gyda *Youth with a Mission* (YWAM), datblygais symptomau allai fod wedi awgrymu fy mod yn dechrau cael cryd cymalau gwynegol fel fy mam. Roedd hyn yn frawychus a ches fy annog i geisio cyngor meddygol. Ond doeddwn i ddim yn trystio doctoriaid. Ar y ddau achlysur o salwch difrifol y soniais amdanyn nhw uchod, roedd y doctoriaid wedi rhoi cam-ddiagnosis i mi, a gyda'r llid yr ymennydd mae'n debyg y byddai wedi costio fy mywyd i mi oni bai fod Duw wedi ymyrryd yn wyrthiol.

Pan wrthodais fynd i weld y meddyg, gan esbonio fy niffyg ymddiriedaeth, ces fy herio fod gen i broblem gyda rheolaeth. Doeddwn i ddim ond yn teimlo'n saff pan o'n i fy hun yn gwneud y penderfyniadau. Roedd hyn wedi ei gymhlethu gan y ffaith fy mod wedi tyfu i fyny mewn sefyllfa deuluol oedd yn teimlo allan o reolaeth a ddim yn ddiogel. Gyda help, dois i ddeall fod rheolaeth yn fath o eilunaddoliaeth – trystio fy hun yn fwy na Duw. Ro'n i angen trystio Duw. Credu y gallai o ddod a daioni hyd yn oed o sefyllfa pan oedd meddyg yn gwneud camgymeriad. Wedi'r cwbl, roedd fy amser yn y sanatoriwm wir wedi bod yn brofiad da, ac roedd fy nhad wedi dod i brofi ffydd fyw o ganlyniad i mi'n cael fy iacháu o lid yr ymennydd.

Felly dyma fi'n edifarhau o'r angen i reoli popeth. Es i weld meddyg, oedd yn cytuno y gallai fod yn gryd cymalau, ond diolch byth roedd y profion yn negyddol. Ar ôl mwy o weddi, diflannodd y symptomau, ond roeddwn wedi dysgu gwers bwysig yn y cyfamser. Eto, roedd yr angen i reoli wedi'i wreiddio mor ddwfn ynof i, byddai'n llythrennol yn cymryd oes i ddysgu'r wers yn llawn.

Seiciatrydd cyndyn

Gwnaeth un alwad ffôn gan Seiciatrydd amlwg, ar ôl i'w ferch fy nghlywed i'n siarad mewn cyfarfod Cristnogol, newid cwrs fy mywyd. Ceisiodd fy mherswadio i astudio Seiciatreg – y peth olaf oedd gen i eisiau ei wneud. Yn y diwedd fe wnes i ildio a dechrau gweithio mewn ysbyty meddwl, lle gwnaeth nifer o feddygon fy annog yn daer i wneud yr hyfforddiant llawn fel seiciatrydd. Ar ôl tipyn o frwydr, cytunais yn anfoddog i wneud hyn gan fod fy ngweinidog yn teimlo fod Duw yn dweud y byddai hyn yn agor drysau i mi yn y dyfodol – drysau fyddai ddim yn agor fel arall.

Felly, ar ôl astudio, dyma fi'n ennill cymhwyster fel seiciatrydd. Dysgais nifer o wersi pwysig yn y gwaith yma, yn arbennig sut i beidio gadael i ddim roi sioc i mi. Hefyd, i ddeall yn well pam roedd pobl yn ymateb mewn ffordd arbennig a sut i wahaniaethu rhwng salwch meddwl go iawn a bod yn gamweithredol, sef methu ymdopi gyda galwadau bywyd.

Tu ôl i ddrysau caeedig yn y stafell ymgynghori, cefais gyfleon lawer i rannu fy ffydd gyda chleifion oedd yn agored i wrando, a gwelais Dduw yn ateb rhai gweddïau mewn ffyrdd rhyfeddol. Dechreuodd rhai o'r ymgynghorwyr meddygol ofyn i mi helpu gyda chleifion oedd yn methu gael gwared â theimladau o euogrwydd, er gwaetha pob triniaeth: 'Allet ti drio rhoi dos o dy efengyl iddyn nhw?' Roedd un hyd yn oed yn cellwair y byddai'n hoffi i mi adael llonydd i'w gleifion preifat, am na fydden nhw angen ei wasanaeth ar ôl darganfod heddwch gyda Duw.

Fodd bynnag, ro'n i hefyd yn rhwystredig, gan fy mod yn awyddus i ddarganfod beth oedd wrth wraidd problemau pobl, iddyn nhw brofi iachâd dwfn yn hytrach na dim ond delio gyda'u symptomau.

Roedden ni'n dechrau profi yn yr eglwys sut y gallai'r Ysbryd Glân iacháu briwiau mewnol mewn ffyrdd o'n i rioed wedi eu dychmygu. Roedd Eseia 61:1-3 wedi fy nghyfareddu – yr adnodau wnaeth Iesu ddewis eu darllen yn y Synagog yn Luc 4:17-21, yn arwyddo mai dyma y daeth i'w wneud: *'i drin briwiau y rhai sydd wedi torri eu calonnau, a chyhoeddi fod y rhai sy'n gaeth i gael rhyddid... i gysuro'r rhai sy'n galaru'...* gan roi iddyn nhw '*olew llawenydd yn lle galar, mantell mawl yn lle ysbryd anobaith.*' Nid fy nghleifion yn unig oedd angen y math yna o iachâd – ro'n i hefyd.

Gadewais, ar ôl pum mlynedd, i wneud gwaith Meddygol Cymunedol oedd yn llawer llai heriol. Ro'n i bellach yn gwneud lot fawr o waith bugeiliol yn yr eglwys, ac yn ysu am y dydd pan allwn adael y byd meddygol yn llwyr.

4. AM FOD YN GYMRAES

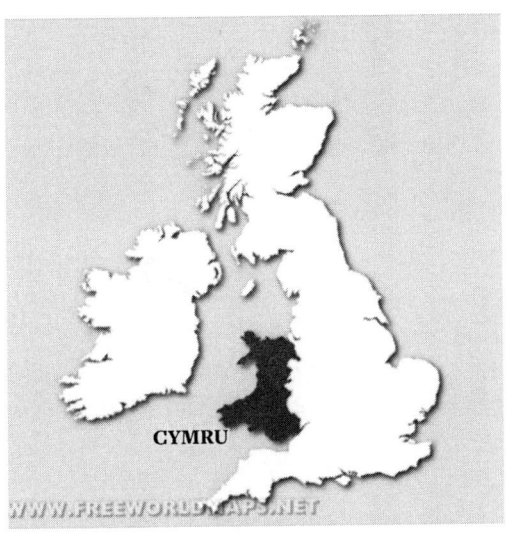

'*Sit down!*' Dyma fy niwrnod cyntaf yn yr ysgol ac roedd gwraig fawr yn dweud rhywbeth wrtho i doeddwn i ddim yn ei ddeall, nes iddi ddod draw a gafael ynof i a'm rhoi yn fy nghadair. Dyma'r ddau air Saesneg cyntaf ddysgais i pan oeddwn yn bedair oed.

Doedd yna ddim ysgolion cyfrwng Cymraeg bryd hynny, felly roedd rhaid i mi gael fy addysg yn y Saesneg. Roedd hi'n 1993 cyn i Ddeddf yr Iaith gael ei phasio a'r Gymraeg yn cael ei chydnabod fel iaith swyddogol. Roedd rhai o'm ffrindiau yn rhan o'r protestiadau di-drais i sicrhau fod y Gymraeg yn cael ei chydnabod yn swyddogol – a bu nifer ohonyn nhw yn y carchar am eu rhan yn y protestiadau hynny.

Ro'n i'n ymwybodol iawn o'r tensiwn rhyngon ni'r Cymry a'r Saeson oedd yn byw yng Nghymru oedd â dim diddordeb na pharch at ein hiaith a'n diwylliant, a byth yn gofyn sut i ynganu enwau lleoedd yn iawn.

Roedd yna wrthdaro yn yr ysgol hefyd, yn arbennig yn yr ysgol fawr. Dw i'n cofio dwy ferch yn fy nosbarth i yn dweud wrtho i a ffrind i mi, 'Dych chi ddim cystal â ni; mae dad yn dweud.'

Dyma fi'n ymateb yn wyllt, 'Dydy hynny ddim yn wir! Y broblem ydy eich bod chi i gyd yn falch ac yn snobs. Dyna mae nhad i'n ddweud.'

'Pam wnewch chi ddim jest derbyn y ffaith ein bod ni wedi eich concro chi?'

Don i ddim yn sylweddoli ar y pryd gymaint o graith oedd y geiriau yna wedi eu gadael arna i.

Roedd dysgu gan fy nhad am ein hanes a llawer o anghyfiawnderau'r gorffennol wedi rhoi'r teimlad o fod yn ddiwerth i mi, ac wedi fy ngwylltio fwy fyth. 'Dyna beth wnaethon nhw i ni. Maen nhw i gyd yr un fath.'

Dysgais am y 'Welsh Not' – sut oedd plant yn cael eu cosbi yn yr ysgolion am siarad Cymraeg. Byddai plant oedd yn cael eu dal yn siarad Cymraeg yn gorfod gwisgo darn o bren am eu gyddfau, a doedden nhw ddim ond yn gallu ei dynnu drwy ddweud wrth yr athro am blentyn arall oedd yn siarad Cymraeg. Byddai'r plentyn oedd yn ei wisgo ar ddiwedd y dydd yn cael curfa.

Roedd fy mam yn gweithio gyda Syr Ifan ab Owen Edwards, oedd yn adrodd hanes ei dad, oedd wedi gwrthod dweud wrth yr athro am ei ffrindiau yn siarad Cymraeg. Y canlyniad oedd iddo fo'i hun ddiodde'r gansen un diwrnod ar ôl y llall. Daeth ei stori yn enwog yng Nghymru.

Doedden ni ddim yn dysgu am yr anghyfiawnderau yma yn yr ysgol (ac roedd yna lawer mwy!); yn lle hynny roedden ni'n dysgu am hanes Lloegr. Roedd hynny'n golygu ein bod yn dysgu am yr anghyfiawnderau mewn ffordd emosiynol a phersonol iawn.

Roedd y drwgdeimlad yn tyfu yn fy nghalon, 'Fyddan nhw byth yn gallu deall ein poen ni.' Fel llawer o'm cyd-Gymry, fe dyfais gyda hunaniaeth 'glwyfedig': 'Rydyn ni'n bobl sy'n cael ein gorthrymu.' Ar yr un pryd roedd gen i gonsyrn cynyddol am grwpiau eraill o bobl oedd yn teimlo eu bod yn cael eu dibrisio a'u gormesu (Aborijinis, Indiaid brodorol America, y Maori, a phobl dduon De Affrica...).

Yn yr ysgol ramadeg roedd y plant i gyd wedi eu rhannu i bump o 'dai' ac yn aml yn cymryd rhan mewn cystadlaethau yn erbyn ei gilydd. Pan oeddwn i'n gapten ein 'tŷ' ni, cawson ni gystadleuaeth i sgwennu a chynhyrchu drama hanesyddol. Dyma fi'n penderfynu ysgrifennu am hanes Cymru, nid hanes Lloegr.

Yn wir, es ymlaen i sgwennu drama am y *Welsh Not*. Fi wnaeth gynhyrchu'r ddrama, a chwarae rhan Owen Edwards, y bachgen ysgol y soniodd fy mam wrtho i amdano – yr un oedd yn gwisgo'r Welsh Not am siarad Cymraeg yn yr ysgol ac yn cael ei gosbi bob dydd. Roedd y ddrama'n cloi gyda'r 'athrawes' yn dweud wrtho i na ddylwn i byth siarad Cymraeg yn yr ysgol eto, ac yn gofyn i mi os oeddwn wedi deall hynny. Ro'n innau i fod i ymateb yn crynu trwyddo i, 'Yes, Miss Price.' Fe wnes hynny gyda dagrau'n powlio – a doeddwn i ddim yn actio!

Gorfod gadael Cymru

Daeth yn bryd i mi wneud cais i fynd i Ysgol Feddygol, ac ro'n i eisiau mynd i Gaerdydd, y brifddinas. Ges i ddim lle yng Nghaerdydd, ond fe gefais gynnig mynd i Leeds. Fel y soniais mewn pennod gynharach, er nad Leeds oedd fy newis cyntaf, wrth edrych yn ôl galla i weld pam wnaeth Duw fy arwain i yno. Doedd gen i ddim eisiau mynd i Loegr. 'Arglwydd, be wyt ti'n wneud i mi?' Doedd gen i ddim dewis ond mynd, ac ar ôl cyrraedd ro'n i'n teimlo rhyw deimlad dwfn o ddieithrwch yn tyfu o ddrwg i waeth.

Heb yn wybod i mi, roedd y geiriau gafodd eu dweud wrtho i yn yr ysgol, 'Dych chi Gymry yn israddol,' wedi dod yn ôl i'm haflonyddu. Ro'n i'n teimlo mod i ddim yn perthyn, a bod y bobl o nghwmpas i yn well na fi. *'What's your name? ... What?! We can't say that. You'll have to find another name.'*

Awgrymais eu bod nhw'n fy ngalw i'n Non, sydd yn enw Cymraeg ynddo ei hun wrth gwrs, ond chwerthin wnaethon nhw. '*Non what? Non-entity?*' Dyma nhw'n ei newid i Nonny. Ond doeddwn i ddim wir yn gwybod pwy oedd Nonny. Roedd hyn yn gwneud y frwydr tu mewn gyda'm hunaniaeth, ac i ble roeddwn i'n perthyn, yn waeth nag erioed. Collais bob hyder, a hyd yn oed dechrau bod ag atal dweud. Ro'n i'n meddwl bod y rhai oedd fy nysgu yn credu fy mod i'n dwp a ddim wir ddigon da i fod yna. Ro'n i eisiau gadael y coleg a mynd adre.

Yr un peth wnaeth fy nghadw i yn Leeds oedd yr Undeb Gristnogol. Ro'n i'n rhyfeddu mod i wedi cael fy hun yng nghanol cymaint o Gristnogion oedd yn credu go iawn. Dim ond llond dwrn ohonon ni oedd yn yr ysgol, ac roedden ni'n destun gwawd. O dipyn i beth dois i drystio a gwerthfawrogi fy ffrindiau Saesneg. Dechreuais ymwneud â grwpiau myfyrwyr tramor hefyd, gan deimlo rywsut fy mod yn fwy 'cartrefol' hefo nhw.

Wrth ddod yn ffrindiau yn Leeds gyda myfyrwyr hyfryd oedd yn Saeson, dois i sylweddoli mod i wedi barnu pob Sais, a hynny'n annheg, a bod Iesu yn ystyried hynny'n beth difrifol iawn i'w wneud. Mae hyn i'w weld yn glir yn Mathew 7:1-2: '*Peidiwch bod yn feirniadol o bobl eraill, ac wedyn wnaiff Duw mo'ch barnu chi. Oherwydd cewch chi'ch barnu yn yr un ffordd â dych chi'n barnu pobl eraill. Y pren mesur dych chi'n ei ddefnyddio ar bobl eraill fydd yn cael ei ddefnyddio arnoch chi.*'

Er fy mod i'n neis iawn at bawb yn allanol, y tu mewn ro'n i'n chwerw ac yn ddig tuag at y Saeson. Roedd rhaid i mi edifarhau a throi cefn ar yr agwedd feirniadol yma at bobl, wrth i mi ddod i sylweddoli *nad* oedden nhw i gyd yr un fath. Ar ôl graddio penderfynais ddod yn ôl adre i Gymru a bod yn Rhiannon unwaith eto.

Mwy o iachâd ar ôl dod adre

Wedi i mi ddod yn ôl i Gymru, roedd yna nifer o bethau ddigwyddodd wnaeth barhau i newid fy agwedd. Ymunais â grŵp gweddi i ferched o'r enw *Lydia*, sydd yn fudiad rhyngwladol. Mewn un cyfarfod, gafodd effaith ddofn arna i, daeth gwraig ata i oedd yn Saesnes, ac edifarhau am yr holl waed diniwed oedd wedi ei dywallt gan y Saeson yng Nghymru ganrifoedd yn ôl, a dyma finnau yn edifarhau am waed yr holl Saeson gafodd eu lladd wrth i ni'r Cymry ddial.

Dyma ni'n cymryd blanced goch i gynrychioli'r gwaed gafodd ei dywallt, ei chario gyda'n gilydd a'i gosod i lawr wrth droed croes oedd yna. Roedd angen gwneud hynny am fod y gwaed dywalltwyd yn dal i 'weiddi o'r pridd', er ei fod wedi digwydd genedlaethau lawer yn ôl.

Yn Genesis 4:10 mae Duw yn dweud wrth Cain, oedd wedi lladd ei frawd Abel, fod gwaed ei frawd yn gweiddi arno o'r pridd. Mae Exodus 34:7 yn ein dysgu fod gan bechod ei ganlyniadau, nid yn ein dyddiau ni yn unig, ond, am genedlaethau i ddod hefyd. Mae'r cysyniad yna'n cael ei fynegi mewn rhannau eraill o'r Beibl hefyd, fel 1 Pedr 1:18-19.

Mewn cyfarfod arall yn Ne Cymru, cyhoeddwyd y bydden ni'n delio gyda'r pechod o wneud eilun o'n cenedl. Trois yn amddiffynnol ar unwaith. Fy ymateb y tu mewn oedd, 'Chi ydy'r Cenedlaetholwyr afiach, nid ni! Chi sydd wedi gorfodi'ch iaith a'ch diwylliant ar wledydd eraill. Y cwbl dyn ni'n gofyn amdano ydy'r hawl i fodoli. Oes yna rywbeth o'i le hefo hynny?'

Fi oedd yr unig siaradwr Cymraeg yno, a dechreuais feddwl sut allwn i adael y cyfarfod heb dynnu gormod o sylw. Yna dyma ryw wraig yn sefyll ar ei thraed. Dywedodd ei bod yn fwriadol wedi dod o Loegr i ymuno gyda ni ar y diwrnod hwnnw a bod yna rywbeth oedd hi eisiau ei wneud. Croesodd y stafell a mynd ar ei gliniau o'm blaen i. Yna rhoddodd ei phen ar fy nhraed i a dweud, 'Dw i wedi dod yma heddiw i gynnig i ti galon gwasanaeth llawforwyn Saesneg.'

Ro'n i mewn penbleth, ac yn meddwl beth yn y byd oedd hi'n ei olygu. Yna meddai, 'Dw i'n gwybod na fyddi di'n deall hyn, oherwydd yn ein hanes, chi oedd yn gwasanaethu a ni oedd y meistri. Wnei di dderbyn fy nghalon heddiw i wasanaethu?'

Torrodd rhywbeth y tu mewn i mi. Doeddwn i erioed wedi clywed unrhyw un yn dweud rhywbeth fel yna o'r blaen. Yn sydyn dechreuais deimlo holl boen cenedlaethau o'm pobl. Ia, meddyliais, dyma sut rydyn ni wedi teimlo, fel gweision y Saeson, a thorrais i lawr i feichio crio. Daliodd ati i gynnig ei chalon i mi. Cyffesodd mai dim ond yn ddiweddar iawn y daeth i wybod am yr anghyfiawnderau gyflawnwyd yn ein herbyn gan y Saeson, a chyda dagrau, dechreuodd eu rhestru. Roedd yn golygu gymaint i mi ei bod hi'n deall ein poen ni. Yna roedd gen i ddewis: gallwn ddal gafael yn y teimladau chwerw neu gallwn dderbyn ei chalon doredig. Wrth weld ei dagrau teimlais fy nghalon yn meddalu.

Dywedais wrthi fy mod yn derbyn ei chalon, ond fod rhaid i ninnau Gymry edifarhau hefyd, am ein bod wedi ymateb gyda chasineb a dicter at Saeson am eu bod wedi 'cymryd ein gwlad ni'. Roedden ni wedi dweud pethau cas tu ôl i'w cefnau. Dyma'r ddwy ohonon ni'n cofleidio ac yn maddau i'n gilydd. Y diwrnod hwnnw, maddeuais i Loegr am eu hanes yng Nghymru, a derbyn y wraig yn llawn fel chwaer yng Nghrist.

Noder: Er i mi faddau'r hanes, mae angen gwneud maddeuant yn batrwm bywyd parhaus. Mae llawer o bethau'n dal i'n hanafu, yn arbennig ni Gymry Cymraeg. Mae yna'n dal anghyfiawnderau a llawer gormod o 'negeseuon' sy'n cyfleu'r ffaith fod pobl yn dibrisio ein hiaith a'n diwylliant. Gall agweddau nawddoglyd cwbl anfwriadol ailagor hen glwyfau. Roedd ymateb Iesu wir yn heriol pan ofynnodd Pedr iddo pa sawl gwaith dylen ni faddau. Oedd saith gwaith yn ddigon? Awgrymodd Iesu ei fod fwy fel saith deg gwaith seithwaith; mewn geiriau eraill, roedd maddeuant i fod yn ddiddiwedd.

Doeddwn i dal ddim yn siŵr beth i'w wneud am weddïo yn erbyn cenedlaetholdeb, ond roeddwn i'n teimlo y gallwn i weddïo yn erbyn troi'r genedl yn *eilun*, gan fod eilunaddoliaeth bob amser yn anghywir. Wedi hyn, dechreuais geisio arweiniad Duw am genedlaetholdeb. Oedd caru'ch gwlad a bod eisiau'r gorau iddi wir yn beth drwg? Daeth yr ateb i'm cwestiwn yn y ffordd mwyaf annisgwyl.

Roeddwn yn ymweld â'm cyfnither yn Birmingham, a dyma ni'n penderfynu mynd i gyngerdd yn Neuadd y Dref am fod Côr o Gymru yn canu yno. Mae Cymru'n enwog fel 'Gwlad y Gân' wrth gwrs, ac roeddwn i mor falch wrth wrando ar y canu y noson honno. 'Dyma fy etifeddiaeth i', meddyliais, 'Dyma fy ngwreiddiau. Dyma fy ngwir hunaniaeth i.'

Yna dyma rywbeth arall yn croesi'r meddwl. Dw i'n reit siŵr erbyn hyn ei fod o Dduw. Dyma feddyliais i: petai côr arall yn dod i'r llwyfan yma – côr o bobl sy'n caru Duw o bob llwyth ac iaith, pa gôr fyddet ti'n ymuno ag o? Doedd y dewis ddim yn anodd – os oedd rhaid i mi ddewis, byddwn i'n ymuno â'r côr rhyngwladol o gredinwyr.

'Felly ydy fy hunaniaeth wedi newid ers i mi ddod yn Gristion?' meddyliais. Daeth adnod o 1 Pedr 2:9 i'r meddwl; mae'n dweud fel hyn: *'Dych chi'n bobl sydd wedi'ch dewis yn offeiriaid i wasanaethu'r Brenin, yn genedl sanctaidd, yn bobl sy'n perthyn i Dduw.'* Sylweddolais yn sydyn fod Duw yn creu cenedl newydd, sbesial, oedd yn cynnwys credinwyr o bob llwyth ac iaith drwy'r byd.

Roedd hon yn hunaniaeth uwch na'm hunaniaeth naturiol, *ond yn dal i gynnwys fy hunaniaeth fel Cymraes*. Yn wir, dyma ble fyddai fy hunaniaeth naturiol yn cael ei iacháu ac yn darganfod ei wir bwrpas. Wrth feddwl am y 'genedl sanctaidd' yma roeddwn i'n mynd yn fwy a mwy cyffrous. Mae'n ddiddorol mai'r gair Groeg sy'n cael ei ddefnyddio bob tro y gwelwn gyfeiriad at genedl yn y Testament Newydd ydy *ethne* – grŵp ethnig. Mae Actau 17:26 yn dweud *'Fe ydy'r Duw wnaeth greu y dyn cyntaf, a gwneud ohono yr holl genhedloedd gwahanol sy'n byw drwy'r byd i gyd.'* Mae Duw yn credu mewn amrywiaeth pobloedd. Ei syniad o oedd hynny.

Dinesydd y Genedl Sanctaidd

Yn fuan ar ôl hyn dw i'n cofio fy ngweinidog yn siarad ar y pwnc. Doeddwn i heb glywed neb yn siarad am hyn o'r blaen. Awgrymodd lyfr i mi ei ddarllen, gan Alan Kreider, *'Journey towards Holiness – A way of living for God's nation.'* Roedd y llyfr hwn hefyd wedi ei sylfaenu ar 1 Pedr 2:9 ac yn gofyn cwestiynau diddorol, fel 'Beth ddylai polisi cartref y Genedl Sanctaidd fod? Beth am ei pholisi tramor? Beth mae'n ei olygu i fod yn llysgennad i'r Genedl Sanctaidd?'

Ers hynny dw i wedi astudio'r Beibl i geisio darganfod mwy am y Genedl Sanctaidd yma. Dyma fi'n darganfod fod yr hunaniaeth newydd, uwch sydd gen i yn fendigedig, am fod dinasyddion y genedl yma mor werthfawr â'i gilydd yng ngolwg Duw ac yn ategu ei gilydd wrth ddathlu'r amrywiaeth. Rydyn ni i gyd yn weddau gwahanol ar ddiemwnt enfawr hardd, a phob un ohonom yn adlewyrchu ysblander Duw mewn ffordd unigryw. Mae hyn yn creu rhywbeth hardd, cryf a hynod werthfawr.

Dw i bellach yn llawer mwy cyffrous am fod yn ddinesydd y Genedl Sanctaidd nag ydw i am fod yn Gymraes. Wrth wneud cais am basport, byddwn wrth fy modd petawn i'n cael ysgrifennu 'Y Genedl Sanctaidd' fel fy nghenedligrwydd, ond fyddwn i ddim yn cael pasbort wedyn! Ond mae wedi ei ysgrifennu ar fy nghalon.

Mae hyn wedi newid y ffordd dw i'n gweld fy hun, gan nad oes gen i hunaniaeth 'y dioddefwr' bellach. Ond mae hefyd wedi newid y ffordd dw i'n edrych ar bob grŵp ethnig arall. Mae wedi iacháu cymaint ynof fi.

Wnes i erioed sylweddoli mor bwysig fyddai y 'cyswllt Cymraeg' yn y gwaith y cefais fy ngalw iddo yn y dyfodol. Mae'r datguddiad yma am natur y Genedl Sanctaidd wedi dod yn allwedd pwysig wrth geisio helpu cenhedloedd clwyfedig i brofi iachâd. Mewn gwlad lle gwelwyd rhaniadau, gwrthdaro neu anghyfiawnder, mae hunaniaeth pawb wedi ei glwyfo. Mae darganfod hunaniaeth uwch fel dinasyddion y Genedl Sanctaidd wedi rhoi gobaith newydd i bobl ddi-rif.

5. WYNEBU'R BRWYDRAU MEWNOL

Roedd mynd ar encil dawel bron digon i'm lladd i! O wybod sut gymeriad oeddwn i, roedd fy ffrindiau agos wedi fy rhybuddio, ond doeddwn i ddim yn gwybod ble i droi. Ro'n i wedi bod yn gweithio fel meddyg tŷ seiciatryddol, ac wedi hynny ym myd Meddygaeth Gymunedol, tra'n gwneud mwy a mwy o waith bugeiliol a chynghori yn yr eglwys ar yr un pryd, ac roedd y cwbl yn mynd yn ormod i mi.

Ro'n i wedi bod yn teimlo'n wag y tu mewn ers amser hir, ac roedd yna giw diddiwedd o bobl yn disgwyl i rannu eu poen gyda mi. Pan mae'r tanc yn wag, dim ond am gyfnod byr y gall rhywun ddal ati i roi allan cyn llosgi allan. Erbyn hyn ro'n i'n isel fy ysbryd, ac wedi gorfod cymryd amser i ffwrdd o'r gwaith ddwywaith oherwydd wlser dwodenol. Ro'n i'n trio torri yn ôl ar fy oriau gwaith, ac yn teimlo mod i ar fin torri i lawr yn llwyr. Felly pan awgrymodd rhywun encil dawel, meddyliais 'Pam ddim?'

Pwrpas yr encil oedd cael amser o orffwys tawel i weddïo a myfyrio, gydag arweiniad gan fentor ysbrydol bob bore. Ond, ar ôl rhyw hanner awr o dawelwch, ro'n i wedi gweddïo am bopeth allwn i feddwl amdano ac roedd gen i bum diwrnod arall o'm blaen!

Yn yr encil dechreuais deimlo'n fwy a mwy anghyfforddus a than straen, a dois i sylweddoli rhywbeth oedd wir yn boenus. Do'n i ddim yn gallu cuddio tu ôl i'm geiriau a'm holl brysurdeb – dim ond fi a Duw oedd yna. Doeddwn i ddim yn hapus. Dechreuais sylweddoli mod i prin yn nabod y Duw ro'n i mor brysur yn ei wasanaethu, a don i'n sicr ddim yn ei drystio fo. Erbyn diwedd yr encil ro'n i ar fin datblygu wlser dwodenol arall.

Ro'n i'n gwybod ei bod yn bryd i mi ddeffro. Roedd yn bryd i mi dynnu'r mwgwd a sortio fy hun allan. Ond ble o'n i'n mynd i droi am help? Cofiais fod y ddysgeidiaeth mewn gwersyll haf gyda *Youth with a Mission* (YWAM) ychydig fisoedd ynghynt wedi creu argraff arna i, a chofiais nhw'n sôn am Ysgol Hyfforddi Disgyblion (*Discipleship Training School*). Ond o'n i wir angen y fath hyfforddiant?

Ro'n i wedi bod yn Gristion am flynyddoedd lawer a hyd yn oed yn cynnal seminarau ar Iachâd Mewnol, yn helpu pobl i fod yn gwbl sicr fod Duw yn eu caru nhw. Ond mae'n amlwg nad o'n i'n credu ei fod o'n fy ngharu i. Roedd hi'n bryd i mi wneud rhywbeth am y peth.

Ar ddiwedd yr encil es yn syth i weld henuriaid yr eglwys a dweud fy mod eisiau rhoi fy ngwaith meddygol i fyny er mwyn mynd ar Ysgol Hyfforddi Disgyblion (DTS) gyda *Youth with a Mission*.

Roedden nhw'n synnu ac yn teimlo nad oedd angen i mi wneud y fath beth. Ro'n i wedi bod mor weithgar ac yn ôl pob golwg yn hyderus wrth weinidogaethu i eraill. Mae'n amlwg fod y mwgwd wedi bod yn effeithiol. Er iddyn nhw geisio fy rhwystro, roedd fy mhrofiad yn yr encil wedi fy ysgwyd i'r byw, a fedrwn i ddim dal ati i gymryd arna fod popeth yn iawn.

Ychydig fisoedd wedyn ro'n i'n cofrestru ar y DTS yn King's Lodge, Nuneaton, Lloegr. Gofynnais i Dduw beidio dal dim yn ôl ond fy nghael i wynebu'r gwir. Beth oedd fy mhroblem i? Pam o'n i'n ei chael hi mor anodd i feithrin perthynas ddofn gydag o? Ro'n i eisiau dod o hyd i'r Duw go iawn, ac eisiau gwybod sut oedd o'n teimlo a beth oedd o'n feddwl – ro'n i wedi blino chwarae gemau crefyddol.

Pwrpas sylfaenol y DTS oedd dod i nabod Duw a'i gymeriad, rhywbeth o'n i erioed wedi canolbwyntio arno o'r blaen. Dw i'n cofio'n dda rhywun yn siarad am ofn, a chan fy mod i'n berson digon ofnus, dyma fi yn sefyll ar fy nhraed i dderbyn gweddi am wahanol ofnau. Yna dyma'r siaradwr yn cyfeirio at un ofn y byddai'n rhaid i ni dreulio amser gydag arweinydd i ddelio gydag o, oherwydd byddai'n effeithio ar bob agwedd ar ein bywydau. Tra mae parchedig ofn at yr Arglwydd yn rywbeth gwerthfawr ac angenrheidiol, mae yna ofn arall sydd yn *ddrwg* ac yn *niweidiol* – ofni Duw mewn ffordd sy'n gwneud i ni gadw'n pellter oddi wrtho. Roedd rhywbeth yn taro cloch y tu mewn i mi, a dyma fi'n gwneud apwyntiad i weld un o'r arweinwyr.

Pan esboniais nad o'n i wir yn deall beth oedd fy mhroblem, awgrymodd y dylen ni ofyn i'r Ysbryd Glân am oleuni ar y mater. Beth ddaeth i'm meddwl oedd geiriau Iesu yn Mathew 11:28: '*Deuwch ataf fi, bawb ar y sydd yn flinderog ac yn llwythog*' Ia, yn bendant, fi oedd hwnnw. '*...Canys fy iau sydd esmwyth, a'm baich sydd ysgafn.*' Esmwyth? Ysgafn? Dyna i chi jôc! Ers pryd?

Sylwodd yr arweinydd fy mod i'n cynhyrfu, a gofynnodd beth oedd yn digwydd i mi. Gwylltiais a ffrwydro. 'Dydy ei iau DDIM yn esmwyth. Dydy ei faich DDIM yn ysgafn.' Gofynnodd i mi ers pryd ro'n i'n teimlo fel hyn. Dywedais wrtho fod *dim byd* wedi bod yn hawdd.

Roedd pawb yn fy nheulu wedi bod mor anghenus – beth oedd yn hawdd am hynny? Roedd rhaid i rywun fod yn gryf yn y sefyllfa, ac roedd hynny'n disgyn ar fy ysgwyddau i. Wedyn roedd rhaid i mi fod yn feddyg a gorfod mynychu post-mortems ar gleifion roeddwn i wedi eu caru a cheisio'n ofer eu helpu. Wedyn ro'n i wedi hyfforddi fel seiciatrydd a gwneud fy ngorau glas i helpu pobl oedd yn cael eu llethu gan ddryswch. Roedd un ferch ifanc ro'n i wedi ceisio tywallt fy nghariad arni wedi mynd allan a lladd ei hun.

A rŵan roedd y galwadau diddiwedd yna am help gan bobl o'n i'n ceisio gweinidogaethu iddyn nhw yn yr eglwys. Roedd y cwbl yn ormod i mi. Roedd yn fy lladd i. Ro'n i wedi dod i'r casgliad fod Duw, yn lle rhoi baich ysgafn i mi, yn *mwynhau* rhoi beichiau trwm arna i. Roedd fel petai o'n barod rownd bob cornel i ollwng baich arall ar fy ysgwyddau i.

'Mae o fel y Pharo,' meddwn i'n wyllt yn fy nagrau. 'Mae o'n feistr gwaith mor galed! Mae'n dweud wrtho i am wneud brics, yna'n gofyn i mi wneud mwy o frics, yna'n cymryd y gwellt oddi arna i ac yn dal i ddisgwyl i mi wneud brics.'

Ro'n i wedi 'nychryn fy hun. Doeddwn i erioed wedi siarad fel yma o'r blaen. Ro'n i bob amser wedi bod yn Gristion neis a charedig, yn dweud y pethau iawn i gyd ac yn canu'r caneuon iawn. Roedd y cwbl yn dechrau gwneud sens. S'dim syndod mod i ddim yn teimlo'n gyfforddus yn agos at Dduw. Pwy sydd eisiau bod yn agos at Pharo creulon? (Gallwch ddarllen y stori yn Exodus 5.)

Gofynnodd yr arweinydd i mi faswn i'n hoffi edifarhau am fy agwedd negyddol. 'Edifarhau?' meddwn i'n fyr. 'Ond mae'n wir!' Daeth i'r casgliad nad oeddwn i eto yn barod i edifarhau, ond gofynnodd beth faswn i'n hoffi ei ddweud wrth Dduw. 'Dyma ble dw i arni, Dduw,' meddwn i. 'O'n i ddim yn gwybod fod hyn i gyd y tu mewn i mi. Os ydw i wedi'i gael o'n rong, plîs dangos hynny i mi. Plîs dangos dy *galon* i mi. Dw i angen dy nabod di go iawn – beth wyt ti'n ei feddwl, sut wyt ti'n teimlo, yn arbennig am ddioddefaint y ddynoliaeth.'

Dyma fi hefyd yn ymrwymo i astudio cymeriad Duw fel mae'n cael ei ddatguddio yn y Beibl.

Datguddiad graddol

Roedd y misoedd nesaf fel llyfr yn agor yn raddol o'm blaen, wrth i mi ddechrau gweld Duw mewn ffordd newydd. Doedd o ddim wedi bod, fel ro'n i wedi tybio, yn rhaglennu rhyw bethau erchyll i ddigwydd i'm teulu ar ei gyfrifiadur nefol. Doedd y rhan fwyaf o'r pethau sy'n digwydd ar y ddaear ddim yn rhan o'i ewyllys o gwbl, a dyna yn union pam y dysgodd Iesu ni i weddïo, "...gwneler dy ewyllys, megis yn y nef, felly ar y ddaear hefyd." Roedden ni'n hytrach yn dioddef canlyniadau byw mewn byd dan felltith ac yn llawn penderfyniadau dynol pechadurus.

Wna i byth anghofio sgwrs gan Oliver Nyumbu o Simbabwe, un o arweinwyr y cwrs, ar y testun *'The Heartbreak of the Godhead.'* Esboniodd yr hanes yn Genesis 6 am Noa a'r Dilyw, ble mae Duw yn pwyso a mesur canlyniad mentro rhoi'r rhodd o ryddid ewyllys i'r ddynoliaeth. Mae adnodau 5 a 6 (yn yr NIV) yn dweud wrthon ni fod gweld holl ddrygioni'r ddynoliaeth wedi llenwi calon Duw â phoen, a'i fod o hyd yn oed yn edifar ei fod wedi'n creu ni. Os ydy popeth am Dduw yn ddiderfyn, yna mae ei allu i deimlo poen hefyd yn ddiderfyn.

Rydyn ni'n defnyddio pob ffordd posib i amddiffyn ein hunain a lleihau'r boen rydyn ni'n ei deimlo; dydy Duw ddim yn gwneud hynny. Rydyn ni'n tueddu i dderbyn pethau fel y maen nhw ar ôl peth amser; dydy Duw ddim. Po ddyfnaf ydy'r berthynas, dyfnaf y boen pan mae pethau'n mynd o'i le. Allwn ni byth ddechrau dychmygu'r boen yng nghalon Duw wrth weld y llanast rydyn ni wedi ei wneud o'i gread hardd.

Ar ôl y sgwrs yna fe gerddais i ffwrdd braidd yn syfrdan, ond yn dweud wrtho i fy hun, 'Os ydy hyn yn wir, mae'n mynd i newid fy holl olwg ar fywyd.'

Yna gofynnais i Dduw pam yn y byd roedd o wedi ymrwymo i ddal ati i weithio gyda'r ddynoliaeth, ac yntau yn gwybod mor bechadurus oedden ni. Pam wnaeth o ddim rhoi stop ar y cwbl yn y fan a'r lle? Oni fyddai'r gost o adael i'r cwbl fynd yn ei flaen yn llawer rhy uchel? Byddai'n golygu gymaint mwy o boen iddo fo yn ogystal ag i ni, ac yn y diwedd byddai'n costio marwolaeth Iesu. Ond, gan edrych ymlaen at y llawenydd o gael perthynas gyda llawer mwy o bobl fel Noa, roedd Duw wedi penderfynu bwrw ymlaen gyda'i gread, ac wedi addo peidio barnu'r byd yn rhy fuan, pa mor ddrwg bynnag fyddai pethau'n mynd.

Allwn i ddim ond dod i'r casgliad bod yn rhaid fod yna ryw ogoniant anhygoel o'n blaenau ni. Mae'n rhaid y byddwn i ryw ddydd, pan fyddwn ni allan o afael pechod a'i ganlyniadau, yn edrych yn ôl ar y daith, ac yn cytuno gyda Duw ei fod wedi bod yn werth y cwbl.

Roedd yna un peth ro'n i wir eisiau ei ddeall yn well. Ro'n i bob amser wedi bod yn anfodlon gydag unrhyw esboniad simplistig o'r groes. Ro'n i'n teimlo fod rhaid fod yna fwy iddi.

Mae un o'n hemynau yn dweud fod tragwyddoldeb yn rhy fyr i ddweud y cwbl am yr hyn ddigwyddodd pan dywalltwyd gwaed Iesu ar y groes – "Rhy fyr yw tragwyddoldeb lawn, i ddweud yn iawn amdano." – ond roedden ni fel petaen ni'n gallu ei esbonio mewn pum munud.

Penderfynais dreulio diwrnod yn gweddïo ac ymprydio, ac yn ceisio Duw am hyn. Dw i wir yn casáu ymprydio, ac felly roedd hyn yn aberth mawr i mi. Trodd allan i fod yn ddiwrnod siomedig a rhwystredig iawn. Roedd fy meddwl yn crwydro wrth i'r diwrnod fynd yn ei flaen, a'r cwbl allwn i feddwl amdano oedd fy mol.

Ddaeth dim datguddiad newydd i mi, er i mi ofyn yn daer, a dois i'r casgliad fy mod wedi gwastraffu'r diwrnod, a waeth i mi fod wedi bwyta ddim. Ond flynyddoedd yn ddiweddarach, edrychais yn ôl a'r dagrau'n llifo, a sylweddoli fod Duw wedi clywed cri fy nghalon ac wedi ei hateb yn y ffordd fwyaf rhyfeddol. Ac mae'n dal i ddatguddio mwy i mi heddiw.

Ei roi ar waith

Yn ystod gwyliau'r haf, ces gyfle i roi'r datguddiad newydd am galon Duw ar waith. Penderfynais ymuno â thîm YWAM fyddai'n gweithio yn y *Red Light district* yn Amsterdam am ychydig wythnosau. Roedd yn cynnwys rhedeg siop goffi o'r enw *The Cleft*, oedd yn y canol rhwng teml Satanaidd a sioe bornograffig.

Roedden ni hefyd yn cymryd ein tro i gerdded ar lan y camlesi i geisio dod i nabod y puteiniaid, a cheisio rhannu cariad Iesu gyda nhw. Dyma ni'n darganfod fod y merched yma yn ysu am brofi cariad go iawn. Roedd rhai ohonyn nhw'n gyfeillgar ac yn barod i siarad, ond roedd eraill yn chwerw a'u calonnau'n galed.

Dw i'n cofio, un noson, gweld putain hŷn, garw yr olwg, ar ochr arall y gamlas, a synhwyro fod Duw eisiau i mi groesi drosodd ati a dweud wrthi ei fod o'n ei charu hi. Dyma hi'n ymateb yn ddig.

'O, ia? Felly ble roedd o pan oedd fy ngŵr cyntaf yn fy nghuro i?' Dywedais wrthi nad oedd Duw erioed eisiau iddi ddioddef fel yna, a bod ei galon yn llawn tosturi tuag ati. 'Felly pam wnaeth o ddim stopio'r peth?' gofynnodd. Gan weddïo'n dawel ac yn daer am help, awgrymais ein bod ni'n dwy yn eistedd i lawr i ystyried beth oedd y dewisiadau oedd ganddo. Beth oedd hi'n meddwl ddylai Duw fod wedi'i wneud?

Dyma ni'n dechrau rhestru'r posibiliadau gyda'n gilydd. Gallai Duw fod wedi ei ladd o; gallai fod wedi ei barlysu; gallai fod wedi newid ei ffordd o feddwl a chael gwared â'r awydd i fod mor greulon. Awgrymais iddi, cyn iddi wneud ei dewis, y dylen ni roi'r hawl i Dduw wneud yr un peth gydag unrhyw un sy'n pechu.

Dyma hi'n sylweddoli y byddai'r ddau opsiwn cyntaf yn golygu y byddai pawb naill ai'n cael eu lladd neu eu parlysu, felly cytunodd, gyda rhyw hanner gwên ar ei hwyneb, nad oedd hynny'n ddewis. 'Felly pam wnaeth o ddim jest newid ei ffordd o feddwl?' gofynnodd.

Aethon ni ymlaen i siarad am y ffordd roedd Duw wedi'n creu ni gyda'r gallu i ddewis droson ni'n hunain. Wnaeth o ddim ein creu ni yn robotiaid. Creodd ni i fod â pherthynas o gariad gydag o, a dydy cariad ddim yn bosib lle nad oes yna ddewis gan fod cariad bob amser yn ddewis. Esboniais iddi fod Duw wedi'i gwneud hi'n bosib i bawb gael calon newydd, calon yn llawn cariad, drwy ddanfon ei fab Iesu i farw dros ein pechodau a'i gwneud hi'n bosib i ni gael dechrau newydd. Ond mae'n rhaid i ni gredu hynny a bod eisiau hynny.

Roedd wir yn sefyllfa swreal: dyna ble roedden ni, yn eistedd o flaen puteindy, yn cael sgwrs ddiwinyddol ddyfnach na welwch chi mewn llawer o eglwysi. Yna dyma gwsmer yn dod heibio, ac roedd rhaid iddi fy ngadael i. Y tro nesa es i i'r rhan yna o'r *Red Light district*, gwelodd fi'n dod, rhedeg ata i a nghofleidio i'n dynn. Gofynnodd i mi os oedd gen i amser i siarad gyda'r ferch yn y ffenestr agosaf at un hi, am y byddai hithau'n hoffi cael sgwrs debyg gyda mi.

Wnes i rioed ddychmygu y byddwn i'n defnyddio'r profiad yma un diwrnod i helpu pobl oedd yn gofyn y cwestiwn. 'Ble roedd Duw?' er mwyn delio gyda'r brwydrau mewnol roedden nhw wedi eu hwynebu mewn mannau hynod o dywyll. Roedd y cyfnod yna yn Amsterdam yn bwysig iawn i mi. Dangosodd i mi fod neb y tu hwnt i gariad Duw. Mae gobaith i bawb.

6. DARGANFOD DUW YN BRYNWR POPETH

Er i mi ddysgu lot fawr am gymeriad Duw ar y DTS a bod fy safbwyntiau yn newid, ro'n i'n dal i edrych am fwy o atebion. Felly dyma fi'n cofrestru ar gwrs yr Ysgol Cynghori Beiblaidd, gyda YWAM eto, yn Nuneaton.

Trodd allan i fod nid yn gymaint amdana i yn dysgu sut i gynghori, ond yn hytrach am Dduw yn dal ati i'm cynghori i. Roedd cofio y blynyddoedd pan o'n i'n tyfu i fyny, yn enwedig fy arddegau, yn arbennig o boenus. Pan oedden ni'n cael ein hannog i edrych yn ôl dros ein bywydau, allwn i ond dod i un casgliad. Fod Duw ddim yna, neu fod dim ots ganddo. Allwn i ddim meddwl am opsiwn arall. Gwnaeth hyn i mi suddo i ryw dywyllwch dwfn lle doeddwn i ddim hyd yn oed yn siŵr os oedd Duw yn bodoli.

Ro'n i'n stryglo i ddal gafael yn fy ffydd, ac yn ceisio argyhoeddi fy hun o'r rhesymau pam oeddwn i i fod yn credu; ond ro'n i wedi colli pob ymwybyddiaeth o bresenoldeb Duw yn fy mywyd. Falle ei bod yn haws delio gyda Duw sydd ddim yna na chyda Duw sydd ddim ots ganddo.

Yng nghanol y chwilota am ystyr, dois wyneb yn wyneb â Luc pennod 7. Dyma lle roedd Ioan Fedyddiwr – yr un roedd yr Ysbryd Glân wedi dweud wrtho pwy oedd Iesu ac wedi cael cadarnhad rhyfeddol o'r ateb yn uniongyrchol o'r nefoedd – yn anfon ei ddisgyblion at Iesu i ofyn iddo os mai fod oedd y Meseia go iawn. Mae Iesu'n syml yn dweud wrthyn nhw am fynd â'r dystiolaeth yn ôl at Ioan.

Ond yn gynharach yn y bennod mae'n amlwg eu bod nhw eisoes wedi gwneud hyn. Yn wir, dyna'n union pam wnaeth Ioan yn anfon ei negeswyr allan – ar ôl clywed am yr holl dystiolaeth rymus am weinidogaeth Iesu. Sut mae gwneud synnwyr o hynny?

Mae'r peth nesaf mae Iesu'n ei ddweud yn drawiadol. Mae'n dweud, *'Gwyn ei fyd y sawl sydd ddim yn cael ei dramgwyddo gen i, a sydd ddim yn cael ei frifo neu'n chwerw neu'n digio neu'n troi i ffwrdd neu'n baglu beth bynnag sy'n digwydd.'* (Luc 7:23 - *Amplified Version – cyf.*).

Pam wnaeth o anfon y neges yna yn ôl at Ioan? Beth allai fod wedi tramgwyddo Ioan am Iesu? Tybed oedd Ioan yn meddwl, 'Mae'n iawn dy fod yn gwneud yr holl bethau gwych yma i bawb arall, ond mae'n ymddangos dy fod wedi anghofio amdana i. Mae'r Meseia i fod i ryddhau pobl sy'n gaeth a gollwng carcharorion yn rhydd, ond dw i'n pydru yma yn y carchar tra mae'n ymddangos dy fod ti'n cael amser da.'

Wrth fyfyrio ar yr Ysgrythur yma ces i ddatguddiad wnaeth newid fy mywyd, sef fod *cymryd dy dramgwyddo gan Dduw yn hedyn sy'n arwain i anghrediniaeth.*

Dydy anghrediniaeth ddim yn rhesymol. Ymateb yr emosiwn ydy o, a'i wreiddyn ydy cymryd dy dramgwyddo gan Dduw am ryw reswm personol – rhyw ddigwyddiad neu gyfnod yn ein bywydau pan oedden ni'n teimlo fod Duw wedi'n gadael ni. Dyn ni'n dechrau meddwl wedyn ei fod yn dweud celwydd pan mae'n honni ei fod wedi'n caru ni a chariad tragwyddol (Jeremeia 31:3).

Dyn ni'n dweud yn y galon, 'Paid disgwyl i mi gredu hynny. Mae gen i ormod o dystiolaeth i'r gwrthwyneb.' Ro'n i'n sylweddoli mod i wedi cymryd fy nhramgwyddo gan Dduw oherwydd fod fy nheulu'n dioddef, ac roedd wedi troi'n gyhuddiad yn ei erbyn yn fy nghalon. Roedd fy anghrediniaeth yn ymosodiad ar gymeriad Duw. 'Dwyt ti ddim yr un rwyt ti'n honni bod!' Gwnaeth hyn fy helpu i ddeall peth mor ddifrifol ydy anghrediniaeth, a'i fod yn gwneud i bobl galedu'i calonnau a throi'n ystyfnig fel y gwnaeth pobl Israel, ac o ganlyniad i hynny yn marw yn yr anialwch (Hebreaid 3:15-19).

Delio gyda chyhuddiadau

Yn yr Ysgol Cynghori Beiblaidd cawson ni'n hannog i ysgrifennu papur ar bwnc oedd yn ein poeni ni, (fel y teimlad o gael eich gwrthod, diffyg hyder ac yn y blaen) ac yna ceisio dod o hyd i atebion yn yr Ysgrythur. Ro'n i'n argyhoeddedig mai'r pwnc i mi ddylai fod 'Cyhuddiad yn erbyn Duw'.

Gweddïodd yr arweinwyr gyda ni na fyddai hyn jest yn ymarfer deallusol, ond yn gyfarfyddiad gyda Duw fyddai'n newid ein bywydau. Cafodd eu gweddïau eu hateb. Ces fy synnu pan ddarganfyddais fod cyhuddiad yn erbyn Duw yn thema sy'n rhedeg drwy'r Beibl i gyd. Ro'n i'n uniaethu'n arbennig gyda phobl Israel yn yr anialwch yn llyfr Exodus, yn hel mwy a mwy o dystiolaeth fod Duw yn eu herbyn nhw a'u teuluoedd er gwaetha'r ffaith iddo ymyrryd i'w helpu lawer gwaith yn ei ras. Eu cyhuddiad nhw oedd, 'Pan mae pobl yn dioddef, *dwyt ti'n poeni dim*. Pan mae dy angen di arnon ni, dwyt ti ddim yna i'n helpu.' Sylweddolais mai dyma dŷn ni'n ei ddal yn erbyn Duw o hyd.

Clywais fy llais fy hun yng ngeiriau chwerw Naomi: '*Galwch fi'n 'Mara'* (sy'n golygu 'chwerw'). *Mae'r Un sy'n rheoli popeth wedi gwneud fy mywyd i'n chwerw iawn*' (Ruth 1:20).

Ro'n i'n deall yr ymateb sinigaidd ar ddechrau llyfr Malachi pan ddwedodd Duw wrth ei bobl, 'Dw i wedi'ch caru chi.' 'Wyt ti wir?' oedd eu hymateb. 'Pryd oedd hynny? Wnaethon ni ddim sylwi...'

Wrth droi i'r Testament Newydd, gwelais fod y cyhuddiadau yn cynyddu fwyfwy, wrth i Iesu ddod yn ganolbwynt holl gyhuddiadau'r ddynoliaeth yn erbyn Duw ar hyd hanes.

Roedd y Phariseaid '*yn edrych am unrhyw esgus i'w gyhuddo*' (Marc 3:2). Roedden nhw'n defnyddio digwyddiadau i gadarnhau agwedd gyhuddgar eu calonnau.

Roedd hyd yn oed ei ddisgyblion ei hun yn adleisio teimladau plant Israel yn yr anialwch, drwy ei gyhuddo pan oedden nhw mewn cwch yng nghanol storm ddychrynllyd ei fod o *ddim yn poeni* eu bod nhw'n mynd i foddi (Marc 4:38).

Byddai'r cwbl yn dod i ben llanw ar Fryn Golgotha, lle roedd cyhuddiadau'r holl genedlaethau yn cael eu hyrddio at un person, am ei fod yn honni bod yn Emaniwel, Duw gyda ni. Yno, roedd cynddaredd y ddynoliaeth yn erbyn Duw wedi cyrraedd ei uchafbwynt, ac roedd Duw yn cael ei ddedfrydu'n euog ac yn haeddu marw. Ro'n i'n syfrdan pan safodd yn neuadd Pilat, a hwnnw'n gofyn iddo beth oedd ganddo i'w ddweud amdano ei hun yn wyneb yr holl gyhuddiadau oedd yn cael eu taflu ato (Mathew 27:13).

Gwrthododd Iesu *ddweud run gair* yn wyneb y cyhuddiadau. 'Pam cadw'n dawel pan oedd ganddo gyfle i amddiffyn ei hun?' meddylais. Tyrd yn dy flaen, Iesu, dyma dy gyfle di! Cafodd fy mywyd ei newid pan ddois i ddeall pam gadwodd o'n dawel. *Cadwodd yn dawel am ei fod wedi dod i'r ddaear i gymryd y cyfrifoldeb am y cwbl.* Wrth gadw'n dawel roedd o'n dweud, 'Gwna i gymryd eich holl gyhuddiadau a'ch dicter chi. Dedfrydwch fi yn euog am y cwbl. Rhowch y cwbl arna i. Dyma pam dw i wedi dod.'

Gwyddai mai nid geiriau fyddai'n ateb y cyhuddiadau, ond marw. Roedd ei dawelwch urddasol yn fyddarol.

Ac yno, yn anhygoel, yn y weithred yna o gymryd y bai a'r cyfrifoldeb i gyd, ac o wynebu'r holl gyhuddiadau, mae Iesu'n eu tawelu nhw am byth. Sylweddolais fy mod yn fy nychymyg wedi cerdded i fyny'r bryn yna gyda pentwr o gerrig, yn barod i'w taflu ato.

Ond wrth i mi edrych ar y groes, dyma fy nghalon yn bloeddio am y tro cyntaf, 'DIEUOG! Dw i'n dal ddim yn deall pam bod rhaid i ni ddioddef, ond dw i yn gwybod mai nid dy fai di ydy o.' Wrth wneud ei hun yn gwbl agored i'm cyhuddiadau, a hynny o'i wirfodd, fe'm diarfogodd. Pan dybiwn ni fod Duw *yn malio dim*, y gwir ydy *na all o falio mwy.*

Dyna pryd y dechreuais i addoli Duw go iawn. Cyn hynny, roedd fy ngwefusau wedi bod yn canu am ei ddaioni a'i gariad, ond doedd fy nghalon ddim wedi bod yn cytuno. Bellach, roeddwn wedi gweld rhywbeth o'i galon, ac yn hoffi a thrystio'r hyn roeddwn yn ei weld. Roedd hwn yn Dduw oedd wedi gwneud argraff wirioneddol arna i.

Dioddefaint wedi'i wastraffu?

Roedd darganfod mai nid Duw oedd awdur ein trafferthion, yn enwedig anghyfiawnderau, yn help mawr. Ond ychydig wythnosau wedyn roeddwn yn wynebu cyfyng-gyngor arall.

Oedd ein holl ddioddefaint ni yn wastraff, heb ystyr na phwrpas iddo; oedd o'n rhywbeth ddylai fyth fod wedi digwydd, rhywbeth oedd wedi tristau calon Duw, ond yn rhywbeth allai o i wneud dim amdano? Allwn i ddim byw gyda hynny ychwaith.

Ar ôl bod yn stryglo hefo hyn am rai dyddiau, dyma un o'r arweinwyr yn dod ata i ar frecwast, yn dweud ei bod wedi bod yn gorwedd ar ei hwyneb ar lawr, yn teimlo baich i weddïo drosto i am gwpl o oriau y bore hwnnw. Roedd hi'n credu fod Duw wedi rhoi neges iddi ei rannu gyda mi. Oedd o'n golygu rhywbeth i mi?

Dyma'r neges: *'I'm plant i, does dim dioddefaint sy'n cael ei wastraffu, ond trwyddo gallaf greu aur. Rwyt ti'n gweld pethau o safbwynt amser; dw i'n gweld pethau o safbwynt tragwyddoldeb.'* Roedd y neges yn sicr yn golygu rhywbeth i mi. Daeth tangnefedd i lenwi fy nghalon gythryblus.

Dioddefaint mam oedd wedi achosi fwyaf o boen i mi. Ro'n i wedi cymryd y tramgwydd ar ei rhan. Ac eto, ro'n i wedi gweld yr aur. Ychydig cyn iddi farw, pan oeddwn i'n mynegi fy siom nad oedd hi wedi cael ei hiacháu, dywedodd wrtho i gyda gwên ar ei hwyneb, 'Na, paid bod yn ddig gyda Duw, Rhiannon. Mae o wedi fy iacháu i y tu mewn, sy'n llawer pwysicach.' Os oedd yr aur yna bellach yn disgleirio yn nhragwyddoldeb, gallwn fyw gyda hynny.

Dyna pryd y dechreuais weld rhywbeth llawer mwy am Dduw fel Prynwr. Mae o nid yn unig wedi'n prynu ni'n rhydd o golledigaeth, er bod hynny'n beth anhygoel o wych; mae'r potensial ynddo i fod wedi prynu *popeth*.

Wnes i erioed ddychmygu y byddwn i'n gyffrous i gyd wrth ddarllen pennod olaf Lefiticus. Ond pan sylweddolais fod popeth gafodd ei brynu (yn llythrennol: ei brynu'n ôl) yn cael pumed ran wedi ei ychwanegu at ei werth (Lefiticus 27:30-31), ro'n i wedi cyffroi trwyddo i.

Ar y groes, roedd Iesu'n prynu'n ôl *bopeth* roedd y Lleidr wedi'i ddwyn oddi arnon ni. *'Mae'r lleidr yn dod gyda'r bwriad o ddwyn a lladd a dinistrio: Dw i wedi dod i roi bywyd i bobl, a hwnnw'n fywyd ar ei orau.'* (Ioan 10:10).

Os gwnawn ni wahodd Iesu i'n trasiedïau, bydd o'n eu rhoi nhw'n ôl i ni gyda gwerth ychwanegol, fel eu bod nhw'n gweithio er ein *lles* ni, nid ein *colled*. Oes yna fuddugoliaeth fwy na hynny? S'dim syndod ein bod yn darllen yn Rhufeiniaid 8:37 ein bod yn fwy na choncwerwyr ynddo fo. Roedd y syniad yna bob amser wedi peri penbleth i mi o'r blaen. Sut all rhywun fod yn fwy na choncwerwr? Onid ydy jest bod yn goncwerwr yn ddigon gwych? Ond os oes dim byd all Duw mo'i brynu'n ôl a ninnau yn cael ein hunain mewn lle gwell beth bynnag mae bywyd yn ei daflu aton ni, mae hwnna yn obaith anhygoel i blant Duw. O'r diwedd roeddwn i wedi deall Rhufeiniaid 8:28, fod Duw yn defnyddio popeth er lles y rhai sy'n ei garu.

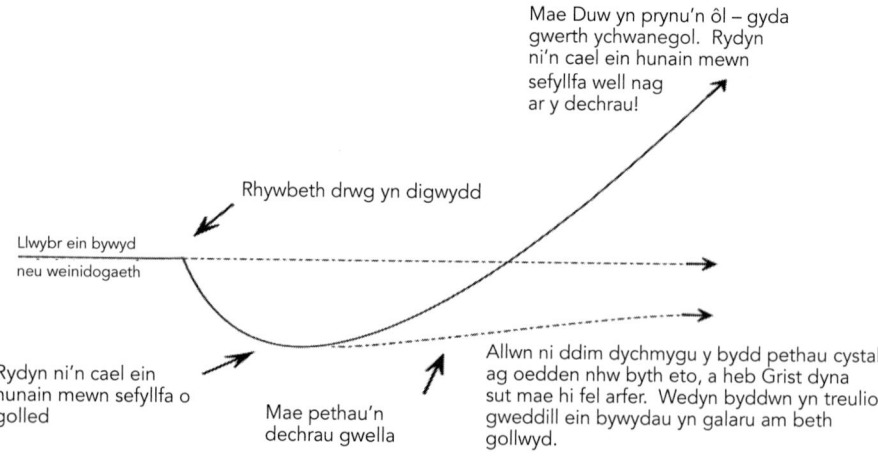

Mae Duw yn prynu'n ôl – gyda gwerth ychwanegol. Rydyn ni'n cael ein hunain mewn sefyllfa well nag ar y dechrau!

Rhywbeth drwg yn digwydd

Llwybr ein bywyd neu weinidogaeth

Rydyn ni'n cael ein hunain mewn sefyllfa o golled

Mae pethau'n dechrau gwella

Allwn ni ddim dychmygu y bydd pethau cystal ag oedden nhw byth eto, a heb Grist dyna sut mae hi fel arfer. Wedyn byddwn yn treulio gweddill ein bywydau yn galaru am beth gollwyd.

Wrth i ni edrych ar y Beibl, rydyn ni'n gweld fod patrwm rhyfeddol yn y ffordd mae Duw yn delio â'r ddynoliaeth. Er bod Satan yn dwyn oddi ar y ddynoliaeth gymaint o'r hyn fwriadodd Duw ar ein cyfer, mae Duw yn gallu ein hadfer ni fel bod ein cyflwr terfynol hyd yn oed yn well na'r gwreiddiol. Meddyliwch am hanes pobl fel Joseff, Daniel, Ruth ac eraill, wnaeth golli popeth ond wedyn cael eu hunain ar lefel uwch yn y diwedd. Wrth gwrs, yr enghraifft mwyaf rhyfeddol o hyn ydy Iesu ei hun, wnaeth brofi colled i'r pwynt o gael ei groeshoelio, ond sydd bellach wedi ei ddyrchafu i'r safle uchaf ac wedi cael enw sydd uwchlaw pob enw. (Philipiaid 2:5-12)

Daeth hwn hefyd yn allwedd fyddai'n agor y drws i lawer brofi iachâd anhygoel. Roedd y profiad ges i o ddarganfod y lilïau tân ar ymweliad â De Affrica yn cadarnhau hyn, a daeth yn symbol pwerus. Felly roedd yn brofiad arbennig o werthfawr i mi ddarganfod Kintsugi yn ddiweddar, sef y gelfyddyd Siapaneaidd o drwsio crochenwaith oedd wedi malu drwy ddefnyddio aur fel y glud: delwedd bwerus arall.

Cenhadaeth i Malaysia

Ar ddiwedd fy nghyfnod gyda YWAM, roeddwn yn un o arweinwyr tîm cenhadol i Malaysia. Roedden ni eisiau rhannu rhai o'r gwirioneddau oedd wedi bod yn trawsffurfio ein bywydau gydag eglwysi gwledig oedd ddim yn gweld siaradwyr tramor fel arfer.

Cawsom amser i baratoi'n hunain yn bersonol cyn dechrau ein gwaith yno, a dechreuais fyfyrio ar hanes temtasiynau Iesu, gan fod y rhain wedi digwydd jest cyn ei weinidogaeth gyhoeddus (Mathew 4:8-10). Roedd y trydydd temtasiwn bob amser yn ddryswch i mi. Os ydy temtasiwn yn un go iawn mae'r awydd yn real iawn. Dw i'n ddiolchgar am y cyfoedion yna wnaeth geisio fy mherswadio i ysmygu pan o'n i'n naw oed. Bu bron i mi dagu i farwolaeth. Felly dydy ysmygu rioed wedi bod yn demtasiwn ers hynny. Felly oedd Iesu *wir* wedi cael ei demtio i blygu i lawr ac addoli Satan? Anodd credu'r peth!

Tybed gafodd o ei demtio i ddefnyddio'r un dulliau o weithredu. Mae Satan yn gweithredu drwy reoli bywydau pobl, ac mae wedi bod yn hynod lwyddiannus.

Ai dyna beth gafodd Iesu ei demtio i'w wneud er mwyn cael dilynwyr? Dw i'n credu mai dyna ddigwyddodd, ac fe wrthododd y dull hwnnw yn llwyr. Gallai fod wedi cerdded o gwmpas yn disgleirio o holl ogoniant y nefoedd, a gwneud i bobl syrthio i lawr o'i flaen mewn rhyfeddod ac ofn. Gallai fod wedi gorfodi pobl i gredu ynddo drwy gymryd y rhyddid i ddewis oddi arnyn nhw. Ond yn lle hynny dewisodd gerdded o gwmpas yn ostyngedig a chaniatáu i bobl ddod i'w casgliadau eu hunain o dipyn i beth. Roedd y ddwy demtasiwn gyntaf hefyd yn dangos ei fod yn gwrthod defnyddio ei allu dwyfol i orfodi pobl i gredu. Dw i mor ddiolchgar am yr amser yna pan wnaeth Duw ddatgelu mwy o'i wirioneddau i mi.

Roedd yn anghyfreithlon i ni rannu ein ffydd gyda'r Malaiaid Islamaidd, felly buon ni'n gweithio gyda'r cymunedau Tsieineaidd ac Indiaidd. Dyma ni'n darganfod ei fod yn ddiwylliant cywilydd / anrhydedd, lle nad oedd pobl byth eisiau 'colli wyneb'. Byddai hyn yn dipyn o rwystr i ni ddelio â materion dwfn y galon, felly roedden ni ar ein gliniau yn gofyn i Dduw am ei ddoethineb. Roedd gen i deimlad cryf fod Duw yn dweud, *'Yr hyn alla i ei ddefnyddio a'i eneinio fwyaf ydy'ch bregusrwydd chi.'*

Felly dyma ni'n mentro rhannu ein brwydrau a'n poenau ein hunain, ac esbonio sut roedd Iesu wedi ein helpu ni drwyddynt ac wedi iacháu ein calonnau. Roedd hyn yn amlwg yn rhoi caniatâd iddyn nhw fentro bod yn agored. Roedd dagrau'n llifo yn aml ac fe gawson ni adegau gwerthfawr iawn o weld Duw yn iacháu calonnau toredig.

Doedd gen i ddim syniad ar y pryd mor bwysig fyddai bod yn agored a bregus yn fy ngweinidogaeth i'r dyfodol. Dw i'n gweld bellach sut mae Duw wedi 'trefnu fy nghamre' ac y gall ddefnyddio a siapio holl brofiadau bywyd i ddod yn fendith i bobl eraill, a hynny weithiau mewn amgylchiadau fydden ni rioed wedi dychmygu y byddai'n rhaid i ni eu hwynebu.

7. MWY O BROFIADAU O BARATOI

Dw i rioed wedi bod yn un sy'n gweddïo gweddïau hir. Yn fy mlynyddoedd cynnar ar ôl dod i gredu, roedd gen i weddi fer iawn roeddwn i'n ei gweddïo'n aml, wedi ei chymryd o ddameg yr heuwr yn yr Efengylau (Mathew 13). Byddwn i'n dweud wrth Dduw, 'Nid 30, nid 60, dw i eisiau i mywyd ddwyn ffrwyth 100%.'

Yn ddiweddarach, wrth wynebu siomedigaethau amrywiol, byddai Duw yn fy atgoffa i o'm gweddi a byddwn yn dechrau deall fod Duw yn gweld y darlun mawr ac y byddai'r siom rywsut yn esgor ar fwy o ffrwythlondeb yn y diwedd. Yn fy nagrau byddwn yn cadarnhau mai dyna fy ngweddi o hyd, ac yn wir dw i'n dal i'w gweddïo.

Cafodd geiriau proffwydol diddorol eu rhannu gyda mi gan arweinwyr Cristnogol oedd yn cael eu cydnabod yn eang fel rhai oedd â dawn broffwydol ganddyn nhw. Roedd un yn sôn am weld cadwyn o fynyddoedd uchel iawn yn y pellter, ac yn dweud ei fod yn credu fod gan Dduw waith i mi ei gyflawni fyddai'n rhagori ar unrhyw beth oeddwn i wedi meddwl amdano neu y gallwn hyd yn oed ei ddychmygu.

Dywedodd arweinydd arall wrtho i fod ganddo, wrth edrych arna i, ddarlun o delyn yn ei feddwl. 'Dim ond am ei fod yn gwybod fy mod yn Gymraes,' meddyliais. Ond aeth ymlaen wedyn i ddweud, 'Ti ydy'r delyn, ac mae Duw yn mynd i ganu alaw hyfryd arnat ti. Ond nid *Hen Wlad fy Nhadau* ydy'r alaw honno; mae'n alaw ryngwladol.'

Fy ymateb i oedd, 'Does gen i ddim syniad sut mae hynny'n mynd i ddigwydd, felly Dduw, os ydy'r neges yma gen ti, bydd rhaid i ti ei gwireddu.' Cafodd y geiriau yma eu storio'n gyfleus yng nghefn y meddwl.

Yn y misoedd a'r blynyddoedd dilynol, byddai unrhyw gyfeiriad at 'y cenhedloedd', yn y Beibl neu mewn caneuon addoli, bob amser yn cyffwrdd fy nghalon. Er enghraifft, Salm 2:8 sy'n dweud *'Gofyn, a rhoddaf i ti'r* **cenhedloedd** *yn etifeddiaeth.'* Mae Salm 22:27 yn proffwydo *'Ef sy'n llywodraethu dros* **y cenhedloedd***'* Roedd Eseia 49:6, 8-9 wedi nghyffwrdd yn ddwfn – adferiad, mynd a iachawdwriaeth Duw hyd eithaf y ddaear, rhannu'r tiroedd anrhaith yn etifeddiaeth. Er mai proffwydoliaeth am Iesu oedd yma, fedrwn i ddim peidio a theimlo bod Duw yn dweud rhywbeth wrtho i drwy'r adnodau yma, a byddai fy nghalon yn dechrau curo'n gyflymach.

Ar ddiwedd yr ysgol gynghori yn YWAM, cawsom ymweliad am wythnos gan Jean Darnell, gwraig dduwiol ac arweinydd Cristnogol o'r Unol Daleithiau oedd â dawn broffwydol yn cael ei gydnabod yn fyd-eang. Er bod albwm yn rhoi gwybodaeth am bob myfyriwr wedi ei baratoi i'r siaradwyr gwadd, roedd hi wedi gwrthod edrych arno.

Roedd ganddi eisiau clywed yn uniongyrchol gan Dduw heb gael ei dylanwadu gan unrhyw ffynhonnell wybodaeth arall. Ar ddiwedd yr wythnos, dywedodd ei bod yn credu fod Duw wedi rhoi neges iddi ar gyfer pob un ohonon ni.

Gan ein bod i gyd yn nabod ein gilydd yn dda iawn erbyn hynny, roedden ni'n rhyfeddu pa mor berthnasol oedd y negeseuon. Ond pan drodd hi ata i, mae'n debyg mai dyma'r geiriau mwyaf syfrdanol, gan fod pawb yn gwybod am y brwydrau ro'n i wedi bod trwyddyn nhw.

Roedd hi'n teimlo bod Duw yn dweud: 'Rhiannon, ti wedi bod mewn ogof dywyll, lle roeddet ti'n amau os oeddwn i hyd yn oed yn bodoli. Dw i eisiau i ti wybod nad oeddwn i y tu allan i'r ogof yn disgwyl i ti ddod allan. Ro'n i hefo ti yn yr ogof drwy'r amser, hyd yn oed pan oeddet ti ddim yn siŵr os oeddet ti'n dal i gredu yno i. Dw i wedi gafael yn dy law a'th arwain allan i'r golau, ac yn y dyfodol bydda i'n dy ddefnyddio di i ddod â llawer mwy allan o'r tywyllwch i'r golau.'

Es yn ôl i YWAM ychydig fisoedd wedyn i ddilyn yr Ysgol Arweinyddiaeth Sylfaenol a chlywais un o arweinwyr YWAM, Reona Jolie, yn rhannu neges broffwydol gyda'r grŵp llawn. Dywedodd fod amseroedd tywyll o ddioddefaint mawr yn dod i'r byd, pan fyddai popeth yn cael ei ysgwyd. Roedd yn hanfodol bwysig ein bod yn sicr o'n Duw ac yn gwybod sut un ydy o, gan mai dyna'r unig ffordd y gallwn sefyll yn gadarn yng nghanol y gorthrymder.

Gadawodd y neges yna argraff ddofn arnaf, a daeth dod i adnabod cymeriad Duw a helpu eraill i adnabod yr unig Dduw go iawn yn ddyhead angerddol gydol fy oes. Mae Duw yn odidog y tu hwnt i bob dychymyg. Mae ei gariad hunan-aberthol a gostyngedig yn ben-ffrwydrol. Syllu arno ef sy'n ein newid ni. (2 Corinthiaid 3:18).

Yn ôl i Gymru

Pan orffennais fy hyfforddiant amhrisiadwy gyda YWAM ar ôl 18 mis, es yn ôl adre i weld beth oedd gan Dduw ar fy nghyfer. Falle mai'r wers bwysica i mi ar YWAM oedd mai Duw sydd Dduw, nid fi.

Yn ystod y blynyddoedd wedyn, daeth y wedd ryngwladol yn fwy amlwg yn fy mywyd. Ar y cyd gyda dau ffrind, John a Pauline Hymus, oedd yn arweinwyr gyda Operation Mobilization (OM), bum yn helpu i redeg cwrs yn y Rhyl ar gyfer gweithwyr Cristnogol o wahanol rannau o'r byd.

Y bwriad oedd eu helpu i ddelio gyda gweddau ar eu bywydau oedd angen iachâd – pethau oedd yn llesteirio eu gwaith cenhadol. Roedden ni'n galw'r cwrs yn Ysgol Arweinyddiaeth ar y dechrau, gan ein bod yn meddwl y byddai hynny'n denu arweinwyr i ddod.

Doedden nhw ddim ond gyda ni am ychydig wythnosau, cyn mynd yn ôl i wahanol rannau anghysbell o'r byd. Roedden ni'n dyheu i ddod o hyd i'r allweddi fyddai'n eu helpu i droi cornel a dechrau dod o hyd i iachâd sylweddol a meddwl wedi'i drawsnewid. Wrth i ni alw ar Dduw am ddoethineb a datguddiad, roedd o bob amser mor ffyddlon. Gwelon ni lawer o bobl yn cael goleuni newydd ar natur cymeriad Duw ac yn cael eu hiacháu o glwyfau dderbynion nhw drwy drasiedïau bywyd.

Uchafbwynt y cwrs i mi oedd dysgeidiaeth John Hymus ar 'Gymeriad Duw' o Exodus 34:6-7. Ar ôl i Moses ofyn i Dduw ddatguddio ei ogoniant, mae Duw yn ymateb trwy ddangos ei gymeriad. 'Dyma'r ARGLWYDD yn pasio heibio o'i flaen a chyhoeddi, "Yr ARGLWYDD! Yr ARGLWYDD! Mae'n Dduw caredig a thrugarog: mae mor amyneddgar, a'i haelioni a'i ffyddlondeb yn anhygoel! Mae'n dangos cariad di-dro'n-ôl am fil o genedlaethau, ac yn maddau beiau, gwrthryfel a phechod.' Ei gymeriad bendigedig ydy ei ogoniant.

Dros ryw bump i chwe wythnos, byddai John yn ein harwain yn ofalus i edrych ar ystyr wreiddiol pob un o'r nodweddion sy'n cael eu rhestru yna, gan edrych ar y gwreiddiau Hebreig ac yna dangos sut mae'r nodwedd yna i'w weld ym mywyd Iesu. Roedd yn astudiaeth oedd yn newid bywydau. Ro'n i'n arbennig o hoff o'r nodwedd gyntaf mae Duw yn ei rhestru ar ôl datguddio ei hun fel Arglwydd. (Dw i mor ddiolchgar na wnaeth o stopio hefo'r gair Arglwydd. Ydy, mae o'n Arglwydd, ond sut fath o Arglwydd? Sut mae o'n mynd i'n trin ni?)

Nid 'Yr Un Sanctaidd, y Barnwr, neu'r Un sy'n casáu pechod' ydy'r nodwedd gyntaf, er fod hynny i gyd yn wir. Y peth cyntaf oedd o eisiau i ni ei wybod oedd ei fod yn *drugarog*. Mae ystyr gwreiddyn y gair yn dod o'r gair am groth mam. Roedd John yn pwysleisio fod gan Dduw yr un cariad tosturiol, diamod, tyner, gofalgar aton ni ag sydd gan fam at y plentyn yn ei chroth. Mae'r gair hefyd yn golygu 'edrych gyda'r hoffter mwyaf tyner', fel mae tad balch yn edrych ar ei blentyn sydd newydd ei eni – Waw!

Yna mae Duw yn mynd ymlaen i ddweud mewn pum ffordd wahanol: 'Dw i'n dy garu di, dw i'n dy garu di, dw i'n dy garu di...' Ac mae'r nodwedd olaf (y mae rhai ohonon ni'n ei gael yn anodd i'w ddeall) yn awgrymu, 'Dw i'n dy garu di gymaint nes mod i'n cymryd pechod wir o ddifri – am fy mod yn gwybod beth fydd ei ganlyniadau, nid yn unig ar dy fywyd di ond hefyd ar dy blant.' Roedd y ddysgeidiaeth yma yn mynd i fod yn amhrisiadwy yn nes ymlaen.

Mae'r cwrs yma'n dal i gael ei gynnal mewn gwahanol rannau o'r byd, bellach gan arweinwyr newydd, dan yr enw 'Wyneb yn Wyneb'. Mae wedi ei fyrhau i ryw bythefnos er mwyn ei wneud yn fwy hygyrch. Mae Duw yn dal i'w ddefnyddio i ryddhau bywydau llawer o bobl.

Noson arwyddocaol iawn

Wna i byth anghofio un noson pan oeddwn i'n arwain grŵp fel rhan o'r cwrs. Roedden ni'n annog y rhai oedd ar y cwrs i fentro bod yn fregus ac agored drwy rannu eu brwydrau a'u poen gyda'r bobl eraill yn y grŵp, a wedyn bydden ni i gyd yn gweddïo drostyn nhw.

Rhannodd un ferch ifanc yn ddewr iawn sut y cafodd ei cham-drin yn rhywiol gan sawl dyn pan oedd yn blentyn. Er ei bod bellach yn gweithio fel cenhades, roedd yn dal i gael hunllefau bob nos, yn ail-fyw ei phrofiadau ofnadwy ac eisiau lladd y dynion wnaeth ei cham-drin. Roedd ganddi gywilydd nad oedd wedi gallu maddau, ac roedd yn dal i gael trafferth gyda'r meddyliau hyn. Doeddwn i ddim yn siŵr sut i'w helpu, a dywedais, 'Pam wnei di ddim rhoi hyn i gyd i Iesu? Mae o'n deall.' 'O na, dydy o ddim,' atebodd. 'Sut mae o'n gallu deall sut brofiad ydy cael eich cam-drin fel merch?' Ro'n i'n teimlo'n llai abl fyth i'w helpu, ac awgrymais ein bod ni i gyd yn gweddïo'n dawel. Ro'n i'n gweddïo'n daer ar i Dduw roi ei ddoethineb i mi.

Dyma syniad diddorol yn croesi'r meddwl: Lle o drosglwyddo oedd y groes, nid lle o uniaethu. Wrth i mi feddwl am hyn, sylweddolais fod Iesu yn Afon Iorddonen wedi uniaethu â phechaduriaid er nad oedd o rioed wedi profi sut beth oedd bod yn bechadur.

Ond ar y groes, roedd rhywbeth hollol syfrdanol yn digwydd. Mae 2 Corinthiaid 5:21 yn dweud fod Iesu wedi cael *ei wneud* yn bechod droson ni, er ei fod rioed wedi pechu. Rhywsut, mewn ffordd all ein meddyliau bach ni byth ei ddeall, cafodd holl bechodau'r byd eu trosglwyddo ar Iesu, ac fe brofodd yn llawn holl arswyd pechod dynol. (Dois i ddeall yn ddiweddarach fod y gair '*afôn*', sef un gair Hebraeg am ddrygioni neu lygredd, yn cynnwys holl ganlyniadau pechod yn y byd.) Felly profodd Iesu ar y groes nid yn unig bob pechod, ond hefyd pob trasiedi, poen ac anghyfiawnder. Mae'n wir fod Iesu wedi profi dioddefaint o sawl math yn ystod ei fywyd ar y ddaear, ond nid *pob* poen a dioddefaint dynol. Ond ar y groes fe *brofodd y cwbl*.

Ceisiais rannu hefo'r grŵp beth oedd Duw wedi ei ddangos i mi, a dyma'r ferch yn dweud, 'Iawn, galla i dderbyn hynna. Felly mae Iesu yn deall fy mhoen.' Awgrymais iddi ei bod yn tywallt y cwbl i'w galon, a dyma hi'n dechrau gwneud hynny tra'n curo'r llawr â'i dwrn. 'Cymer di y cwbl, Iesu,' meddai, 'alla i mo'i gario ddim pellach.'

Y bore wedyn, dywedodd wrtho i fod ei dagrau y noson cynt wedi bod yn wahanol i bob profiad arall o grio. Cyn hynny, roedd hi bob amser yn crio o ddicter a hunan-dosturi, ond roedd y crio y noson honno wedi bod yn brofiad cadarnhaol, am ei bod yn gwybod bod rhywun yn aros i'w dderbyn. A pheth arall – roedd hi wedi cysgu'n dawel y noson honno, heb gael hunllef.

Wnes i ddim clywed ganddi am rai blynyddoedd, ond yna derbyniais e-bost ganddi yn dweud nad oedd wedi cael hunllef ers hynny, a'i bod ar fin priodi. Heb yr iachâd hwnnw, fyddai hi byth wedi gallu ymdopi â phriodi. Ro'n i'n rhyfeddu; ac mor ddiolchgar i Dduw. Roedd yn cadarnhau y gwirionedd fod Iesu nid jest wedi cario'n *pechodau* ar y groes, roedd hefyd wedi cario'n *poenau*. Daeth y datguddiad yma yn allwedd pwysig i'n helpu i arwain llawer o bobl i brofi iachâd dwfn a pharhaol.

Gweithio'n rhyngwladol

Wrth i'r gwaith dyfu, cawson ni'n gwahodd i gynnal y cwrs mewn gwahanol rannau o'r byd. Ro'n i'n cael hyn yn gyffrous iawn. Ro'n i bob amser wrth fy modd hefo meysydd awyr a hedfan (mae hyn wedi diflannu erbyn hyn!) ac ro'n i'n synhwyro y byddwn i'n teithio lot fawr i wasanaethu Duw.

Ces wahoddiad i ddysgu ar gwrs gofal bugeiliol ar y Doulos, llong OM, pan gafodd ei hangori yn Bahrain, a gofynnodd nifer o unigolion ar fwrdd y llong fyddwn i'n eu cwnsela nhw'n bersonol. Ar ôl siarad a gweddïo gyda dynes

Indiaidd, cofiais yn sydyn am hanes Prydain yn India. Roedd yn warthus. Ro'n i wedi gwylio'r ffilm *Gandhi* ac roedd gen i gymaint o gywilydd o'n hanes ni yno. Cofiais gymaint roedd wedi fy helpu pan wnaeth y Saesnes honno gyffesu pechodau Lloegr yng Nghymru. Tybed fyddai'n helpu'r wraig hon o India pe bawn i'n gwneud yr un peth?

Felly fe wnes i rannu'n betrusgar fy nghywilydd, ac mor sori oeddwn i am y ffordd roedd India wedi dioddef dan law y Prydeinwyr, gan restru rhai digwyddiadau ro'n i'n ymwybodol ohonyn nhw a gofyn iddi faddau i ni. Ces sioc pan ddechreuodd hi grio. 'Dw i rioed wedi clywed unrhyw un o Brydain yn dweud rhywbeth fel yna o'r blaen,' meddai. 'Diolch yn fawr iawn! Alla i ddim dweud wrthoch chi faint mae'n ei olygu i mi.'

Yna dyma hi'n tynnu'r gadwyn hardd oedd yn ei gwisgo a'i rhoi am fy ngwddw i. "Gwisgwch hon i gofio fod Indiad wedi maddau i'r Prydeinwyr,' meddai. Dysgais y diwrnod hwnnw pa mor bwerus ydy hi pan mae rhywun yn cyffesu pechodau eu cenedl i ddod ag iachâd i galon doredig. Byddai'r digwyddiad yma hefyd yn dod yn allwedd pwysig ac arwyddocaol yn y dyfodol.

Mynd yn ddyfnach

Dw i bob amser wedi bod yn un sy'n ysu am fwy o ddealltwriaeth. Dwi byth eisiau rhoi'r gorau i hyn. Dw i mor ymwybodol ein bod ni ond yn gweld rhan o'r darlun, a bod yna gymaint MWY. Gwnes i hefyd ymrwymo i rannu gydag eraill unrhyw ddatguddiad mae Duw yn ei roi i mi. Daeth Actau 3:6 yn bwysig iawn i mi. Dywedodd Pedr wrth y cardotyn oedd ddim yn gallu cerdded, *Does gen i ddim arian i'w roi i ti, ond cei di beth sydd gen i i'w roi. Yn enw Iesu, y Meseia o Nasareth – cod ar dy draed a cherdda.'* Allwn ni ddim rhoi beth sydd ddim gynnon ni. Sylweddolais fod rhaid i mi wir gredu'r hyn roeddwn wedi'i ddysgu os oedd y neges ro'n i'n ei rhannu'n mynd i fod yn ddilys. Fel arall fyddai'r cwbl ond geiriau gwag.

Darllenais Genesis 15:5 un diwrnod, lle mae Duw yn mynd ag Abraham allan yn y nos ac yn dweud, *'Edrych i fyny i'r awyr. Cyfra faint o sêr sydd yna, os fedri di! Fel yna fydd dy ddisgynyddion di.'* Ro'n i'n synhwyro fod Duw yn dweud, 'Tyrd am dro gyda mi o dan y sêr. Bydd gen tithau lawer o ddisgynyddion, mwy na fedri di eu cyfrif.'

Doedd o'n gwneud dim sens i mi ar y pryd, ond wnes i mo'i anghofio. Roedd Eseia 54:13 hefyd wedi tynnu fy sylw. *'Bydd pob un o dy blant yn cael eu dysgu gan yr ARGLWYDD, a bydd dy blant yn profi heddwch mawr.'* (Yn llythrennol: *shalom*, cyflawnder.) Ro'n i'n dal yn ddi-briod, er mawr siom i mi, felly sut allai hyn fod yn wir? Un tro pan o'n i'n galaru fy mod yn ddi-briod, dechreuais synhwyro fod Duw yn dweud fod ganddo rywbeth gwell i mi, ond dyma fi'n ymateb yn negyddol, 'Na, does gen i ddim eisiau dim byd gwell.' Erbyn hyn, mae Eseia 54 i gyd yn anhygoel o werthfawr yn fy ngolwg i.

Er fy mod wedi derbyn lot o iachâd tra gyda YWAM, ro'n i'n dal i stryglo ar adegau gyda'r angen i gyfiawnhau fy modolaeth.

Un diwrnod, sylwais ar boster o eiriau'r hen gerdd *Desiderata* gan Max Ehrmann. Dyma'r llinnell, *'You are a child of the universe... You have a right to be here'* yn neidio allan ata i a dyma fi'n ei chofleidio. Gwnaeth hynny wahaniaeth enfawr yn ddiweddarach pan oedd raid i mi deithio i Lundain i ymweld â llysgenadaethau tramor i ofyn am *visas*. Gall Duw ddefnyddio unrhyw beth i'n hiacháu ni.

Ro'n i hefyd yn stryglo i wybod sut i weddïo am ddigwyddiadau erchyll yn y newyddion ar y teledu. Ble oedd Duw yn hyn i gyd? Sut allai o ganiatáu i bobl ddiniwed ddiodde fel hyn?

Dw i'n cofio'n arbennig y galar dwfn deimlais yn ystod protest Sgwâr Tiananmen (Beijing 1989). Gwylio'r myfyrwyr dewr oedd eisiau democratiaeth yn sefyll o flaen tanciau oedd yn gyrru tuag atyn nhw. Clywed fod eu protest wedi ei stopio drwy rym a thrais, a bod llawer wedi'u lladd. Sut ar y ddaear ddylai rhywun weddïo am y fath sefyllfa?

Pan ofynnais i Dduw am y peth, daeth adnod o ail bennod Hosea i'r meddwl. Mae Duw yn dweud y bydd yn troi dyffryn Achor (gair sy'n golygu 'trychineb') yn ddrws gobaith. Ydyn, maen nhw wedi colli eu gobaith, meddyliais. Roedden nhw'n credu y byddai eu protest yn arwain i newidiadau gwleidyddol, a nawr roedd y gobaith hwnnw wedi ei sathru dan draed. Dyma eu cyfle nhw i ddarganfod y gwir obaith, sydd i'w gael yn Iesu yn unig.

Pryd bynnag y byddwn yn clywed yr enw Sgwâr Tiananmen neu'n meddwl amdano eto, byddwn yn gweddïo'r weddi fer. 'Arglwydd, gwna ddyffryn Achor yn ddrws gobaith.'

Ro'n i wrth fy modd, sawl blwyddyn yn ddiweddarach, pan ddigwyddais weld cyfeiriad mewn cylchgrawn Cristnogol at y ffaith fod nifer o'r myfyrwyr wnaeth arwain protest Sgwâr Tiananmen bellach yn gredinwyr. Dysgodd hynny rywbeth pwysig iawn i mi. Mae yna bob amser rywbeth all Duw ei wneud. Gweddi y gellir ei gweddïo gyda ffydd am unrhyw sefyllfa ydy, 'Arglwydd, tyrd â rhywbeth da allan o hyn.'

Fy nyhead

Dw i bob amser wedi bod wrth fy modd hefo oratorio Handel 'Y Meseia'. Dw i'n cofio gwrando arni yr holl ffordd drwodd, yn fuan ar ôl dod yn Gristion, yn gorwedd ar fy hyd ar lawr y lolfa. Roedd y darn corawl 'Surely, surely, He has borne our griefs and carried our sorrows' yn arbennig o deimladwy i mi, er nad o'n i wir yn ei ddeall yn iawn bryd hynny. Ces fy nghyffroi gymaint gan y gerddoriaeth nes fy mod yn benderfynol o ddod o hyd i'r holl adnodau oedd yn y gwaith, ac ro'n i mor hapus pan lwyddais i ddod o hyd i bob un ohonyn nhw yn y Beibl.

Daeth Eseia 53 yn bennod bwysig iawn i mi, wrth i mi ddod i ddeall mai proffwydoliaeth oedd yma yn rhagweld dioddefaint Iesu y Meseia ar y groes. Mae adnod 11 yn dweud y bydd yn gweld canlyniad neu ffrwyth ei ddioddefaint ac yn gwbl fodlon. Ro'n i'n dyheu yn angerddol i weld hynny'n cael ei wireddu. Dysgais yn ddiweddarach mai'r weddi oedd yn ysgogi'r Morafiaid oedd 'Y byddai'r Oen a laddwyd yn derbyn gwobr ei ddioddefaint.' Roedd yn fy nghyffwrdd yn ddwfn, am mai dyna'r dyhead yn fy nghalon i hefyd. Ro'n i eisiau i Iesu weld beth oedd yn digwydd yng nghalonnau pobl – y bobl oedd yn cael eu hiacháu, eu hadfer a'u trawsnewid – a dweud, 'Roedd y cwbl yn werth ei wneud i weld hyn.'

Am beth amser roedd gen i awydd cynyddol i weld Iesu'n gallu dod yn ôl at ei Briodferch (yr Eglwys) a'i gweld yn gyfan a hardd, nid yn doredig gyda briwiau agored. Ro'n i eisiau i bobl Dduw weld yr harddwch yn ei gilydd a dathlu eu hamrywiaeth, yn lle gweld y gwahaniaethau fel bygythiad. Fyddwn i rioed wedi dychmygu y byddai fy mywyd yn cymryd tro annisgwyl, ac y byddwn yn dod i weld rhai o'r dyheadau yma yn dod yn realiti.

8. GWERSI DDYSGAIS YN LIBERIA

Roedd y gwahoddiad i Liberia yn gwbl annisgwyl. Ro'n i wedi ffonio Youth with a Mission (YWAM) yn Harpenden i ofyn os oedd ganddyn nhw fy angen i ar dîm yn Romania a'r ymateb ges i oedd, 'Lle maen nhw wir dy angen di ydy Liberia.' Gofynnais, 'Arhoswch funud – ble mae Liberia?' Pan glywais ei fod yng ngorllewin Affrica, dywedais, 'Wel, does gen i ddim cynlluniau i fynd i Affrica. Beth bynnag, pam mae nhw f'angen i yno?' Wrth glywed fod Rhyfel Cartref yno, fy ymateb oedd, 'Wel, does gen i'n *bendant* ddim cynlluniau i fynd i rywle lle mae yna Ryfel Cartref!'

Ro'n i'n meddwl mai dyna ddiwedd ar y mater, ond roedden nhw'n dal ati i'm ffonio. Roedden nhw'n dweud fod sefydliad dyngarol Cristnogol o'r enw Medair yn cynnal rhaglen yno yn gweithio gyda dioddefwyr rhyfel, a'u bod yn meddwl y byddai fy hyfforddiant meddygol a seiciatrig yr union beth oedd ei angen ar y tîm hwnnw.

Mi fûm i'n stryglo hefo hyn am dri mis, yn enwedig pan ofynnodd ffrind i mi oeddwn i'n meddwl ei bod yn deg ar fy chwaer, sydd ag anableddau dysgu, a'r unig berthynas agos sydd gen i, i fynd a rhoi fy hun mewn sefyllfa beryglus. Yn y diwedd dois i'r casgliad bod Duw yn ei charu hi lot mwy nag oeddwn i, ac y byddai o ond yn gadael i mi gael fy lladd os byddai hynny'n gweithio allan er ei lles hi.

Mi fûm i'n gweddïo'n daer yn fy nagrau ac yn rhoi fy chwaer yn nwylo Duw ac yn arbennig yn delio â'm heuogrwydd yn ei chylch. Yna cytunais, yn betrus iawn, i fynd i Liberia. Ar unwaith roedd fy nghalon yn llawn heddwch. Ro'n i hyd yn oed yn meddwl falle na fyddwn i'n dod adre, ac yn rhyfeddol fe helpiodd Duw fi i fod yn barod i roi fy mywyd dros bobl Liberia pe bai angen i mi wneud hynny.

Dw i mor falch fy mod i wedi mynd! Tra roeddwn i yno fe ddisgynnais mewn cariad ag Affrica, dysgu cymaint, a phrofi gras rhyfeddol Duw yng nghanol y Rhyfel Cartref. Gwelais harddwch pobl Dduw a oedd, er gwaethaf dioddefaint anhygoel, yn dal i allu canmol Duw ac ymddiried ynddo yn llawen. Sylweddolais fod gan y bobl yma gymaint i'w ddysgu i ni Ewropeaid. Byddai rhai o'r profiadau ges i yn arwyddocaol iawn yn fy ngweinidogaeth i'r dyfodol.

Ffydd neu ragdybiaeth?

Un wers bwysig ddysgais yn Liberia oedd y gwahaniaeth rhwng ffydd a rhagdybiaeth. Ro'n i wedi cerdded dan yr haul poeth i ymweld a hen wraig oedd yn byw mewn aelwyd dlawd iawn. Wrth fy ngweld yn cyrraedd yn chwys ddiferol, fe aeth i nol ychydig o ddŵr i mi mewn mwg tun. Doedd gen i ddim syniad pa mor lân oedd y dŵr, ac roedd rhaid i mi wneud penderfyniad ar unwaith. Byddai gwrthod ei chynnig caredig yn gas ac yn tramgwyddo, felly gweddïais yn gyflym a gofyn i Dduw ddiheintio'r dŵr yna yfais o heb unrhyw effaith drwg.

Ychydig yn ddiweddarach roeddwn mewn rhyw gyfarfod lle roedd 'Koolaid' i'w yfed – sef diod wedi'i wneud drwy gymysgu powdr lliw a blas iddo gyda dŵr. Ro'n i mor sychedig, a meddyliais, 'Dw i'n siŵr y bydda i'n iawn', a'i yfed. Ond doeddwn i *ddim* yn iawn. Mi fûm yn sâl am ddyddiau. Yn ystod y cyfnod hwnnw daeth y tîm i mewn i'm stafell ganol nos a dweud wrtho i am godi ar unwaith am ein bod yn cael lladrad arfog. Dw i'n cofio grwgnach dan fy ngwynt, 'S'dim ots gen i beth maen nhw'n ei ddwyn cyn belled â'u bod yn gadael y toiled.'

Hogie'r stadiwm

Pan gyrhaeddais Liberia yn Chwefror 1992, roed Monrovia, y brifddinas wedi ei rhyddhau a than warchodaeth milwyr cadw heddwch Affricanaidd, ond roedd gweddill y wlad yn dal yn nwylo'r gwrthryfelwyr.

Yn ystod y Rhyfel Cartref roedd llawer o bobl ifanc wedi cael eu gorfodi i ymuno â byddin y gwrthryfelwyr gan Charles Taylor, yr arweinydd. Roedd cyffuriau yn cael ei roi iddyn nhw er mwyn iddyn nhw gyflawni erchyllterau.

Roedd rhwng 5,000 a 15,000 o fechgyn a merched, rhai mor ifanc ag wyth neu naw oed, wedi cael eu gorfodi i ymuno â'r fyddin mewn ofn am eu bywydau. Roedden nhw wedyn yn cael eu hyfforddi i ddefnyddio gynau awtomatig modern. O dan ddylanwad alcohol a chyffuriau fe laddon nhw lawer iawn o bobl.

Tra roedden ni yno, darlledodd y llywodraeth ar y radio neges yn annog unrhyw bobl ifanc oedd ddim eisiau lladd eu cyd-Liberiaid, i adael y gwersyll a mynd yn ôl i Monrovia.

Roedden nhw'n addo i'r bobl ifanc yma y bydden nhw'n cael amnest a rhaglen adferiad. Gadawodd cannoedd y gwrthryfelwyr. Ond yn drist iawn cafodd rhai eu lladd wrth iddyn nhw geisio dianc. Cafodd y rhai ifanc a gyrhaeddodd y brifddinas eu rhoi mewn cartrefi arbennig, ond cafodd y rhai hŷn eu cadw mewn stadiwm chwaraeon ar gyrion y ddinas heb fod ymhell o linellau'r gelyn. Roedd y boblogaeth yn eu hofni am fod y bobl ifanc hyn i gyd wedi bod yn lladd.

Daeth swyddogion y llywodraeth atom fel sefydliad Cristnogol, yn gofyn allwn ni eu helpu i ddod o hyd i galon newydd, oherwydd heb newid calon ni fyddai unrhyw raglen adsefydlu yn effeithiol. Edrychodd y tîm arna i yn syth gan ddweud mai dyna fy 'mheth' i. Neidiodd fy nghalon, a theimlais y byddwn wrth fy modd yn gweithio gyda'r bechgyn hyn.

Trefnais i gyfarfod ag arweinwyr y rhaglen yn y stadiwm i drafod beth oedden nhw'n ei ddisgwyl gen i fel Cristion. Wna i byth anghofio y diwrnod cyntaf hwnnw. Pan gyrhaeddais gwelais fod popeth mewn anrhefn llwyr a'r cyfarwyddwr yn eistedd wrth ei ddesg gyda'i ben yn ei ddwylo. Dywedodd fod reiat newydd fod, a bod y bechgyn wedi dinistrio pethau, a'u bod nhw ddim yn gwybod beth i'w wneud. Dywedodd nad oedd pwrpas siarad y diwrnod hwnnw. Atebais innau, 'Falle mai heddiw ydy'r diwrnod gorau i siarad.'

Felly dyma fo'n galw ei staff ac yn dweud wrthyn nhw am gasglu'r bechgyn at ei gilydd – tua 120 ohonyn nhw i gyd – a mynd a nhw i stafell fawr oedd yn rhan o adeilad y stadiwm.

Yna fe ddwedodd wrth y staff, 'OK, rhaid i ni i gyd fynd allan a gadael y ddynes yma gyda nhw.' Ro'n i mewn sioc, ac yn meddwl, 'O bobl bach! Doeddwn i ddim wedi cynllunio ar gyfer hyn nac wedi paratoi dim. Beth ar wyneb y ddaear wna i?' Felly dyma fi'n gweddïo'n daer a gofyn i Dduw fy helpu. Yna gofynnais iddo, 'Wrth edrych ar yr wynebau yma beth wyt ti'n ei deimlo? A'r gair ddaeth yn syth i'r meddwl oedd 'cyffrous'.

Felly dyma fi'n dweud wrth y bechgyn, 'Dw i newydd fod yn gofyn i Dduw beth mae'n ei deimlo amdanoch chi, ac fe ddwedodd wrtho i ei fod yn ecseited. Mae hynny am ei fod yn gwybod bod rhai ohonoch chi'n mynd i ddod i'w nabod a newid yn llwyr fel pobl, a bydd rhai ohonoch chi yn arweinwyr duwiol yn Liberia'r dyfodol.' Dywedais wrthyn nhw fod Duw yn edrych arnon ni yng ngoleuni'r hyn rydyn ni'n mynd i fod, nid beth ydyn ni ar hyn o bryd. Mae o'n Dduw gobaith sy'n credu ynon ni. Fe gawson nhw'r fath sioc!

Dyma nhw'n dechrau dod ymlaen i ysgwyd fy llaw, gan weiddi. 'Wnewch chi ddod yma i ddysgu gair Duw i ni?' Atebais y byddwn wrth fy modd yn gwneud hynny, a dyna ddechrau cyfnod hynod gyffrous o gyfarfod gyda'r bobl ifanc yma deirgwaith yr wythnos i'w helpu i ddarganfod ffyrdd Duw. (Nid fi oedd yr unig un aeth i mewn. Roedd seicolegwyr lleol a rhai efengylwyr yn mynd i mewn, a daeth nifer o'r bechgyn yn gredinwyr.)

Cawson ni rai amseroedd bendigedig gyda'n gilydd. Un o fy hoff atgofion i ydy pan oedden nhw'n dawnsio rownd yr ystafell yn canu, *'Jesus power – super, super power; Satan power – less, less power'*. O'r holl sesiynau wnes i eu harwain, yr un gafodd fwyaf o effaith oedd sesiwn ar adnabod Duw fel Tad cariadus.

Adnabod Duw fel Tad Cariadus

Wrth wrando ar sut roedd tadau yn siarad â'u plant ar y strydoedd, sylwais fod tadau yn eitha llym yn y diwylliant hwnnw, a meddyliais tybed pa effaith oedd hynny'n ei gael ar y bechgyn hyn wrth iddyn nhw dyfu i fyny. Oedden nhw'n derbyn mai felly roedd pethau i fod, neu oedd yna ddyhead yn eu calonnau am rywbeth gwahanol? Ro'n i'n gwybod na allai unrhyw raglen adsefydlu drawsnewid bywydau os nad oedden nhw'n dod i adnabod Duw fel tad cariadus. Roedd deall hynny wedi newid fy mywyd i fy hun.

Roedd arweinydd tîm Medair gyda mi y diwrnod hwnnw, a rhannodd ei stori ei hun o beidio derbyn cariad gan ei dad ac yna dod i adnabod Duw fel Tad Nefol da. Felly dywedais wrth y bechgyn, 'Heddiw rydyn ni'n mynd i ddarlunio y tad perffaith.' Roedd bwrdd du mawr y tu ôl i mi, yn llenwi'r wal i gyd. Dyma fi'n gofyn iddyn nhw ddweud wrtho i beth fyddai nodweddion tad perffaith. Ond allen nhw ddim meddwl am unrhyw beth. Yna dyma un yn dweud yn betrusgar, 'Dw i'n meddwl na fyddai tad perffaith yn eich curo chi'n ofnadwy.' Cytunais innau, ac yna dyma nhw'n rhestru pethau negyddol eraill na fyddai tad perffaith yn eu gwneud. Wedyn dyma fi'n awgrymu edrych ar rai pethau cadarnhaol fyddai tad perffaith yn eu gwneud, ond doedden nhw'n dal ddim yn gallu meddwl am un peth.

'Gadewch i mi awgrymu rhywbeth,' meddwn i. 'Byddai tad perffaith yn poeni pe baen ni wedi cael ein brifo yn ein calonnau; byddai wedi ypsetio ac eisiau'n cysuro ni.' 'Dyna un da,' medden nhw. 'Ysgrifennwch o i lawr.' Felly dyma fi'n ei ysgrifennu ar y bwrdd du.

Yna dyma nhw'n dechrau cael y syniad, ac fe gawson ni amser anhygoel wrth iddyn nhw ddechrau dychmygu sut byddai tad perffaith yn ymddwyn. Cyn bo hir roedd y bwrdd du yn llawn o syniadau, a'r bechgyn yn llawn cyffro a brwdfrydedd wrth feddwl am y syniad o dad perffaith. Yna dyma fi'n dweud wrthyn nhw fod gan y rhai sy'n ymddiried yn Iesu y Tad perffaith yna.

Dyma ni'n esbonio iddyn nhw fod adnodau yn y Beibl yn sôn am yr holl nodweddion da yma wrth ddisgrifio Duw yn dad. Duw oedd y Tad perffaith rydyn ni i gyd yn edrych amdano. 'Ble mae'n dweud hynny yn y Beibl?' medden nhw, 'Dangoswch i ni.' Dim ond dau neu dri Beibl oedd ar gael rhwng y grŵp cyfan, felly dyma nhw'n dechrau tyrru o gwmpas y rhai oedd gan Feibl.

Gweddïais yn dawel am help, a gofyn i Dduw fy atgoffa lle gallwn ddod o hyd i'r adnodau perthnasol. Roedd yr amser roddwyd i mi gyda nhw ar ben, ond doedden nhw ddim eisiau gadael. Roedden nhw mor awyddus i ddod o hyd i'r dystiolaeth fod Duw, y Tad Nefol, mor dda a hyn. Felly fe dreulion ni rhyw awr arall yn dod o hyd i'r adnodau.

Ar ddiwedd yr awr honno, dyma un dyn ifanc oedd yn sefyll yn y cefn yn dweud, 'Dw i ddim yn Gristion. Mwslim ydw i, ond dw i ddim yn gweld tad cariadus fel yma yn fy nghrefydd i. Dw i eisiau'r Tad cariadus yma!'

Dyma'r bechgyn oedd eisoes wedi dod yn gredinwyr trwy ymweliadau gan weinidogion o Liberia yn rhedeg ato, a dechreuodd pawb weddïo drosto ar yr un pryd. Roedd yn anrhefn llwyr, ac eto mor wych. Allwn i wneud dim ond rhyfeddu. Roedd yn dangos i mi fod angen y Tad perffaith yma arnon ni i gyd, beth bynnag ydy'n cefndir diwylliannol a'n crefydd. Rydyn ni wedi'n creu gan Dduw i fod angen y math yma o dad, a fo ydy'r unig un all ddiwallu'r angen hwnnw. Flynyddoedd yn ddiweddarach, byddai hyn yn dod yn ddysgeidiaeth allweddol yn ein gweithdai cymodi. Y lle sy'n dod a'r iachâd mwyaf i'n bywydau ydy pan gawn ein cofleidio gan ein Tad Nefol cariadus. Ond wedyn, fe gafwyd sesiwn arall ddaeth yn bwysig iawn hefyd.

Llwyth Sanctaidd Duw

Ar ymweliad arall â'r bechgyn, fe rannais fy stori fy hun am dyfu i fyny yng Nghymru, yn brifo y tu mewn oherwydd yr anghyfiawnderau wnaeth fy llwyth i eu profi. Dywedais wrthyn nhw sut roedd Duw wedi iacháu fy nghalon wrth i mi faddau i'r llwyth oedd wedi ein cam-drin; ond hefyd sut roedd wedi fy helpu i ddod o hyd i hunaniaeth newydd, uwch. Dangosais y geiriau yn 1 Pedr 2:9 iddyn nhw: *'Dych chi'n bobl sydd wedi'ch dewis yn offeiriaid i wasanaethu'r Brenin, yn genedl sanctaidd'* a sut roeddwn wedi sylweddoli bod Duw, yn creu cenedl neu lwyth arbennig newydd, o bob crediniwr ym mhob gwlad drwy'r byd i gyd.

Mae pob un o ddinasyddion y Llwyth Sanctaidd yma yn siarad eu hieithoedd gwahanol ac mae ganddyn nhw eu diwylliannau eu hunain, ond yn dathlu'r amrywiaeth tra'n caru ei gilydd ac yn gydradd â'i gilydd. Esboniais iddyn nhw sut roeddwn i'n llawer mwy cyffrous am fod yn ddinesydd y Llwyth Sanctaidd nag oeddwn i am fod yn aelod o'm llwyth fy hun.

Dyma un o'r bechgyn yn sefyll ar ei draed ac yn dweud, 'Os ymunwn ni â Llwyth Sanctaidd Duw does dim rhaid i ni ladd ein gilydd o hyn ymlaen!'

Dyna syniad chwyldroadol, meddyliais. Gall wneud gwahaniaeth go iawn ym mywydau'r bechgyn yma yn y dyfodol. Yn ddiweddarach, wrth i Dduw fy arwain i weinidogaeth cymodi ethnig, byddai cysyniad y Genedl Sanctaidd yn dod yn sylfaen i'n gweithdy.

Gweinidogaethu i ffoaduriaid

Wrth i'r rhyfela fynd yn ei flaen mewn sawl rhan o'r wlad, dechreuodd ffoaduriaid lifo i mewn i Monrovia. Cynigodd ein tîm Medair helpu sut bynnag allen nhw – codi'r gwan a'r henoed yn ein cerbydau a'u cludo i lochesi diogel.

Cynigiais gyfarfod gyda'r rhai oedd wedi goroesi i'w helpu i ddelio gyda'u colled, ac fe drefnwyd cyfarfod. Mae dagrau'n dod i'm llygaid wrth gofio y cyfarfod hwnnw. Roedd gan lawer ohonyn nhw straeon erchyll i'w hadrodd. Arbennig o dorcalonnus oedd yr hanesion hynny am deuluoedd yn ffoi am eu bywydau tra'n gorfod gadael y methedig a'r henoed i farw neu gael eu lladd.

Roedd yr atgofion yma yn eu poenydio nhw – sut allen nhw fod wedi gadael pobl oedd yn annwyl iddyn nhw mewn sefyllfa mor erchyll? Wrth ofyn i Dduw sut allwn i eu helpu ro'n i'n rhyw synhwyro ei fod am i mi rannu fy stori fy hun, a disgrifio'r hyn ddigwyddodd pan fu mam farw flynyddoedd ynghynt. Doeddwn i rioed wedi rhannu hyn yn gyhoeddus o'r blaen.

Yn fuan ar ôl i mi ennill fy nghymhwyster i fod yn feddyg, cafodd mam, oedd yn annwyl iawn i mi, strôc, ac roedd fy chwaer, sydd ag anableddau dysgu, wedi cynhyrfu ac ypsetio yn lân. Roedd rhaid i mi fynd i geisio delio gydag anghenion fy chwaer, ond tra roeddwn gyda hi fe gollodd mam ymwybyddiaeth a bu farw yn fuan wedyn. Doeddwn i ddim yn gallu maddau i mi fy hun mod i ddim gyda hi yn ei hawr fwyaf o angen. Roedd hyn yn rywbeth wnaeth fy mhoenydio am flynyddoedd, a byddwn yn aml yn crio wrth fynd i gysgu. Ond fe newidiodd popeth pan ddatguddiodd Duw i mi nad oedd fy mam wedi bod ar ei phen ei hun. Roedd Iesu wedi bod gyda hi. Roedd hi'n blentyn gwerthfawr iddo, a wnaeth o ddim cefnu arni. Daeth hyn a chymaint o gysur i mi.

Wrth i mi rannu'r stori gyda nhw yn betrusgar dechreuodd llawer ohonyn nhw grio, a dweud, 'Diolch Iesu! Diolch Iesu!' Daeth y cyfarfod i ben yn bositif iawn ac roedden nhw mor ddiolchgar am yr help gawson nhw. Wna i byth anghofio'r gân oedden nhw'n ei chanu gydag angerdd, a'r holl harmonïau Affricanaidd bendigedig yna a'r dagrau yn rhedeg i lawr eu gruddiau. Dyna oedd y tro cyntaf i mi glywed y gân gan Jimmy Swaggart.

Boed i'th ddyfroedd bywiol lifo dros f'enaid i;
Boed i'th Ysbryd Glân di fy meddiannu i.
Arwain fi drwy bob sefyllfa anodd ddaw
Fy ngofidion i, a'm beichiau rof yn dy law.

Yn ddiweddarach, yn dilyn yr hil-laddiad yn Rwanda, gwnes i gyfarfod llawer o bobl oedd ddim wedi gallu bod yn bresennol pan gafodd eu hanwyliaid eu lladd, gan fod pobl yn dianc mewn panig i bob cyfeiriad, neu am eu bod yn byw mewn rhan arall o'r wlad. (Mae hyn mor aml yn ychwanegu at y trawma, fel y profodd llawer yn ystod y pandemig Covid.) Gan fy mod wedi profi ymateb cadarnhaol pan rannais fy stori yn Liberia, penderfynais wneud yr un peth yn Rwanda hefyd, ac fe ddaeth hynny â chysur i gymaint o bobl, er y gost emosiynol i mi yn bersonol.

Hedyn mwstard fyddai'n tyfu'n goeden

Daeth cynrychiolydd o Uwch Gomisiwn Ffoaduriaid y Cenhedloedd Unedig (UNCHR) i ymweld â'n tîm Medair yn Liberia i ofyn a fydden ni'n cymryd rhan mewn cyfres o ddarlithoedd ar iachâd o drawma. Awgrymwyd fy enw i. Siaradais â'r trefnydd ac esbonio bod fy nysgeidiaeth i gyd yn seiliedig ar y Beibl. Dywedodd na fyddai hynny'n broblem o gwbl – gallai'r Mwslemiaid hefyd siarad o'u safbwynt nhw.

Clywais wedyn eu bod yn trefnu'r hyn roedden nhw'n ei alw'n 'Ddiwrnod Labordy' i ddelio gyda'i briwiau mewnol eu hunain cyn mynd ati i redeg y cwrs. Roedd gen i ddiddordeb mawr gwybod sut y bydden nhw'n ei gynnal, a gofynnais a gawn i gymryd rhan. Ar ddechrau'r dydd pwysleisiodd y trefnydd nad oedd crefydd i gael lle yn y diwrnod hwn. 'Tybed sut oedden nhw'n mynd i brofi iachâd mewn un diwrnod gyda'i gilydd?' meddyliais.

Yn ystod y dydd dyma nhw'n cynnal ymarferiad diddorol. Gofynnwyd i bawb ysgrifennu pum peth drwg roedden nhw wedi'u gweld yn cael eu gwneud i rywun arall, pum peth drwg roedden nhw wedi'u profi eu hunain a phum peth da oedd wedi digwydd yng nghanol y cyfan.

Yn ystod yr amser adborth fe glywon ni rai straeon ofnadwy, a meddyliais tybed sut roedden nhw'n mynd i ddelio â'r rhain. Dw i'n cofio'n arbennig rywun yn darllen cerdd roedd wedi ei hysgrifennu am Brifysgol Fendel yn Monrovia, lle bu lladdfa erchyll. Roedd yn gerdd deimladwy a dychanol iawn, gyda llinellau fel: 'Come and enrol in Fendel University. Learn how to study man's inhumanity to man! Learn how to kill your fellow man!' A dw i'n cofio y grŵp cyfan yn torri i lawr i grio ac yna distawrwydd hir wedyn.

Yna dechreuodd rhywun ganu emyn Joseph Scriven, *'O'r fath gyfaill ydyw'r Iesu'*, a dyma'r grŵp cyfan yn codi ar eu traed a dal dwylo gyda'i breichiau wedi'i codi'n uchel. Buon nhw'n canu un emyn ar ôl y llall am tua hanner awr. Yr ail emyn oedd, *'On Christ the solid rock I stand; all other ground is sinking sand'* gan Edward Mote.

Pan beidiodd y canu, cododd dyn o'r enw Amos ar ei draed a dweud, 'Dw i'n gwybod nad oedd crefydd i gael lle yma heddiw, ond dim ond Iesu sydd wedi iacháu fy mriwiau i.' Yna dyma'r trefnydd yn cyfaddef nad oedd hi'n gwybod am ffordd arall o wella clwyfau ychwaith. Dyma hi'n troi ata i, fel yr unig berson oedd ddim wedi bod yng nghanol y Rhyfel Cartref yn Liberia, a gofyn a fyddwn i'n gweddïo drostyn nhw a gofyn i Iesu wella eu clwyfau. Wrth gwrs ro'n i'n hapus iawn i gael gwneud hynny.

Flynyddoedd yn ddiweddarach, ar ôl yr hil-laddiad yn Rwanda, cofiais yr ymarferiad a daeth yn sylfaen i weithgaredd oedd yn canolbwyntio ar y groes, ac sydd ers hynny wedi bod yn fodd i iacháu miliynau o bobl mewn gwahanol rannau o'r byd.

Cafodd rhywbeth ei eni yn fy nghalon yn Liberia. Roeddwn wedi gweithio fel meddyg, yn delio gyda phoenau corfforol; yna fel seiciatrydd, yn delio gyda phoenau meddyliol; yna fel cynghorydd Cristnogol, yn ymdrin a chalonnau mewn poen.

Yma roeddwn wedi profi Duw yn delio gyda chenhedloedd oedd mewn poen, ac ro'n i'n gwybod na fyddai pethau byth yr un fath eto. Doeddwn i ddim yn gwybod fyddwn i'n cael y fath brofiad byth eto, ond ro'n i eisiau gwybod mwy am Dduw yn iacháu cenhedloedd. Ro'n i wedi dysgu gwersi pwysig a gwerthfawr yn Affrica, ac ro'n i'n awyddus i wybod a ellid eu cymhwyso i sefyllfa cenhedloedd eraill oedd yn profi gwrthdaro a phoen.

Roedd y seicolegwyr ar ein tîm yn Liberia wedi ysgrifennu adroddiad am y gwaith y buon ni'n ei wneud yno. Roedd yn cael ei alw yn brosiect seico-gymdeithasol. Roedd wedi bod yn gyfle i dreialu gwedd ar waith Medair, a daeth yn boblogaidd ymhlith nifer o fudiadau cymorth. Er mawr syndod a siom i mi, daethon nhw i'r casgliad nad oedd lle i ddysgeidiaeth Feiblaidd ar iachâd mewnol mewn prosiect o'r fath; dylai gael ei redeg ar sail dealltwriaeth seicolegol seciwlar yn unig. Roedd fy nghalon yn suddo, a meddyliais, 'Dyna ddiwedd ar fy nghyfraniad i i hyn i gyd.'

Roedd yr ymweliad cyntaf hwnnw i Liberia wedi para chwe wythnos. Roedd yr ail ymweliad, yn ddiweddarach y flwyddyn honno, wedi para deufis, ac ar y diwedd ro'n i'n difaru'n arw nad oeddwn wedi bwriadu aros yn hirach.

Roedd ymateb pobl mor gadarnhaol, ac roedd cymaint i'w wneud o hyd. Ro'n i'n rhwystredig fod fy ymgais i newid y tocyn awyren wedi methu, er ei fod yn docyn 'hyblyg'. Doeddwn i ddim yn deall pam wnaeth Duw ddim fy helpu i'w newid.

Wrth i'r awyren godi i'r awyr a minnau yn edrych i lawr ar y brifddinas, Monrovia, ro'n i'n teimlo'n flin ac yn drist ar yr un pryd: yn ddig gyda Duw ac yn fy nagrau am fy mod yn gorfod gadael. Roedd yna bobl roeddwn i'n eu caru i lawr yna. Pam allwn i ddim aros yn hirach? Fyddwn i'n cael dod yn ôl rywbryd?

Pan gyrhaeddais adre drannoeth, clywais y newyddion bod gwrthryfelwyr Charles Taylor wedi bomio Monrofia am ddau o'r gloch yn y bore a lladd 3,000 o bobl. Roedd ein tîm wedi llwyddo i ddianc jest cyn i'r gwrthryfelwyr feddiannu'r maes awyr.

Ar y naill law ro'n i wedi torri nghalon. Oedd rhai o'r bobl annwyl ro'n i'n eu caru wedi eu hanafu? Beth am y bechgyn yn y stadiwm – oedden nhw wedi cael eu hail-gipio? Wedi'i lladd? Ond ar y llaw arall, meddyliais, 'O Rhiannon! Roedd Duw yn gwybod beth roedd yn ei wneud pan oeddet ti'n methu newid dy docyn. Pam oeddet ti ddim yn ei drystio?' Baswn i'n hoffi gallu dweud fy mod wedi dysgu fy ngwers, a mod i ers hynny wedi trystio amseru Duw pan nad oedd pethau'n mynd fel roddwn i'n meddwl y dylen nhw; ond mae arna i ofn fy mod yn ddysgwr araf. Wn i ddim hyd heddiw beth ddigwyddodd i unrhyw un o'r bobl oeddwn i mewn cysylltiad â nhw yno.

9. GWAHODDIAD I RWANDA

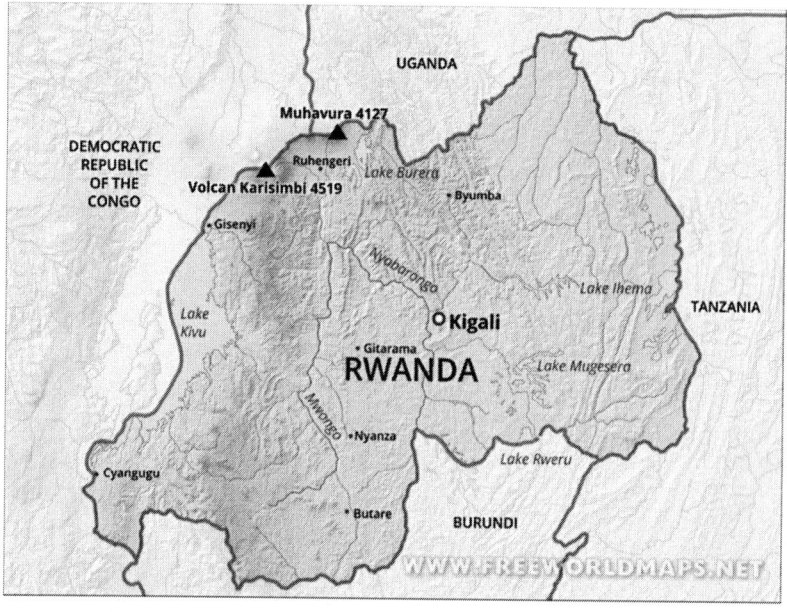

Fel gyda Liberia, roedd y gwahoddiad i fynd i Rwanda yn hollol annisgwyl. Ym Medi 1994, cefais alwad ffôn o Rwanda gan arweinydd Medair. 'Wyt ti wedi gweld y newyddion?' gofynnodd. 'Mae yna hil-laddiad erchyll yma yn erbyn y Twtsi. Rydyn ni yma yn gwneud gwaith dyngarol, yn rhannu bwyd a meddyginiaethau ac yn claddu cyrff. Ond yn yr eglwysi mae'r gweinidogion yn gofyn ydy maddeuant a chymod yn bosib yn y fath sefyllfa. Fe wnest ti weithio cryn dipyn hefo'r eglwysi yn Liberia. Allet ti ddod i wneud yr un peth yma?'

Ro'n i wedi gweld y newyddion a theimlo i'r byw wrth weld y fath erchylltra, ond ddim wedi ystyried mynd yno. 'Ydych chi ddim yn cofio adroddiad y seicolegwyr?' meddwn i. 'Roedden nhw'n dweud mai dim ond dulliau seicoleg seciwlar sy'n ddilys.' 'Dw i ddim eisiau seicolegydd yma,' meddai. 'Dw i dy eisiau di.'

Ceisiais ddweud fod bywyd yn brysur iawn. Ro'n i'n brysur yn rhedeg cyrsiau i genhadon, a dim ond dwy wythnos rydd ymhen pythefnos oedd gen i yn fy amserlen hyd ddiwedd y flwyddyn. 'Plîs wnei di ddod am y pythefnos yna,' meddai. Ro'n i'n dal y ffôn yn fy llaw ac yn ceisio meddwl am reswm da i ddweud mor amhosibl fyddai hynny. Ond roedd yn pwyso arna i, a chofiais gymaint o fendith oedd y profiad yn Liberia wedi bod. 'Pam ddim?' meddyliais. Felly cytunais i fynd yn y fan a'r lle.

Dros y pythefnos mi fûm i'n dechrau darllen am yr hyn oedd wedi digwydd yn Rwanda. Po fwyaf ro'n i'n ei ddarllen roedd erchyllitra'r cwbl yn codi arswyd arna i. Roedd y sefyllfa yna hyd yn oed yn waeth na Liberia. Roedd hyd at filiwn o bobl wedi eu lladd mewn 100 diwrnod.

Roedd y wlad gyfan mewn trawma enfawr a llawer o bobl wedi ffoi i wledydd cyfagos. Dechreuais banicio. Beth ar y ddaear all unrhyw un ei wneud yn y fath sefyllfa, heb sôn am un ddynes fach o Gymru? Pam o'n i wedi bod mor wirion â derbyn y gwahoddiad? Ar y pryd, Rwanda oedd y wlad fwyaf clwyfedig ar y ddaear!

Y noson cyn gadael doeddwn i ddim wedi pacio fy mag, ac ro'n i mewn panig llwyr. 'Mewn ychydig oriau,' meddyliais, 'byddai'n disgyn o'r awyren, a bydd pobl yn disgwyl i mi wneud rhywbeth. Does gen i ddim syniad lle i ddechrau. Sut alla i fynd?'

Canodd cloch y drws ffrynt ac roedd ffrind yn sefyll yno. 'Ro'n i'n gweddïo drosot ti rŵan,' meddai, 'a dyma'r Ysbryd Glan yn argraffu arna i y dylwn i ddod draw yma i dy atgoffa di o stori bwydo'r pum mil.' (Luc 9:10-17).

Siaradodd Duw hefo fi trwy hwnna. Teimlais ei fod yn dweud, 'Rhiannon, dw i'n dal yn Dduw a dw i'n gwybod sut i luosi offrymau di-nod.' Torrais i lawr a dweud, 'OK Arglwydd, mi af i. Os gelli di luosi ychydig dorthau a physgod, gwna i dy drystio di.' A dyna'r unig reswm es i. Doedd gen i ddim ofn mynd i'r sefyllfa, ond roedd gen i ofn bod â dim i'w gynnig.

Wrth i mi hedfan i Rwanda am y tro cyntaf ac edrych i lawr ar y wlad hardd honno, yn ceisio meddwl beth yn y byd allai iacháu'r clwyfau, teimlais Dduw yn dweud mai dim ond un peth oedd yn ddigon pwerus, sef croes ei Fab.

Felly ro'n i'n gwybod bod rhaid i bobl, rywsut, ddod at ei gilydd wrth y groes. Doeddwn i ddim yn gwybod ar y pryd fod Rwanda wedi bod yn wlad o ddiwygiadau, ac mai un o'r dywediadau allweddol yn ystod un diwygiad oedd, '*Mae'r ddaear yn wastad wrth y groes,*' yn golygu ein bod i gyd yn mynd at y groes ar yr un sail. Roedd hi'n amlwg y byddai'n rhaid i'r groes fod yn ganolog ym mhopeth oedd i'w wneud.

Beth wnaeth arwain at yr hil-laddiad yn erbyn y Twtsi?

Roedd y llofruddiaethau erchyll yn uchafbwynt ymdrechion un grŵp i ddifa'r llall. Gellid olrhain yr hanes yn ôl flynyddoedd lawer:

- Hyd at 1959 y Twtsi oedd mewn grym ac roedd yr Hwtw (a llawer o'r Twtsi ar lawr gwlad) yn diodde anghyfiawnderau amrywiol.

- Ym 1959 dyma'r Hwtw yn goresgyn y frenhiniaeth Twtsi mewn chwyldro gwaedlyd a laddodd lawer iawn o bobl a gorfodi miloedd i ffoi'n alltudion.

- Roedd y Twtsi oedd ar ôl yn Rwanda yn dioddef gwahaniaethu a bu sawl cyflafan yn ystod y blynyddoedd ddilynodd, heb neb yn cael eu dwyn gerbron y llys.

- Dair degawd yn ddiweddarach, ceisiodd y Twtsi alltud ddod adre i Rwanda, ac mewn ymdrech i'w hatal, fe gynlluniodd y llywodraeth Hwtw, oedd wedi gwrthod y syniad o rannu pŵer, yr 'ateb terfynol' o ddifodi y Twtsi yn llwyr.

- Mewn 100 diwrnod, cafodd tua miliwn o Twtsi eu lladd yn greulon. Cafodd llawer o'r Hwtw cymedrol, oedd yn gwrthwynebu'r llofruddiaethau, eu lladd yn y broses hefyd.

Rôl y coloneiddwyr

Roedd Rwanda yn wlad weddol heddychlon cyn y cyfnod trefedigaethol. Er bod rhai yn credu bod y Twtsi yn dod yn wreiddiol o grŵp Nilotig, mae llawer bellach yn credu bod y grwpiau Hwtw a Twtsi yn grwpiau cymdeithasol fwy na rhai ethnig. Y wlad Ewropeaidd gyntaf i goloneiddio Rwanda oedd yr Almaen. Ar ôl y Rhyfel Byd Cyntaf, Gwlad Belg gymerodd yr awenau. Roedd y ddwy wlad wedi ffurfioli'r grwpiau a defnyddio polisi 'rhannu a rheoli' i ffafrio un grŵp yn erbyn y llall, er mwyn aros mewn grym. Arweiniodd hyn at flynyddoedd o wrthdaro ac anghyfiawnder. Bydd rôl coloneiddio yn cael ei hegluro yn fwy manwl ym mhennod 14.

Profi canlyniad yr erchylltra

Roedd arogl marwolaeth ym mhobman. Dim ond 12 wythnos ar ôl i'r hil-laddiad yn erbyn y Twtsi ddod i ben, roeddwn i wedi fy lleoli yn Nyamata, un o'r lleoedd oedd wedi gweld y nifer mwyaf o bobl yn cael eu lladd.

Roedd gwaed ar waliau'r eglwysi – rhai yn dal i gynnwys cyrff dioddefwyr heb eu claddu. Edrychais i fyw llygaid gwag poblogaeth oedd wedi lleihau'n fawr ac wedi colli gobaith.

Bydden ni'n gyrru trwy bentrefi gweigion, a'r trigolion naill ai wedi marw neu wedi ffoi. Plant amddifad yn dihoeni ar ôl colli eu rhieni; rhieni yn galaru ar ôl eu plant coll. Ond yn bennaf roedd fel petai pobl wedi colli pob teimlad – mewn cyflwr o sioc. 'Sut allai hyn fod wedi digwydd? Sut allai o neu hi fod wedi gwneud hyn? Roedd yn un o arweinwyr yr eglwys!' Dois ar draws ofn, poen, dicter ac anghrediniaeth – ond yn bennaf oll, anobaith.

Gwaeddais ar Dduw, 'Oes gen ti obaith ar gyfer y sefyllfa yma? Os nad oes, waeth i mi fynd adre ddim. Mae'n rhaid i mi wybod beth wyt ti'n ei deimlo.' Wrth i mi geisio ateb Duw, cofiais yr adnod: 'Felly, dw i'n gweddïo y bydd Duw, ffynhonnell gobaith, yn llenwi'ch bywydau gyda'r llawenydd a'r heddwch dwfn sy'n dod o gredu ynddo; ac y bydd yr Ysbryd Glân yn gwneud i obaith orlifo yn eich bywydau chi! (Rhufeiniaid 15:13). Duw'r gobaith?

Sylweddolais mai dyna yw ei enw – all o ddim bod fel arall. Ble bynnag mae Ef, mae gobaith, hyd yn oed mewn gwlad sydd newydd fynd trwy hil-laddiad.

Gofynnais iddo am ffynhonnell ei obaith, a daeth tri pheth i'r meddwl. Roedd gobaith Duw yn bennaf yng ngwaith gorffenedig ei Fab ar y groes. Roedd Iesu eisoes wedi gwneud popeth oedd ei angen i wella Rwanda. Ein gwaith ni oedd cymhwyso'r hyn roedd o wedi'i wneud i'r sefyllfa. Yr ail beth oedd nad oedd Duw wedi tynnu ei Ysbryd yn ôl er gwaetha'r holl ddrwg oedd wedi digwydd. Cofiais gân hyfryd Keith a Melody Green, 'Y mae in Waredwr', sy'n dweud yn y cytgan:

Diolch, O Dad Nefol
Am anfon Crist i'n byd
A gadael dy Ysbryd Glân
I'n harwain ni o hyd.

Y trydydd peth oedd fod ei obaith yn ei bobl – ond roedd yr eglwys yn gysylltiedig â'r hil-laddiad.

Ble roedd yr eglwys?

Er bod yna arwyr ffydd oedd yn gwrthwynebu'r hil-laddiad ac wedi peryglu eu bywydau wrth weithredu i achub eu cymdogion, y ffaith drasig yw na wnaeth unrhyw arweinydd eglwysig wrthwynebu'r hil-laddiad yn gyhoeddus a datgan bod y cwbl yn bechod erchyll yn erbyn Duw, a bod rhaid iddo stopio.

Yn wyneb y fath erchylltra, roedd yr eglwys nid yn unig wedi bod yn dawel, roedd llawer o aelodau ac arweinwyr eglwysig wedi cymryd rhan yn y lladd. Mae'n ymddangos bod rhai arweinwyr blaenllaw hyd yn oed wedi bod yn gysylltiedig â chynllunio'r cwbl.

Mewn gwlad lle roedd dros 80% o'r boblogaeth yn honni eu bod yn Gristnogion ac yn mynychu'r eglwys bob Sul, mae'n rhaid fod rhywbeth mawr o'i le ar yr hyn oedd yn cael ei bregethu o lawer o'r pulpudau i hil-laddiad yn cynnwys cyfran fawr o'r boblogaeth ddigwydd.

Y ffordd orau i atal hil-laddiad arall fyddai targedu'r rhai a oedd, o Sul i Sul, â chlust y rhan fwyaf o'r boblogaeth. Roedd yn amlwg i mi fod rhaid i'r iachâd ddechrau oddi mewn i'r eglwys. Doedd eglwys glwyfus ddim yn mynd i gael ei defnyddio i iacháu neb.

Arwyddion gobaith

Yn ystod yr ymweliad cyntaf hwnnw ces y fraint o fynychu rhai o'r oedfaon cyntaf gafodd eu cynnal ar ôl yr hil-laddiad. Roedd cynulleidfaoedd yn dod at ei gilydd ac yn darganfod pwy oedd yn dal o gwmpas, pwy oedd wedi'i lladd a phwy oedd wedi ffoi o'r wlad.

Yr hyn oedd yn cyffwrdd rhywun i'r byw oedd y mawl a'r addoliad. Roedd yna un côr oedd â thros gant o bobl ynddo ar un adeg, bellach hefo dim ond dwsin o bobl ar ôl; ond roedden nhw'n dal i foli Duw gyda'r fath angerdd. Roedd yna ganeuon actol – rhywbeth cyffredin iawn yn eu diwylliant. Dw i'n cofio un oedd yn darlunio credadun yn cael ei groesawu i'r nefoedd. Roedden nhw mewn parau, ac yn darlunio Iesu yn cofleidio'r credadun ac yn sychu ei ddagrau a dangos iddo fo neu hi mor wych oedd y nefoedd. Dw i hefyd yn cofio un grŵp yn canu cyfieithiad o emyn George Duffield, 'Stand up, stand up for Jesus.' Roedd dwyster arwyddocâd yr ail bennill yn eu cyd-destun nhw yn dod â dagrau i'r llygaid:

> Stand up, stand up for Jesus, The fight will not be long
> Today the sound of battle, The next the victor's song
> To him that overcometh, The crown of life will be
> Who with the King of Glory, Will reign eternally

Dw i'n cofio ymweld â chartref i blant amddifad, a chlywed sŵn canu yn dod o un ystafell. Pan ofynnais beth oedd yn digwydd, dyma nhw'n dweud 'O, nhw ydy'r Cristnogion.' Pan es i mewn i'r ystafell, dyna lle roedd grŵp o blant amddifad yn canu caneuon am y nefoedd o'u llyfr emynau. Roedd yn rhoi cymaint o gysur iddyn nhw – gwybod bod eu rhieni a'u hanwyliaid bellach yn ddiogel yn y nefoedd.

Peth arall wnaeth fy nghyffwrdd i'n ddwfn oedd clywed llawer yn dweud, er gwaetha popeth, mai eu hoff Ysgrythur oedd 2 Corinthiaid 4:17-18: *'Dydy'n trafferthion presennol ni'n ddim byd o bwys, a fyddan nhw ddim yn para'n hir. Ond maen nhw'n arwain i fendithion tragwyddol yn y pen draw – ysblander sydd y tu hwnt i bob mesur! Felly mae'n sylw ni wedi'i hoelio ar beth sy'n anweledig, dim ar beth welwn ni'n digwydd o'n cwmpas ni. Dydy beth sydd i'w weld ond yn para dros dro, ond mae beth sy'n anweledig yn para am byth!'*

Roedd hyn i gyd yn ysgytwol a heriol, ond sylwais fod eu ffocws i gyd ar y nefoedd. Dyna'r unig le oedd yn cynnig unrhyw obaith iddyn nhw a sylweddolais fod rhaid newid hynny. Mae Duw yn rhoi gobaith i ni yn y byd briwedig presennol hefyd.

10. CYFARFOD ARWEINWYR CRISTNOGOL YN KIGALI

Ro'n i'n siarad am y boen sy'n dod yn sgil profedigaeth, ond roedden nhw'n gwenu, hyd yn oed yn chwerthin, ac roedd rhai yn gweiddi 'Haleliwia' ac 'Imana Ishimwe' (Clod i Dduw). Ro'n i'n syfrdan. Sut allen nhw foli fel yma? Onid oedd ganddyn nhw gwestiynau am ble roedd Duw yn hyn i gyd? Dim ond rhyw ddeuddeg wythnos oedd wedi mynd heibio ers i'r hil-laddiad yn erbyn y Twtsi ddod i ben, ac fe drefnwyd i mi gyfarfod grŵp o arweinwyr Cristnogol o wahanol enwadau yn Kigali, y brifddinas, i ddechrau gofyn sut y gallai Duw iacháu eu calonnau clwyfedig.

Yn ystod egwyl ganol y bore, es at Antoine Rutayisire, oedd ar y pryd yn arweinydd African Evangelistic Enterprise (AEE). Ro'n i newydd ddarganfod ei fod wedi bod yn fyfyriwr yng Ngholeg Prifysgol Bangor, ac yn nabod rhai o'm ffrindiau Cristnogol yno. Gofynnais iddo, 'Sut ydych chi'n mynegi galar yn eich diwylliant chi?' 'Dydyn ni ddim,' meddai. 'Yn Rwanda, mae yna gred fod siarad am bethau sydd wedi'n hanafu ni a dangos emosiwn yn rywbeth drwg ac yn gallu gwneud pethau'n waeth. Mae yna ddywediad sy'n dweud: 'Dylai dagrau dyn lifo i'w stumog' ac un arall sy'n dweud 'All ci ddim dwyn beth mae dyn yn ei guddio yn ei galon.'

Roedd yn dweud eu bod yn cael eu dysgu yn blant bach i fod yn gryf a chuddio eu hemosiynau. Os ydy rhywun yn eu brifo dylen nhw chwerthin, nid crio, rhag i'r gelyn gymryd mantais o'u gwendid rywbryd. Roedd peidio dangos gwendid a bod yn galed yn un o werthoedd pwysig eu diwylliant. Roedd hyn yn egluro yr hyn roeddwn i yn ei weld fel ymateb rhyfedd ac amhriodol wrth i mi siarad am boen a phrofedigaeth.

Ro'n i yna i geisio eu helpu i ddelio gyda'u trawma, ond os nad oedden nhw'n cael siarad am y peth na mynegi emosiwn, beth yn y byd oeddwn i'n mynd i'w wneud? Oedd yna unrhyw ffordd i oresgyn hyn? Gweddïais yn sydyn am ddoethineb, a phenderfynais ddisgrifio rhai o nodweddion y diwylliant Prydeinig i'r grŵp – pethau fel y *stiff upper lip* a'r amharodrwydd i 'wisgo ein calonnau ar ein llewys'. Eglurais ein bod yn hoffi ceisio dangos ein bod yn gryf ac mewn rheolaeth ym mhob sefyllfa. 'Dydyn ni ddim eisiau cael ein gweld yn wan.' 'Rydyn ni'n eich deall chi,' medden nhw. 'Dŷn ni yn union yr un fath.' Gofynnais iddyn nhw oedd yr un peth yn wir am y gwledydd cyfagos fel Gweriniaeth Ddemocrataidd y Congo ac Uganda. 'O na,' medden nhw. 'Maen nhw'n crio. Yn uchel!

'Felly sut mae gwerthuso ein gwahanol gredoau diwylliannol am hyn?' gofynnais. 'Sut mae penderfynu pa ffordd sy'n helpu iachâd?' Awgrymodd rhai y dylid gofyn i bobl feddygol, ond ymatebodd eraill, 'Na, ffordd orllewinol ydy eu ffordd nhw. Rydyn ni'n wahanol.' 'Beth am edrych yng Ngair Duw?' awgrymodd un. Dyma ni'n cytuno bod y Beibl yn cynnig persbectif uwch na'n diwylliannau ni, ac y gallwn ni i gyd ddysgu ohono.

Dyma nhw'n rhannu i grwpiau bach yn gyflym i edrych oedd y Beibl yn cytuno â syniadau diwylliannol Rwanda a Phrydain lle mae mynegi emosiwn yn y cwestiwn.

Daeth y grwpiau i gyd i'r un casgliad: sef nad yw'r Beibl yn cefnogi safbwyntiau Rwanda a Phrydain. 'Doedd gan bobl yn y Beibl ddim ofn wylo'n gyhoeddus,' medden nhw. 'Hyd yn oed y *dynion*. Roedd Abraham yn wylo wrth gladdu Sara; y brenin Dafydd yn wylo'n gyhoeddus pan fu farw Absalom; gwnaeth hyd yn oed Iesu ei hun wylo wrth fedd Lasarus.' Daethon nhw i'r casgliad, os oedd yn iawn i Iesu ddangos emosiwn a bod yn agored am yr hyn oedd yn ei galon, falle y gallen nhw fod felly hefyd.

Y rhodd o gydnabod ein bod yn fregus

'Felly mae'r diwylliant yma yn cymeradwyo gwisgo masg i guddio teimladau,' meddyliais. Onid dyna'n union beth wnes i am flynyddoedd lawer? Ond roedd angen mynd yn ddyfnach nag edrych ar wahaniaethau diwylliannol. Dydy hi ddim yn hawdd cydnabod eich bod yn cael amheuon am gariad Duw ac yn cwestiynu ei ddaioni. Ro'n i hefyd wedi cael amheuon am gymeriad

Duw. Yn allanol ro'n i'n gwenu ac yn rhoi'r argraff fy mod i'n Gristion cryf, ond yn fewnol ro'n i wedi bod yn sgrechian mewn poen.

Cofiais fy mhrofiad yn Malaysia (gw. diwedd pennod 6), diwylliant arall lle nad oedd hi'n dderbyniol i fod yn agored am eich teimladau. Roedd Duw wedi dangos i ni mai'r hyn y gallai ei ddefnyddio fwyaf effeithiol oedd ein parodrwydd i gydnabod mor fregus ydyn ni, a dyna roddodd ganiatâd iddyn nhw dynnu eu masgiau. Oedd hynny'n mynd i ddigwydd yma yn Rwanda hefyd? Ond doedd yr hyn roeddwn i wedi'i ddioddef yn ddim o'i gymharu ag erchylltra'r hyn roedden nhw wedi mynd trwyddo. Ond fe argraffodd Duw ar fy nghalon mai dyma beth ddylwn i ei wneud.

Dechreuais rannu fy stori gyda nhw. Disgrifiais y niwed i'r ymennydd ddioddefodd fy chwaer ac afiechyd creulon a dioddefaint fy mam, a sut wnaeth y cwbl effeithio arnon ni fel teulu.

Esboniais sut oeddwn i wedi gofyn i Iesu fy achub pan oeddwn i'n 16 mlwydd oed, a sut roedd addoli yn yr eglwys neu gymryd rhan mewn ymgyrchoedd efengylu yn fy llenwi â llawenydd. Ond wedyn roedd rhaid i mi fynd adre ac roedd yn teimlo fel bod Duw ddim yn croesi trothwy'r drws hefo fi. Doeddwn i'n gweld dim tystiolaeth o'i gariad o yn ymyrryd yn y sefyllfa galed adre. Ro'n i'n gweddïo ac yn gweddïo, ond yn lle gwella roedd pethau'n mynd o ddrwg i waeth.

Ro'n i'n teimlo fod fy ngweddïau'n mynd ddim pellach na'r nenfwd. Ro'n i'n teimlo mor unig, yn ceisio ysgwyddo holl feichiau'r teulu. Os oedd Duw wir yn gariad, dois i'r casgliad nad oedd o'n ein caru ni. Yn wir, roedd yn teimlo fel petai o yn ein herbyn ni. Oedden ni dan felltith neu rywbeth? Sut allai Duw cariadus ganiatáu i'm teulu ddioddef cymaint?

Disgrifiais y penbleth a'r dryswch ro'n i'n ei deimlo pan oedd Cristnogion eraill yn disgwyl i mi fod yn gryf. Fy ateb i oedd gwisgo mwgwd 'neis'. Pan oedd rhywun yn gofyn i mi sut oeddwn i, byddwn i'n ateb 'Iawn' ac yn gwenu a moli'r Arglwydd.

Ond roedd fy nghalon mewn helbul. O'n i'n mynd i golli fy ffydd? Roedd y fath syniad yn fy nychryn i: petawn i'n colli fy ffydd, fyddai gen i ddim gobaith. Felly ro'n i'n ceisio gwthio fy amheuon i ffwrdd, llyncu'r poen a bod y 'Cristion da' yr oedd pobl yn disgwyl i mi fod. Roedd yn ymddangos fod yr eglwys yn gwobrwyo hunan-dwyll.

Wrth i mi adrodd fy stori, drwy'r ystafell ro'n i'n clywed y synau 'Eh' a 'Tt' mae pobl Rwanda'n eu gwneud pan mae eu calonnau wedi'i cyffwrdd. Roedd hi'n amlwg ar eu hwynebau eu bod yn uniaethu gyda mi. Roedd rhai yn nodio'n ddifrifol wrth i mi rannu'r cwestiynau oedd yn fy mhoeni. Esboniais iddyn nhw fod llawer o bobl dduwiol yn y Beibl wedi stryglo gyda chwestiynau o'r fath pan oedden nhw'n wynebu amseroedd anodd. Anogais nhw i beidio bod ag ofn cyfaddef eu brwydrau. Doedd Duw ddim yn mynd i'w condemnio nhw. Roedd o'n deall eu poen ac mewn gwirionedd yn diodde gyda nhw. Dyma fi'n rhannu fy mhrofiad fy hun gyda nhw – sef mai dim ond pan wnes i dynnu'r mwgwd a chyfaddef fy mhoen a'm dicter y gallai Duw ddatguddio'i hun i mi mewn ffordd llawer dyfnach a dechrau iacháu fy nghalon glwyfus i.

Ymateb cyntaf...

Mae'n anodd iawn i arweinwyr Cristnogol gydnabod eu hamheuon a'u brwydrau yn gyhoeddus, yn enwedig wrth gyfarfod ag arweinwyr eglwysig eraill. Gofynnais iddyn nhw beth oedd y bobl gyffredin oedd yn troedio llwybrau llychlyd Rwanda yn ei ddweud am Dduw yng ngoleuni'r hil-laddiad:

'Maen nhw'n dweud fod Duw wedi troi cefn arnon ni,' medden nhw. 'Mae gynnon ni ddywediad sy'n dweud, Ble bynnag mae Duw yn mynd yn ystod y dydd, mae bob amser yn dod yn ôl i gysgu yn Rwanda. Ond bellach dydy o ddim hyd yn oed yn gwneud hynny...'

'Mae'n rhaid mai ni ydy'r bobl waetha yn y byd i gyd i Dduw ein cosbi ni fel yma...'

'Dydy Duw yn gallu gwneud dim, ac mae Satan yn gryfach...'

'Maen nhw hyd yn oed wedi lladd Duw...'

'Mae'n rhaid fod Duw yn greulon ac ar ochr yr *interhamwe* (y milisia wnaeth gyflawni'r hil-laddiad yn erbyn y Twtsi)...'

Yna dyma un ohonyn nhw'n cyfaddef,

'Nid jest y bobl ar y tu allan ydy o. Rydyn ni hyd yn oed – arweinwyr Cristnogol – yn stryglo gyda meddyliau tebyg.'

'Diolch, Arglwydd' gweddïais yn dawel yn fy nghalon. 'Rŵan mae'r masgiau'n dechrau dod i ffwrdd, gallwn gyrraedd rhywle.' Awgrymais iddyn nhw mai'r peth pwysicaf allwn ei wneud er mwyn dod o hyd i iachâd fyddai cydnabod y cwestiynau yn ein calonnau a mynd ati i chwilio gyda'n gilydd am atebion. Awgrymais bedwar cwestiwn allai fod ar feddwl pobl, a gofyn iddyn nhw garen nhw eu hystyried:

- Ydy Duw yn gyfiawn? Os felly, pam mae yna gymaint o anghyfiawnder yn y byd?

- Ai ewyllys Duw ydy popeth sy'n digwydd yn y byd?

- Os ydy Duw yn holl-bwerus, pam nad ydy o'n stopio pobl rhag gwneud pethau drwg?

- Os ydy Duw yn oll-gariadus, pam mae o'n gadael i bobl ddiniwed ddioddef?

Roedden nhw'n cytuno bod y cwestiynau yma yn berthnasol iawn i'w sefyllfa ac y caren nhw ddod o hyd i'r atebion. Felly dyma nhw'n mynd i grwpiau trafod bach, ac am yr awr neu ddwy nesaf buon nhw'n rhannu syniadau. Roedd yr amser adborth yn fywiog iawn ac aeth pethau'n boeth o bryd i'w gilydd, yn enwedig wrth drafod y cwestiwn a oedd popeth yn ewyllys Duw ai peidio. Buon ni'n edrych ar y berthynas rhwng sofrainiaeth Duw a rhyddid ewyllys dyn. Roedd hi'n amlwg y byddai'n rhaid i ni ddelio hefo'r cwestiwn yma cyn y gallen ni weld unrhyw iachâd sylweddol yn digwydd.

Y cyswllt Cymreig

Wnes i rioed ddychmygu y byddai bod yn Gymraes yn troi allan i fod mor arwyddocaol. Ro'n i'n rhwystredig i ddarganfod nad oedd gynnon ni hawl i siarad am y gwahanol grwpiau. 'Does dim Hwtw a Twtsi yn Rwanda bellach,' medden nhw. 'Rydyn ni i gyd yn Rwandiaid a does mo'r fath beth â llwythau gwahanol yma. Syniad wedi ei greu gan y coloneiddwyr oedd hynny.'

Doedd edrych yn ôl ar hanes i geisio darganfod gwreiddiau'r hil-laddiad ofnadwy yn erbyn y Twtsi ddim yn beth 'gwleidyddol dderbyniol' i'w wneud. Sut yn y byd allwn i fod o unrhyw help iddyn nhw os nad oedd gen i ganiatâd i fynd i'r afael â'r materion yma? Ro'n i wedi darllen dehongliadau amrywiol o'u hanes – dehongliadau oedd yn dibynnu ar bwy oedd yn sgwennu. Yna'n sydyn ces ysbrydoliaeth. 'Ces i fy magu mewn sefyllfa lle roedd un llwyth yn casáu un arall,' dywedais wrthyn nhw. Roedd hyn yn amlwg yn sioc iddyn nhw. 'Beth? Mae gynnoch chi broblemau tebyg yn Ewrop hefyd?' Roedden nhw'n barod i wrando!

Dechreuais rannu ychydig o hanes Cymru gyda nhw, ac esbonio sut roedden ni'r Cymru bob amser wedi teimlo fel dinasyddion eilradd o'i gymharu â'r Saeson. Soniais am yr anghyfiawnderau roedden ni wedi'u profi yn ein gorffennol, ac roedd hi'n amlwg wrth i mi rannu pwy oedd yr Hwtw yn eu plith wrth iddyn nhw nodio'u pennau mewn cydymdeimlad. Mae'r hen ddywediad yn sôn am 'daro'r post i'r pared glywed', sy'n awgrymu fod pobl yn clywed yn well pan dych chi'n cyfeirio at bethau yn anuniongyrchol, a darganfyddais yn ddiweddarach fod yr un arfer yn gyffredin yn niwylliant Rwanda.

Ro'n i'n gwbl rydd i sôn am fy ngwlad fy hun, ac roedd hi'n amlwg eu bod nhw'n uniaethu â mi. Gallwn sôn wedyn am anghyfiawnderau oedd yn debyg i rai yn hanes Rwanda, a daeth hyn yn ddefnyddiol iawn. Roedden nhw'n gallu rhannu eu calonnau wedyn, gan deimlo fy mod yn deall sut brofiad oedd perthyn i grŵp o bobl dan ormes. Daeth y cefndir Cymreig yma yn bwysig nid yn unig yn Rwanda, ond mewn llawer o wledydd eraill lle roedd gwrthdaro.

11. DOD O HYD I IACHÂD WRTH Y GROES

Dros y dyddiau nesaf, bum yn cyfarfod â gwahanol grwpiau eglwysig, a chlywais rai o'r straeon mwyaf ofnadwy y gallech chi eu dychmygu. Beth yn y byd allwn i ei ddweud i ddechrau iacháu y fath glwyfau enfawr? Teimlais Dduw yn cyffwrdd fy nghalon: 'Beth wnaeth dy iacháu di (a beth sy'n dal i dy iacháu) o'r clwyfau mae poenau bywyd yn eu gadael?'

'Datguddiad o dy galon di,' atebais. 'Po fwyaf dw i'n gweld dy gymeriad di ac yn deall dy ffyrdd, mwyaf dw i'n profi iachâd.'

Er fod dim cymhariaeth rhwng fy nghlwyfau i a'u clwyfau nhw, ro'n i'n teimlo fod yr egwyddorion yr un fath. Felly yn araf bach dyma fi'n dechrau rhannu rhai o'r pethau allweddol ddaeth â iachâd i mi. Ac er syndod i mi, dyma'r bobl yn ymateb drwy ddweud: 'Gall y ddysgeidiaeth yma ein hiacháu ni! Dyma sydd ei angen ar y wlad gyfan!'

Un peth ddysgais i lawer mwy amdano yn Rwanda oedd bod y groes yn le i iacháu clwyfau yn ogystal â maddau pechod. Ro'n i'n eistedd gyda grŵp o weinidogion Pentecostaidd yn Nyamata tua diwedd yr ymweliad cyntaf hwnnw. Cofiais weithdy'r UNHCR yn Liberia (gw. pennod 8) a meddwl tybed allai hynny weithio yn y sefyllfa erchyll yma, ond y tro yma o safbwynt Cristnogol. Penderfynais roi cynnig arni.

Dyma fi'n eu hannog i ysgrifennu ar ddarn o bapur beth roedden nhw wedi'i brofi a'i weld yn cael ei wneud i rywun arall. Yna eu hannog i gyfarfod mewn grwpiau bach o ddau neu dri i rannu gyda'i gilydd yr erchyllterau roedden nhw wedi'i profi, ac yna gweddïo dros ei gilydd. Roedd hyn yn anodd iddyn nhw, ond, er yn anfoddog, dyma nhw'n cytuno. Yn ddiweddarach, ar ôl ail-ymuno â'r grŵp llawn dyma nhw'n dechrau rhoi adborth ar yr hyn roedden nhw wedi'i sgwennu, a dyma fy nghyfieithydd yn cofnodi beth ddwedon nhw ar siart wal.

Roedd yr hyn glywais yn ddychrynllyd: roedden nhw wedi gweld eu hanwyliaid yn cael eu hacio i farwolaeth gyda machete; gwragedd beichiog yn cael eu rhwygo'n agored a'r babis yn cael eu lladd; eraill yn cael eu claddu yn fyw neu'i polioni â gwaywffyn. Ro'n i'n clywed rhai yn chwerthin wrth i'r straeon ofnadwy yma gael eu rhannu, a phrin y gallwn oddef y cwbl, er fy mod yn deall mai dyna'r unig emosiwn roedd eu diwylliant yn caniatáu iddyn nhw ei arddangos.

Doedd gen i ddim syniad beth yn y byd i'w wneud nesa, a gofynnais yn daer i Dduw beth allen nhw ei wneud gyda'r holl boen yma. Yna, ar unwaith, daeth yr ateb: rhaid mynd â'r cwbl at y groes. Doedd unman arall i fynd. Daeth Eseia 53:4 i'r meddwl. *'Eto, ein dolur ni a gymerodd a'n gwaeledd ni a ddygodd.'* Nid dim ond ein pechod – ein dolur a'n gwaeledd hefyd.

Pan ddaeth yr ysgrifennu i ben gofynnais iddyn nhw beth roedd Duw yn ei feddwl am yr hyn gafodd ei sgwennu. Stopiodd y chwerthin ar unwaith. 'Poen,' medden nhw. 'poen ofnadwy.' Yna gofynnais iddyn nhw oedden nhw'n mynd i gario yr erchyllterau yma yn eu calonnau am weddill eu hoes.

Dywedais wrthyn nhw mai dim ond un lle y gwyddwn i amdano lle gellid mynd â'r cwbl. Wrth weld ffelt-tip coch ar y bwrdd, gafaelais ynddi a cherdded yn dawel at y siart wal, yna tynnu llun croes fawr goch drwy ganol yr holl sylwadau oedd wedi eu cofnodi ar y siart.

Aeth y stafell tu cefn i mi yn hollol dawel, ac yna dechreuodd y synau 'Tt' hynny. Cofiais fy mhrofiad yn y cwrs yng Ngogledd Cymru gyda'r ferch oedd wedi'i cham-drin. 'Mae popeth sydd wedi'i sgwennu yma eisoes wedi'i drosglwyddo i Iesu ar y groes,' meddwn i. 'Nid yn unig fe gariodd ein pechodau ni – fe gariodd holl ganlyniadau pechod hefyd. Roedd holl gyflwr trasig y ddynoliaeth yno. Dim ond Duw croeshoeliedig sy'n ddigon mawr i gario'r holl boen yma.'

Dyma fi'n eu hannog i arllwys eu calonnau gerbron Iesu, a thrwy ffydd gweld yr holl boen yna'n cael ei drosglwyddo iddo fo. Os daliwn afael yn ein poenau a pheidio â'u rhoi iddo, bydd Iesu wedi marw'n ofer yn hynny o beth. Dechreuodd rhai wylo'n uchel tra roedd eraill yn dawel a dagrau'n llifo i lawr eu gruddiau. Ar ôl peth amser, pan oedd yr holl wylofain wedi tawelu, dechreuodd un ganu yn ei iaith ei hun,

O'r fath gyfaill ydyw'r Iesu,
Ffrind ym mhob ystorom gref
(*'All our sins and griefs to bear'* yw'r Saesneg)

– yn union yr un emyn gafodd ei chanu mewn sefyllfa debyg yn Liberia. Meddai un gweinidog, 'Dw i wedi canu'r emyn yna ar hyd fy mywyd. Dim ond heddiw dw i wedi deall beth mae'n ei olygu.' Roedd hi'n amlwg eu bod yn profi rhyw fath o ryddhad. Ro'n i mor ddiolchgar.

Yna awgrymais y dylen ni hefyd edych ar y pethau da. 'Ydych chi'n wallgof?' Roedd eu hwynebau'n siarad cyfrolau, 'Rydyn ni newydd oroesi *hil-laddiad!*' Gofynnais iddyn nhw oedd yna unrhyw beth da roedd Duw yn ei wneud yng nghanol y tywyllwch.

Cododd llaw neu ddwy, a chlywais straeon am arwriaeth a dewrder anhygoel, ac am bobl yn dod i ffydd yng nghanol y dioddefaint. 'Mae yna lawer o gredinwyr newydd yn Rwanda heddiw,' medden nhw, 'am eu bod wedi gweld sut mae credinwyr go iawn yn marw. Bu rhai pobl farw gyda'r Ysbryd Glân yn amlwg arnyn nhw!' Ro'n i eisiau gwybod mwy. A dyma nhw'n dweud wrtho i fod rhai pobl yn canu, eraill yn gweddïo bendith ar y dynion oedd yn eu lladd. Gwnaeth hyn fy nghyffwrdd yn ddwfn.

Cyn gynted ag yr oedden nhw wedi cael y syniad, adroddwyd mwy a mwy o straeon arwrol, er enghraifft, am Hwtw yn perygl eu bywydau i guddio eu ffrindiau Twtsi, ac weithiau yn cael eu lladd am wneud hynny. Clywais am y militia yn torri ar draws un cyfarfod eglwysig ac yn gorchymyn i bob Hwtw adael. Ond wnaeth neb symud. Cawson nhw eu rhybuddio sawl gwaith a chael sawl cyfle i adael, ond gwrthododd pawb symud. 'Rydyn ni i gyd yn blant Duw yma,' medden nhw. 'Os oes unrhyw un i farw, byddwn ni'n marw gyda'n gilydd.' A dyna ddigwyddodd. Clywais sawl stori debyg dros y blynyddoedd ers hynny.

Yn y diwedd roedd rhestr hir ar siart wal arall. I ddweud y gwir, roedd y rhestr hon yn hirach na'r rhestr o ddioddefiadau. 'Ydych chi'n sylweddoli eich bod newydd brofi Ioan 1:5 yn wir?' gofynnais. *'Mae'r golau'n dal i ddisgleirio yn y tywyllwch, a'r tywyllwch wedi methu ei ddiffodd.'* Roedd hyd yn oed y tywyllwch gwaethaf y gallai unrhyw wlad ei brofi methu diffodd golau cariad Duw. Os oedd Satan wedi methu diffodd y golau yn Rwanda, mae'n reit siŵr na fyddai'n llwyddo yn unman arall.

Arweiniodd hyn at ddathlu mawr. Daeth y drymiau allan a dechreuodd pobl addoli. Yn ddiweddarach, dywedodd arweinydd y gweinidogion wrtho i y byddai o hyn ymlaen, wrth gofio erchylltra beth ddigwyddodd, hefyd yn cofio y pethau da roedd Duw wedi'i gwneud. Byddai hynny'n newid popeth.

Y Groes yn ganolog

Yn ddiweddarach, daeth yr ymarfer hwn yn ganolbwynt gweithdy iachâd fyddai'n para tri diwrnod. Er mwyn ei wneud yn fwy realistic, darparwyd croes arw o bren a gwahoddwyd y cyfranogwyr i ddod a hoelio eu straeon ar y groes. Roedd yn dipyn o her i berswadio rhai enwadau i ddefnyddio croes bren gan eu bod yn meddwl ein bod mewn perygl o wneud eilun ohoni. Felly, roedd rhaid i mi dynnu sylw at y defnydd o symboliaeth yn y Beibl. Roedd hanes y dyn dall a phwll Siloam yn Ioan 9 yn ddefnyddiol. Rhoddodd Iesu glai ar lygaid y dyn a dweud wrtho am fynd i ymolchi yn y pwll. Doedd dim byd arbennig am y clai na'r pwll, ond roedd Iesu'n amlwg yn gwybod y byddai annog y dyn yma i wneud rhywbeth yn helpu ei ffydd i dyfu i'r pwynt lle gallai dderbyn ei iachâd. Roedd hyn yn ddigon i'w hargyhoeddi.

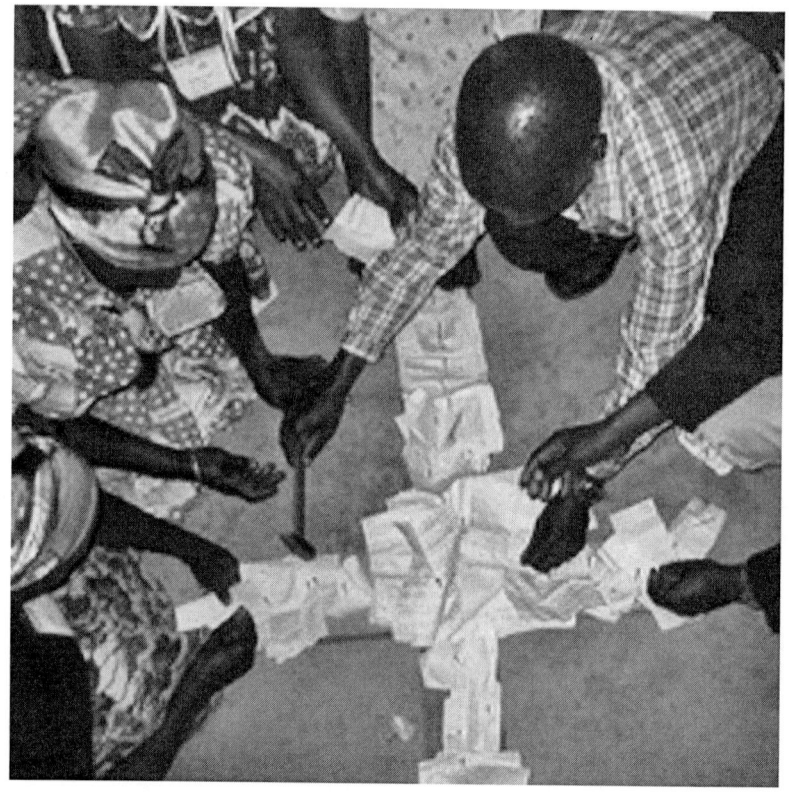

Hoelio eu poen ar y groes

I enwadau eraill, roedd gwneud hyn gyda'r groes yn arbennig o ddefnyddiol. Pan gyrhaeddon ni ganolfan Gatholig i gynnal ein gweithdy cyntaf i Gatholigion, cyfaddefodd y lleianod wedyn eu bod yn amheus ac anesmwyth iawn ynglŷn â chyfarfod gyda Phrotestaniaid, ond pan welon nhw ni yn cario croes, roedd hynny'n gysur mawr iddyn nhw. 'Bydd y groes yn dod â ni at ein gilydd,' medden nhw. Yn wir!

Ar ôl hoelio'r papurau ar y groes, roedd rhai yn bryderus ynglŷn â beth fyddai'n digwydd iddyn nhw a phwy fyddai'n gallu eu darllen. Felly awgrymais ein bod yn cario'r groes allan i'r awyr agored ac yn llosgi'r papurau. Daeth hyn hefyd yn rhan bwysig o'r gweithdy. 'Mae hyn fel claddedigaeth,' medden nhw. 'Rydyn ni'n claddu ein poenau.'

Roedd llosgi'r papurau yn ddigwyddiad teimladwy iawn bob tro. Byddai pobl yn edrych yn ddwys ar y papurau, a dywedodd sawl un, 'Cyn wired â bod y mwg yn codi, mae Duw yn y nefoedd yn derbyn fy mhoen i.' Dw i prin yn cofio adeg pan nad oedden nhw'n torri allan i ganu mawl pan oedd y papurau i gyd wedi llosgi.

Ar ôl y llosgi, y cwbl oedd ar ôl oedd pentwr o ludw. Wedi hynny, pan ddois i glywed am y lilïau tân, byddwn yn sôn amdanyn nhw ar y pwynt yma, ac yn dweud sut oeddwn wedi gweld y blodau hardd yma yn tyfu allan o'r lludw.

Ar ôl un sesiwn wrth y groes, gwelais y bore wedyn bod rhywun wedi rhoi ychydig o flodau coch yn y lludw. Ro'n i'n meddwl ei fod yn syniad gwych, ac o hynny ymlaen daeth yr arfer yna hefyd yn rhan annatod o'r seremoni gyfan.

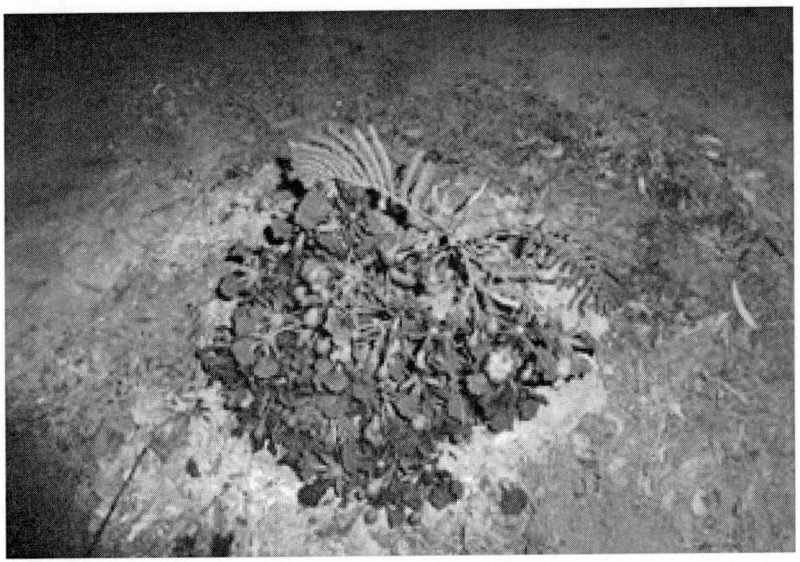

Rhoi blodau yn y lludw

Byddwn yn gofyn iddyn nhw os oedden nhw'n credu y gallai Duw ddod a rhywbeth hardd allan o'r lludw arbennig hwn. Os oedden nhw, ac os oedd digon o flodau gwyllt yn y cyffiniau, roedden nhw i fynd allan a dod â blodyn yn ôl i'w roi yn y lludw. (Mewn gweithdai diweddarach, os nad oedd blodau ar gael, byddai'r tîm yn mynd i brynu rhai. Os nad oedd hi'n dymor blodau, bydden ni'n defnyddio blodau coch artiffisial.)

I mi, dyma un o'r rhannau o'r gweithdy oedd yn fy nghyffwrdd ddyfnaf. Dw i wedi gweld cannoedd o bentyrrau o ludw wedi eu gorchuddio'n llwyr â blodau. Mae'n arwydd mor glir o obaith. Mae credu y gall Duw ddod â rhyw fath o ystyr allan o'n dioddefaint a'i ddefnyddio er lles, yn dod â'r fath iachâd i ni.

Ar ôl gosod y blodau yn y lludw, bydden ni'n gafael dwylo mewn cylch ac yn gweddïo dros y person ar y dde i ni ac yna'r person ar y chwith; gweddïo y byddai Duw yn dod â rhywbeth hardd allan o'r dioddefaint roedden nhw newydd ei gyflwyno iddo. Weithiau byddai pobl yn dechrau canu neu ddawnsio yn ddigymell, a gallai hyn fynd ymlaen am gryn dipyn cyn i ni gloi drwy rannu heddwch Duw gyda'n gilydd. Mewn rhai gweithdai aeth yr amser yma o ddathlu ymlaen ymhell i'r nos, gyda phobl yn cwyno y bore wedyn eu bod yn gryg am eu bod wedi canu gymaint.

Pryd bynnag y byddai Sesiwn y Groes yn cael ei chynnal, byddai'r bore wedyn yn fwrlwm o lawenydd. Er mawr syndod i mi, byddai pobl yn ciwio i ddweud am y newid oedd wedi digwydd yn eu calonnau y p'nawn blaenorol. Roedd llawer yn dweud eu bod wedi cysgu'n dawel am y tro cyntaf ers mynd trwy eu profiadau erchyll. Clywais rai'n dweud pethau fel, 'Tan b'nawn ddoe, ro'n i nid yn unig yn casáu y rhai oedd wedi lladd fy nheulu, ro'n i'n casáu pawb oedd yn perthyn i'w llwyth. Ond heddiw dw i'n teimlo'n hollol wahanol. Dw i' bellach yn barod i faddau.'

Gofynnais iddyn nhw beth oedd wedi gwneud y gwahaniaeth. 'Wel, fe wnaethoch chi ein hannog ni i roi ein poen i Iesu,' medden nhw, 'A dyna wnaethon ni! Bellach mae'n calonnau ni yn rhydd i faddau. Mae'n anodd iawn maddau pan mae'r galon yn llawn poen.'

Dysgais wers bwysig drwy hyn i gyd. Mae angen y groes i gynnig gwir faddeuant. Roedd ar Dduw ei hangen, a dw i'n credu ein bod ni ei hangen hefyd er mwyn gallu maddau. Dois i weld na ddylid dysgu am faddeuant nes bod pobl wedi dod at y groes gyntaf. Dim ond trwy fynd i'r afael a'r boen sydd tu ôl i'n dicter y gellir diffodd y dicter sy'n atal maddeuant, a dim ond y groes sy'n ein hiacháu o'r poen yna. Rydyn ni'n gweld bellach fod rhaid i'r groes fod yn ganolog i bopeth wnawn ni. Yn wir, dyma'r lle sy'n iacháu *holl* glwyfau bywyd.

Dechrau tymor newydd

Ar ddiwedd yr ymweliad cyntaf hwnnw â Rwanda, dywedodd y rhai a fynychodd ein cyfarfodydd y dylai pob gweinidog yn Rwanda glywed y ddysgeidiaeth yma. 'Rhaid i chi ddod yn ôl,' medden nhw, 'a mynd â'r neges yma o obaith o gwmpas y wlad i gyd.'

Roedd yna ddau ddigwyddiad arwyddocaol cyn fy ymweliad nesaf â Rwanda. Digwyddodd y cyntaf yng Ngogledd Carolina, UDA, lle ro'n i'n helpu i gynnal cwrs 'Wyneb yn Wyneb' i genhadon. Roedden ni'n gyrru drwy wlad y Cherokee ac wedi stopio i edrych ar gofeb y 'Trail of Tears'. Wrth i mi ddarllen eu stori roedd yn pwyso ar fy nghalon mai'r lle ro'n i am fod oedd gyda chenhedloedd a grwpiau ethnig oedd wedi'i clwyfo a'u brifo. Oedd Duw yn fy arwain i weinidogaeth newydd?

Yna, ym mis Mai 1995, ro'n i mewn cynhadledd ryngwladol yn Arnhem yn yr Iseldiroedd. Ffocws y gynhadledd oedd cymod rhwng pobl yr Iseldiroedd a'r Almaenwyr, gan fod yna faterion heb eu datrys ar ôl yr Ail Ryfel Byd. Arnhem oedd y lleoliad sy'n cael ei ddisgrifio yn y ffilm 'A Bridge Too Far'. Ces fy nghyffwrdd yn ddwfn wrth weld Almaenwyr a phobl o'r Iseldiroedd yn dod ymlaen i gyffesu, edifarhau a chofleidio ei gilydd.

Gofynnais i Dduw ai dyma'r amser i newid ffocws fy ngweinidogaeth. Yna ychydig funudau'n ddiweddarach dyma Brian Doerksen yn dechrau canu cân ingol Andy Park, '*The Spirit of the Sovereign Lord is Upon Me*' sy'n seiliedig ar Eseia 61:1-3. Wrth iddo ganu'r cytgan, sy'n datgan yn glir: '*This is the time... This is the year...'* dechreuais deimlo presenoldeb Duw mewn ffordd real iawn, a dechreuodd fy nghorff grynu yn afreolus.

Aeth hyn ymlaen am beth amser, ac ro'n i'n wylo gyda'r sicrwydd yna fod Duw yn wir yn fy arwain i wneud rhywbeth newydd gyda chenhedloedd mewn poen – cenhedloedd oedd angen cysur yn lle galar, gobaith yn lle anobaith a harddwch yn lle lludw. Pan es yn ôl i Rwanda fis yn ddiweddarach, ro'n i'n teimlo fy mod yn mynd yn ymwybodol o alwad Duw ac eneiniad newydd.

12. LANSIO GWEITHDY IACHÁU CLWYFAU GWRTHDARO ETHNIG (ICGE)

(Mae'r enw bellach wedi ei newid i Iacháu Calonnau, Trawsffurfio Cenhedloedd – gw. pennod 22. Gw. Atodiad 2 am y manylion am sesiynau'r gweithdy.)

'Does gynnoch chi ddim caniatâd i gynnal eich gweithdai yma! Dim ond y rhai sydd wedi'u hyfforddi gan y Cenhedloedd Unedig sy'n cael siarad â phobl sydd wedi dioddef trawma.' Ond roedd Rwanda gyfan wedi bod drwy drawma. Ro'n i wedi esbonio iddyn nhw fy mod yn Gristion, ac mai dysgu'r Beibl i Gristnogion o'n i. Wnaethon nhw ddim ond caniatáu i mi gynnal cyfarfodydd yno ar ôl i mi ddangos fy nghymwysterau seiciatrig iddyn nhw.

Dw i'n cofio'r argyhoeddiad cryf gafodd fy ngweinidog y dylwn ennill cymhwyster fel seiciatrydd, ac y byddai hynny'n agor drysau na fyddai'n agor fel arall. Roedd wedi bod yn arweiniad Duw wedi'r cyfan.

Roedd strategaeth Duw yn dod yn glir yn fy meddwl. Roedd am ddefnyddio'r eglwys fel asiant i ddod â iachâd a chymod i'r wlad. Byddai'r bobl hynny oedd yn caru Iesu, beth bynnag fo'u cefndir enwadol, yn ymuno â'i gilydd i fod yn gyfryngau iachâd Duw. Roedd fy ffrindiau yn Rwanda wedi'i cyffroi'n lân gan y weledigaeth yma.

Ond sut allai eglwys oedd yn glaf ei hun wella unrhyw un? Gan fod yr eglwys wedi bod yn rhan o'r broblem, roedd y llywodraeth yn amheus bellach y gallai fod yn rhan o'r ateb. Pan es yn ôl i Rwanda yn 1995, roedd yn amlwg y byddai angen iacháu'r eglwys yn gyntaf. Ond sut oedd mynd ati i wneud hyn? 'Gadewch i ni gynnal gweithdy,' medden nhw, 'a galw arweinwyr Cristnogol o'r holl enwadau at ei gilydd. Yna gallwn ofyn i Dduw ein gwella a newid ein meddwl.' Ond yna dyma nhw'n dechrau meddwl y byddai hi'n rhy anodd dod â'r gwahanol eglwysi at ei gilydd. 'Bydd rhaid i chi fynd i bob enwad ar wahân,' medden nhw. Roedd fy ysbryd yn galaru.

Dyma etifeddiaeth y mudiadau cenhadol. Nid dim ond Iesu oedden ni wedi ei rannu â phobl, roedden ni hefyd wedi rhannu ein strwythurau enwadol. Roedden ni'n dod â'r un rhaniadau oedden ni'n eu profi gartref. Byddai gweithio gyda phob enwad ar wahân yn cymryd can mlynedd, meddyliais. A beth bynnag, Corff unedig Crist ydy'r unig beth all iacháu'r wlad yma. Daeth yn amlwg bod rhaid i mi ymddiheuro ar ran y mudiad cenhadol o wledydd y Gorllewin am ddod ag Efengyl ranedig iddyn nhw.

'Gadewch i ni roi cynnig arni,' meddwn i. Roedd clywed nad oedd 'dim byd y gellir ei wneud' yn fy atgoffa mai dyna'r hyn arferai fy nhad ei ddweud pan oedd angen atebion i broblemau'r teulu. Flynyddoedd wedyn darganfyddais y gellid bod wedi gwneud rhywbeth, a gwnaeth hynny fi'n benderfynol o beidio â derbyn gosodiadau negyddol yn ddi-gwestiwn. Mae'n golygu y galla i fod yn styfnig iawn yn wyneb y demtasiwn i roi'i fyny, neu o glywed rhywun yn dweud fod rhywbeth yn amhosibl. Mae yna rywbeth yno i sydd eisiau eu profi nhw'n anghywir. Felly, dw i'n gweld bellach fod y blynyddoedd poenus hynny yn fy arddegau yn cael eu defnyddio er lles.

'Am faint o amser alla i ddod â phobl at ei gilydd?' gofynnais. 'O, dim mwy na tridiau,' medden nhw. 'Mae'r arweinwyr eglwysig yma yn bobl brysur. Fydden nhw byth yn cytuno i aros yn hirach na hynny.' 'OK,' meddwn i, 'gadewch i ni drefnu tri diwrnod.' Ond yna dyma fi'n dechrau panicio. Tridiau? Pa obaith oedd i unrhyw berson dynol wneud unrhyw beth mewn tridiau! Dyma fi'n dechrau gweddïo'n daer. 'Arglwydd, rhaid i ti dy hun ddod i'n plith ni. Mae hyn yn mynd i gymryd gwyrth, a dim ond ti all gyflawni gwyrthiau.' Anfonais gais am weddi at lawer o bartneriaid gweddi ar hyd a lled y byd, yn gofyn iddyn nhw weddïo y byddai presenoldeb Duw yn real iawn. Gofyn i Dduw y byddai pobl yn dechrau profi iachâd ac yn gallu gadael y gweithdy yn edrych ar yr ochr arall drwy lygaid newydd. Wrth edrych yn ôl, mae'n rhaid fod Duw wedi rhoi'r ddawn o ffydd i mi ar gyfer hynny.

Felly dyma'r gwahoddiadau yn cael eu hanfon allan, ac er syndod i bawb, roedd pob enwad yn yr ardal wedi ymateb.

O'r dechrau, roedd Duw ar waith mor rymus, mewn ffyrdd oedd ymhell y tu hwnt i'r hyn ro'n i'n ei ddisgwyl. Mae'n rhaid fod hyn yn ateb i weddïau llawer iawn o bobl anhysbys o bob rhan o'r byd dros Rwanda, yn dilyn yr hil-laddiad. Dw i eisiau pwysleisio, o'r dechrau, mai Cristnogion cyffredin ar lawr gwlad wnaeth ymateb i'm neges. Roedden ni i gyd yn 'neb' yng ngolwg y byd, yn gweithio gyda'n gilydd - rhywbeth yn ôl pob golwg sy'n rhoi'r pleser mwyaf i Dduw (1 Corinthiaid 1:26-29).

Yn y cyfarfod cyntaf hwnnw gydag arweinwyr Cristnogol yn Kigali, doedd fawr o ddiddordeb mynd *â'r peth ddim pellach:* ac roedd hynny'n ddealladwy gan nad oedd Ewrop yn cael ei gweld mewn golau ffafriol y dyddiau hynny. A beth bynnag, pwy oeddwn i? Dim ond merch Gristnogol doedd neb yn ei nabod, wedi hedfan i'r wlad o'i bywyd cyfforddus yn Ewrop. Doeddwn i ddim wedi gorfod wynebu erchylltra'r hyn roedden nhw wedi mynd trwyddo. Pa hygrededd oedd gen i i siarad ag unrhyw un? Yr unig berson ddangosodd unrhyw ddiddordeb oedd Antoine Rutayisire, oedd ar y pryd yn arweinydd cenedlaethol African Evangelistic Enterprise (AEE).

Falle fod cysylltiad blaenorol Antoine â Chymru wedi helpu, yn ogystal â'i barch mawr at nifer o'm ffrindiau yno. Roedd yn fodlon i'n gweinidogaeth ddod yn rhan o'r sefydliad roedd o'n ei arwain. Roedd yr angen am gymod yn rywbeth oedd yn pwyso ar ei galon, ac roedd wedi gweithio'n galed cyn yr hil-laddiad i hyrwyddo gweddi wrth iddo synhwyro fod yna gymylau duon yn casglu.

Yn anffodus, roedd pobl yn derbyn y cwbl oedd wedi digwydd yn ddi-gwestiwn, gan gredu fod y neges broffwydol am 'afonydd o waed yn llifo' yn Rwanda yn disgrifio rhywbeth na ellid ei atal. Wrth edrych yn ôl, mae llawer bellach yn cydnabod mai rhybudd gan Dduw oedd y broffwydoliaeth, i herio'r eglwys i godi a gweithredu. Ond yn drasig, fe ddaeth yr hil-laddiad yn erbyn y Twtsi cyn yr ymdrech i alw'r eglwys i weddi daer.

Er gwaetha hynny, dw i ddim yn credu fod ymdrechion Antoine wedi bod yn wastraff. Falle mai dim ond yn nhragwyddoldeb y down i ddeall beth gyflawnodd ei weddïau. Ar ôl yr hil-laddiad roedd Antoine wedi parhau i fod yn llais proffwydol yn y wlad, yn dal i alw pobl i gymodi. Gellwch ddarllen yr hanes llawn yn llyfr heriol Antoine, *Reconciliation is My Lifestyle*.

Dw i hefyd yn credu fod y rhai a roddodd eu bywydau i geisio heddwch a chymod, wedi rhoi sail da i ni adeiladu arni. Doedd eu marwolaeth ddim yn ofer. Roedd Israel Havugimana, arweinydd cyntaf AEE, a Hwtw, yn ddyn o'r fath. Roedd yn un o'r bobl gyntaf i gael eu lladd pan ddechreuodd yr hil-laddiad. Roedden ni yn 'sefyll ar ysgwyddau' dynion a merched fel Israel wrth ddechrau'r gwaith, a chan ein bod yn dod o'r mudiad hwnnw, roedd ei dystiolaeth yn rhoi hygrededd i'n gwaith.

Trafferthion cynnar

Serch hynny, doedd dechrau'r gweithdai yma ddim heb drafferthion a phoen. Erbyn hyn, roedd Medair (gw. Pennodau 8 a 9) wedi gadael y wlad gan fod cymaint o sefydliadau dyngarol yno, bron yn baglu ar draws ei gilydd. Felly penderfynodd Medair symud eu ffocws i Swdan. Ond cyn gwneud hynny, roedden nhw wedi partneru gydag AEE, oedd wedi cytuno y gallwn fynd yn ôl i'r wlad a gweithio dan eu nawdd.

Roedd bywyd yn heriol iawn i unrhyw sefydliad lleol oedd yn ceisio gweithio yn Rwanda ar ôl yr hil-laddiad. Roedd pawb wedi bod drwy brofiadau trawmatig ac yn ceisio bwrw ymlaen yn wyneb anghenion corfforol, emosiynol a meddyliol enfawr.

Roedd yn ymddangos fod camddealltwriaeth ynglŷn â beth yn union fyddwn i'n ei wneud yno pan es yn ôl ym 1995. Roedden nhw wedi trefnu i mi weithio gyda staff cartrefi plant amddifad ac eraill oedd yn gofalu am blant oedd yn dioddef o drawma. Doeddwn i ddim wedi mynd ag unrhyw ddeunyddiau gyda mi i wneud y gwaith yma, ac roedd yn gyfnod anodd iawn i mi.

Yn y cyfamser ces gyfle i siarad mewn amrywiol gyfarfodydd ac eglwysi. Yn ystod y cyfnod hwnnw daeth rhai adnodau yn werthfawr iawn yn fy ngolwg. Mae Eseia 25:6-9 yn sôn am fynydd lle bydd Duw yn dinistrio'r llen – y gorchudd sy'n bwrw cysgod dros y cenhedloedd i gyd – ac am farwolaeth yn cael ei lyncu am byth. Dim ond yn un lle digwyddodd hynny – ym marwolaeth ac atgyfodiad Iesu. Mae hefyd yn sôn am wledd yn cael ei pharatoi i'r gwledydd i gyd – addewid glir o 'wledd briodas yr Oen' yn llyfr y Datguddiad.

Mae Eseia 60:1-3 yn sôn am ogoniant Duw yn dod ar ei bobl yng nghanol tywyllwch dudew, ac yn y diwedd y bydd cenhedloedd yn dod i oleuni ei bobl. Ychydig iawn o oleuni oedd bryd hynny, ond ro'n i'n teimlo fod Duw yn gofyn i mi fod â ffydd i ddarllen yr Ysgrythurau yna yn broffwydol dros Rwanda ble bynnag y byddwn i'n mynd i siarad, gan gredu y byddai'r cenhedloedd ryw ddydd yn dod i ddysgu o brofiad Rwanda.

Fy nyhead i oedd i weithio gyda'r eglwys, ond roedd arweinwyr y mudiad mor brysur, roedd hi'n anodd iddyn nhw ddod o hyd i'r amser i drafod pethau hefo fi. Dim ond yn agos at ddiwedd fy ymweliad y llwyddais i rannu fy ngweledigaeth gyda nhw. Dyna pryd gwnaethon nhw gytuno'n frwd, a mynd ati i drefnu gweithdy ar gyfer arweinwyr Cristnogol.

Ond sut dylid cynnal gweithdy o'r fath? Roedd yna lawer o grwpiau seciwlar a Christnogol eisoes yn cynnig iachâd o drawma. Oedd peryg y bydden ni ond yn dyblygu'r hyn roedd eraill yn ei wneud? Ro'n i'n gwybod bod rhai yn profi anawsterau. Clywais am bobl yn gwrthod ymateb ac yn amharod i siarad a rhannu eu poen, gan fod hynny'n groes i arfer y diwylliant. Wrth i rywun bregethu am faddeuant, roedd pobl yn digio.

'Ydych chi ddim yn sylweddoli faint dw i wedi'i ddioddef? Dw i wedi colli fy nheulu i gyd! A dych chi'n dweud y dylwn i *faddau?*'

Cynnal gweithdy 'Iacháu Clwyfau Gwrthdaro Ethnig' (ICGE)

Wrth weddïo am hyn i gyd, ro'n i'n teimlo ei bod hi'n bwysig iawn clywed gan Dduw ei hun, beth ddylai cynnwys a threfn y gweithdy fod. Doeddwn i ddim yno gyda rhyw raglen wedi'i drefnu ymlaen llaw gan wledydd y Gorllewin, felly roedd rhaid i mi ddibynnu'n llwyr ar Dduw yn dangos y ffordd drwy'r gweithdy. Doedd gen i ddim syniad sut i fynd i'r afael â'r colledion enfawr roedd pobl wedi'i profi yn Rwanda heb fod yn wleidyddol, pwyntio bys a chyhuddo rhai o fod ar fai.

Penderfynais fod rhaid iddyn nhw edrych ar y darlun mawr, sef mai'r un gelyn sy'n ceisio'n dinistrio ni i gyd fel bodau dynol. Roedd Ioan 10:10 yn adnod ddefnyddiol iawn. yn dweud wrthon ni fod y lleidr (Satan) wedi dod i ddwyn a lladd a dinistrio, ond bod Iesu wedi dod i roi bywyd i ni, a hwnnw'n fywyd yn ei holl gyflawnder.

Oni bai ein bod yn nabod y Duw go iawn, doedd dim gobaith cael ein hiacháu. Roedd yn amlwg fod rhaid gosod sylfaen dda, a gwneud hynny gyda gofal, cyn y gallai pobl fentro bod yn agored am glwyfau'r galon. Yr unig sylfaen gadarn ydy cariad Duw, ac felly byddai'n rhaid i ni ddechrau yno a mynd yn ein blaenau gam wrth gam dan arweiniad yr Ysbryd Glân.

Roedd yn ddychryn clywed pobl yn dweud, 'Duw anfonodd yr hil-laddiad yma i'n cosbi ni. Mae'n rhaid mai ni ydy'r bobl mwyaf ofnadwy ar y ddaear!' Roedd hi'n amlwg y byddai'n rhaid i ni fynd i'r afael â hyn gyntaf. Dw i ddim yn credu bod Duw yn anfon unrhyw hil-laddiad, felly roedd dod i ddeall calon Duw, ei deimladau a'i bersbectif, a deall sut roedd o'n teimlo am yr hil-laddiad yn gorfod bod yn sylfaen i'r gweithdy cyfan.

Wynebu ein amheuon

Felly, roedd gweddill y diwrnod cyntaf yn canolbwyntio ar gymeriad Duw, yn edrych ar y berthynas rhwng Sofraniaeth Duw a rhyddid ewyllys pobl. Ro'n i fy hun yn dysgu wrth i mi gynnal y gweithdy. Roedd yna ddadlau a oedd yr hil-laddiad yn erbyn y Twtsi wedi dod oddi wrth Dduw neu oddi wrth Satan, ond prin iawn oedd y rhai oedd yn fodlon dweud mai ein cyfrifoldeb dynol ni oedd o.

Ro'n i'n teimlo ei bod yn bwysig iawn canolbwyntio ar ein rhan ni yn holl ddioddefaint y ddynoliaeth, ac ar ymweliad diweddarach penderfynais fynd â phyped ar linynnau gyda mi. Tynnais sylw at pa mor dda oedd y pyped. Doedd o byth yn anufudd i mi nac yn gwneud unrhyw beth o'i le. Ai fel hyn wnaeth Duw ein creu ni? Os na, pam hynny? Tasen ni byth yn gwneud dim byd o'i le fyddai yna byth hil-laddiad, dim anghyfiawnder, neb yn brifo rhywun arall. Awgrymodd rhai falle y dylai Duw fod wedi'n creu ni fel hyn, ond roedd eraill yn anghytuno, gan ddweud na fydden nhw eisiau bod yn robotiaid.

Nesaf, roedd yn bwysig ystyried pam na ddewisodd Duw ein gwneud ni yn robotiaid. Yn y diwedd, at ôl trafodaeth hynod ddiddorol, daethpwyd i'r casgliad bod Duw wedi ein creu ar gyfer perthynas gariadus. All robotiaid ddim caru, oherwydd mae rhaid i gariad fod yn ddewis bob amser. Roedd hyn mor bwysig i Dduw nes iddo ddewis cymryd y risg enfawr y bydden ni i gyd yn gwneud y dewisiadau anghywir. Wrth gwrs, y drasiedi ydy mai dyma'n union wnaethon ni.

Dyma fi'n rhannu gyda nhw beth roedd Duw wedi ei ddangos i mi yn ystod fy amser gyda YWAM, ynglŷn â'i boen yn Genesis 6:6, lle mae Duw hyd yn oed yn difaru creu bodau dynol gyda'r rhyddid a'r urddas i ddewis drostyn nhw'u hunain. Dim ond ei berthynas â Noa wnaeth ei rwystro rhag rhoi diwedd ar y cwbl a dod a'r holl greadigaeth i ben.

Roedd dod i ddeall rhywbeth am boen Duw yn arwyddocaol iawn ar gyfer eu hiachâd. Roedd yr adnodau yn Luc 13:34 ac 19:41-42 yn help mawr i wneud hyn. Roedden ni'n teimlo poen Iesu, fod pobl Jerwsalem yn anfodlon gwrando er ei awydd cariadus o i'w hamddiffyn fel mae iâr yn amddiffyn ei chywion.

Dyma fi'n rhoi Rwanda yn lle Jerusalem: 'O Rwanda, Rwanda...' (Ers hynny mae llawer o wledydd eraill wedi gweld eu hunain yn yr adnod yna.)

Yna gwelwn Iesu yn wylo dros y ddinas, gan ei fod yn gwybod beth fyddai canlyniadau'r ffaith eu bod yn gwrthod gwrando arno, ac yn amlwg yn torri ei galon oherwydd hynny. Ro'n i'n ofalus i beidio awgrymu fod y bobl yna yn gyfrifol am eu dioddefaint eu hunain. Dw i'n credu fod Iesu yn cyfeirio at yr arweinwyr yn yr adnod yna. Pan fydd arweinwyr gwlad yn anghyfiawn ac yn gwrthod gwrando ar Dduw, mae llawer o bobl ddiniwed yn dioddef.

Roedden ni'n chwilio am ateb i'r union gwestiwn wnaeth y butain yn Amsterdam ei ofyn: 'Os nad dyna oedd ewyllys Duw, pam wnaeth o mo'i stopio?' Dyma fi'n troi profiad Amsterdam yn ddrama fer. Dyma rywun yn mynd at ddioddefwr diniwed gydag arf yn ei law. Dyma ni'n gofyn beth ddylai Duw ei wneud os oedd yn caru'r person diniwed yma, a dyma nhw'n awgrymu pethau gwahanol y gallai Duw eu gwneud.

Yn y diwedd daethon nhw i'r casgliad na allai Duw fod wedi gwneud unrhyw un o'u hawgrymiadau, neu na fyddai unrhyw un ar ôl yn fyw, neu y bydden ni i gyd wedi'n parlysu, ac yn y blaen. Pan fyddwn ni'n actio'r ddrama fach hon rŵan, rydyn ni bob amser yn gobeithio y bydd rhywun yn dweud, 'Gallai Duw fod wedi defnyddio rhywun arall i'w achub.' A'n hymateb ni ydy 'Iawn, rydyn ni'n dechrau ei deall hi rŵan.' 'Sut mae Duw yn hoffi gweithio ar y ddaear fel arfer?' 'Trwon ni,' medden nhw. Yna rydyn ni'n awgrymu, pan mae pobl yn ysgwyd eu dwrn ar Dduw ac yn gofyn, 'Ble oeddet ti?', os gwrandawn ni'n ofalus, falle y byddwn ni'n clywed llais o'r nef yn dweud, 'Ble oeddet *ti*?' Mae llawer o bobl Rwanda yn difaru heddiw na wnaethon nhw wneud rhywbeth i amddiffyn eu cymdogion rhag niwed.

Wna i byth anghofio rhedeg gweithdy (wedi'i addasu'n briodol) gyda grŵp o blant Twtsi mewn cartref i blant amddifad sy'n cael ei redeg gan wraig Gatholig Garismataidd hyfryd. Wrth drafod y cwestiwn beth ddylai Duw ei wneud pan fydd pobl yn gwneud pethau drwg, dyma fi'n gofyn iddyn nhw os oedden nhw'n meddwl y dylai Duw fod wedi lladd y militia cyn i'r rheiny allu lladd eu rhieni. Ro'n i'n disgwyl iddyn nhw ddweud 'Ie, dylai!' Ond ar ôl meddwl yn ddwys am rai munudau, dyma nhw'n cytuno mai'r ateb oedd 'Na.' 'Pam ddim?' meddwn i. 'Byddai hynny'n gwneud Duw ddim gwahanol i'r lladdwyr,' medden nhw, 'a beth bynnag, dylai'r lladdwyr gael cyfle i edifarhau.' Ro'n i wedi'm syfrdanu, a'm cyffwrdd yn ddwfn.

Roedd pobl yn aml yn dweud *fod* rhai gwyrthiau wedi digwydd, pan wnaeth Duw ymyrryd i achub rhai. Ond pam cyn lleied o wyrthiau? Roedd rhai yn awgrymu ei fod am nad oedd gan bobl ddigon o ffydd. Ond mae Hebreaid pennod 11 yn gwrthbrofi'r syniad hwnnw. Ar ôl disgrifio sut wnaeth llawer gael eu hachub yn wyrthiol drwy ffydd, mae'n mynd ymlaen i ddweud fod llawer ddim. Dydy adnod 39 ddim yn dweud, 'Doedd dim ffydd gan y rhai gafodd ddim eu hachub.' Na, mae'n dweud, *'Cafodd y bobl yma i gyd eu canmol am eu ffydd.'* (fi piau'r llythrennau trwm). Ro'n i'n teimlo ei bod yn bwysig iawn pwysleisio nad oedd llai o ffydd gan y bobl na chawsant eu hachub, ac nad oedd Duw yn eu caru nhw lai. *'Gwerthfawr yng ngolwg yr ARGLWYDD yw marwolaeth ei saint ef'* (Salm 116:15).

Roedd yn hollbwysig gorffen mewn lle o obaith ac atgoffa ein hunain fod Duw yn Dduw sy'n gallu hyd yn oed droi ein colled yn elw. Yn y dyddiau cynnar ro'n i'n ofni awgrymu hyn, ond yn betrus iawn gofynnais ydy Duw yn gallu hyd yn oed gwneud hynny gyda hil-laddiad Rwanda yn erbyn y Twtsi? 'Ydy, mae'n gallu!' gwaeddodd un wraig. Pan ofynnais sut, atebodd, 'Gallwn ni ddangos i'r byd sut i faddau.' Yn rhyfeddol, mae hyn yn digwydd rŵan. Mae credu fod Duw yn gallu prynu'n ôl unrhyw golled wedi dod yn elfen allweddol yn ein gweithdai. Os gall Duw droi ein colled yn elw, mae hyn yn rhoi gobaith anhygoel i ni, hyd yn oed yng nghanol y dioddefaint mwyaf ofnadwy.

Adeiladu tŷ

Yn 1996 pan ddechreuais hyfforddi'r timau lleol cyntaf, rhoddodd Duw y darlun o adeiladu tŷ i mi, fel ffordd o ddisgrifio dilyniant y gweithdy. Dydych chi byth yn dechrau gyda'r nenfwd neu'r to. Datguddiad o galon Duw oedd y sylfaen. Dw i'n credu mai dyma'r unig sylfaen ar gyfer iachâd go iawn sy'n aros. Unwaith y byddwn ni wedi gweld sut un ydy Duw mewn gwirionedd, mae'n saff i ddechrau adeiladu'r waliau, sef iacháu ein clwyfau mewnol. Dim ond pan fyddwn ni'n sicr fod Duw yn ein caru ni y gallwn fentro agor ein clwyfau iddo.

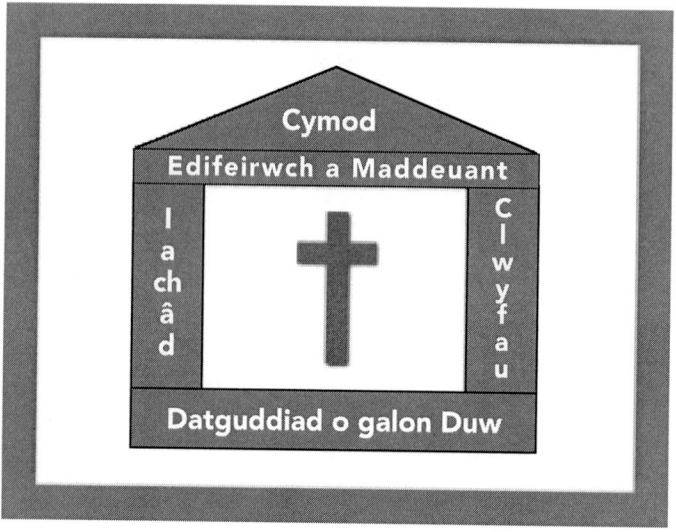

Canolbwynt y tŷ hwn ydy'r groes. Dyma lle gall yr iachâd a'r trawsnewid mwyaf ddigwydd. Ar ôl i ni ddod wyneb yn wyneb â thosturi iachusol Duw ar y groes, gallwn fynd ati i godi'r nenfwd, sef maddeuant ac edifeirwch. Dim ond pan mae'r ddwy elfen yma'n bresennol y bydd cymodi yn bosibl. Mae'r darlun yma o adeiladu tŷ wedi bod yn rhyfeddol o effeithiol wrth arwain pobl drwy'r broses o iachâd a thrawsnewid. Mae pob sesiwn yn adeiladu ar yr un flaenorol ac yn paratoi'r galon ar gyfer y nesaf. Dyna pam rydyn ni bob amser yn annog pobl i ddod i'r gweithdy cyfan, nid i ran ohono yn unig.

Aros mewn cartref lleol

Ar fy ail ymweliad â Rwanda, roeddwn wedi cael fy rhoi i aros mewn gwesty, ond ro'n i wir eisiau aros gyda theulu lleol. Tua diwedd fy amser yno, roeddwn mor falch o gyfarfod Rwandiaid oedd yn gweithio gyda YWAM. Ro'n i'n gwybod ar unwaith mai dyma lle roeddwn i eisiau aros y tro nesaf, gan fy mod yn gyfarwydd â gweledigaeth a gwerthoedd YWAM. Gofynnais iddyn nhw a fyddai hynny'n bosib, ond roedden nhw'n betrus iawn, gan ymateb nad oedd eu tŷ yn addas i rywun o Ewrop. Roedd ganddyn nhw nifer o resymau pam nad oedden nhw'n meddwl y byddai hynny'n addas: 'Mae yma lygod mawr!', medden nhw, 'a'r unig ddŵr yn y tŷ ydy'r hyn sy'n dod drwy'r to. Mae yna dyllau bwled yn y drysau a does gynnon ni ddim ystafell ymolchi. Mae'r toiled y tu allan a thwll yn y llawr ydy o' Ond dyma fi'n pledio hefo nhw, ac yn y diwedd dyma nhw'n cytuno y cawn i aros gyda nhw y tro nesa fyddwn i yn y wlad.

Alla i byth fod yn ddigon diolchgar am y penderfyniad hwnnw. Daethon nhw fel teulu i mi, ac ro'n i wrth fy modd gyda nhw. Aethon nhw hefo fi i sawl gweithdy i'm helpu i'w redeg. Ond y peth gorau oedd i mi ddod i ddeall arferion a chredoau diwylliannol nad oedd llawer o dramorwyr eraill wedi'u deall er eu bod yn byw yno ers blynyddoedd. Cefais y fath fendith pan oedd eu merch ifanc yn methu credu pan glywodd hi rhywun yn fy ngalw yn *muzungu* (dieithryn gwyn).

'Dydy Rhiannon ddim yn *muzungu!*' protestiodd. 'Ein Rhiannon *ni* ydy hi.'

Flwyddyn yn ddiweddarach, ymunodd Kristine Bresser, ffrind o'r America, â mi. Roedd hi wedi bod yn gwirfoddoli yn Rwanda gydag adran o Mission Aviation Fellowship UK ac wedi croesawu Methode a Mary Kamanzi, arweinwyr YWAM, i'w chartref am gyfnod. Er bod y sefyllfa yn y wlad yn dal yn drist iawn gyda llawer iawn o bobl wedi'i clwyfo, cawson ni hefyd adegau o hwyl go iawn yn aros gyda'r teulu arbennig yma. Roedd eu plant yn hyfryd, ac roedden ni'n aml yn chwarae gemau bwrdd gyda nhw, yn ogystal â gyda'r teulu estynedig.

Roedd dal llygod mawr yn un o'u hoff weithgareddau. Bydden nhw i gyd yn rhedeg ar ôl y llygoden gyda brwshys llawr neu unrhyw arf arall oedd wrth law. Roedden nhw'n chwerthin a gwichian yn ystod yr helfa. Doeddwn i ddim yn rhannu eu hwyl! Roedd gan Kristine a minnau wely bob un mewn ystafell fach iawn. Dw i'n cofio Kristine yn fy neffro un bore gyda phaned o de, ac meddai, 'Paid symud yn rhy sydyn. Wyt ti'n gweld y bag yna ar waelod dy wely? Mae yna lygoden fawr ynddo fo.' Soniodd yn aml nad oedd hi erioed wedi fy ngwweld i yn symud mor gyflym.

Ryw ddydd daeth Methode adre o daith i Ewrop gydag anrheg i'r teulu –
darlun o Iesu. Ond ro'n i'n drist ofnadwy o weld Iesu gyda chroen golau,
llygaid glas a gwallt melyn. Doedd eu mab David ond rhyw bum mlwydd
oed ar y pryd, a chofiaf y sioc ar ei wyneb. 'Ydy Iesu'n *muzungu?*' meddai.
Esboniais iddo nad oedd Iesu yn ddyn gwyn. Roedd ganddo groen brown,
o'r Dwyrain Canol, rywle rhwng y du a'r gwyn, ac felly roedd yn dod â ni i
gyd at ein gilydd.

13. GWEITHDY'R ICGE YN DATBLYGU

Un bwriad wrth gynnal y gweithdy hwn oedd rhoi gobaith ar gyfer y dyfodol i bobl. Er gwaetha methiant yr eglwys, hi oedd gobaith Duw a'i gyfrwng i drawsnewid y genedl. Mae hynny'n wir am bob cenedl, hyd yn oed os ydy'r credinwyr yn lleiafrif bach. Soniodd Iesu fod Teyrnas Dduw fel hedyn mwstard, y lleiaf o'r holl hadau, ac eto mae'n tyfu yn goeden sy'n gallu cysgodi'r adar (Mathew 12:31).

Roedd hefyd wedi sôn am ei bobl fel goleuni a halen y ddaear (Mathew 5:13-16). Ychydig iawn o halen sydd ei angen i newid blas lot fawr o ddŵr. Pan ddwedais wrthyn nhw mai nhw oedd gobaith Duw, dyma nhw'n ysgwyd ei pennau. 'Na,' medden nhw. 'dŷn ni wedi colli pob hygrededd. Does dim byd allwn ni ei ddweud bellach. Mae'r llywodraeth yn dweud fod yr eglwys yn rhan o'r broblem, felly all hi byth fod yn rhan o'r ateb.'

Ro'n i'n cynhyrfu ac yn teimlo rhyw ddicter cyfiawn yn codi o'm mewn, wrth i mi weld strategaeth Satan yn erbyn yr eglwys. Roedd yn defnyddio pechod rhai i geisio tawelu'r cyfan. Roedd fel petai'r eglwys gyfan wedi'i gorchuddio â chlogyn cywilydd, a byddai'n rhaid tynnu'r clogyn oddi arni. Yr eglwys yn unig allai ddod ag iachâd a thrawsnewidiad parhaol. Gweddïais weddi fer iawn dw i'n gyfarwydd iawn â'i defnyddio ac yn ei hargymell yn gryf: 'Arglwydd, help!'

Cofiais hanes Iesu yn ymddangos i'w ddisgyblion ar ôl yr atgyfodiad (Ioan 20:19-21). Doedden nhw ddim yn grŵp buddugoliaethus iawn. Roedden nhw wedi torri eu calonnau, wedi eu llethu, wedi colli eu Harglwydd a'u gweledigaeth i'r dyfodol; roedden nhw'n cuddio tu ôl i ddrysau caeedig ac yn bwriadu mynd yn ôl i'w bywydau a'u gyrfaoedd blaenorol.

'Beth ddwedodd Iesu wrthyn nhw?' gofynnais. Ddwedodd o: 'Dych chi'n fethiant – dw i mor siomedig ynoch chi! Chi oedd fy ngobaith i! Gwnes i fuddsoddi tair blynedd o'm bywyd ynoch chi, ac edrychwch beth wnaethoch chi pan oedd hi'n argyfwng! Mae'n amlwg y bydd rhaid i mi weithio gydag angylion o hyn ymlaen, nid gyda pobl ddynol!' Dyma nhw'n dechrau gwenu ac ysgwyd eu pennau. 'Na,' medden nhw. 'Beth ddwedodd o oedd *"Tangnefedd i chi!"*' 'Yn hollol,' meddwn i, 'ac fe ddwedodd y peth ddwywaith, i wneud yn siŵr eu bod wedi deall go iawn! A dyna beth mae o'n ei ddweud wrthoch chi hefyd.'

Es ymlaen i ddangos fod Iesu wedi dweud rhywbeth hynod yn dilyn y cyfarchiad yna *'Yn union fel yr anfonodd y Tad fi, dw i hefyd yn eich anfon chi.'* Roedd hynny'n golygu nad oedd wedi newid ei gynllun. Roedd yn dal i gredu ynddyn nhw. Roedden nhw'n dal i fod yn oleuni a halen yn y byd. Roedd yn mynd i anadlu ei Ysbryd i mewn iddyn nhw, a byddai hynny'n newid popeth.

Yna dyma fi'n gofyn iddyn nhw gynnau cannwyll a'i phasio o gwmpas yr ystafell. Wrth basio'r gannwyll i'r person nesaf roedden nhw i ddweud, 'Ti ydy golau'r byd. Ti ydy gobaith y genedl yma. Mae Duw yn credu ynot ti.' Roedd yn hyfryd gweld gobaith yn dychwelyd i'w hwynebau wrth iddyn nhw wneud hyn. Dydy holl dywyllwch y byd ddim yn gallu diffodd golau y gannwyll leiaf. Y golau sy'n dileu y tywyllwch.

Dysgu wrth fynd ymlaen...

Un o'r ffyrdd i ennyn gobaith ar ddechrau ein gweithdai oedd trwy gerddoriaeth; a dyma ble daeth fy nghariad at gerddoriaeth ac addoliad yn ddefnyddiol iawn. Dw i hefyd wrth fy modd yn dysgu caneuon diwylliant arall a chanu mewn iaith arall. Roedden ni'n teimlo ei bod hi'n bwysig dechrau pob gweithdy gyda chyfnod sylweddol o addoli a datgan ein ffydd yn yr hyn roedd Duw yn mynd i'w wneud yn y genedl. Mae ganddyn nhw gymaint o gytganau addoli hyfryd yn Rwanda, roedd yn gwneud y gwaith yn hawdd iawn. Un gân arbennig o hyfryd ydy *'Urwera'*, sy'n sôn am ogoniant Duw dros yr holl ddaear. Bydden ni'n canu'r gân hon dros bob tref yn

Rwanda yn ei thro, ac yn datgan y byddai gogoniant Duw yn cael ei brofi gan y bobl yno.

Cân arall y dois yn hoff iawn ohoni oedd '*Kungoma*'. Mae'r gân hon yn datgan fod Duw yn teyrnasu ar ei Orsedd, a bod marwolaeth wedi'i lyncu'n llwyr. Buon ni'n canu hon hefyd dros bob tref yn Rwanda. Daeth yn arbennig o effeithiol canu ac ail-ganu'r gân hon ar ddiwedd Sesiwn y Groes.

Fel bob amser, ro'n i'n dysgu wrth i'r gweithdy fynd yn ei flaen. Darganfûm ei bod yn bwysig dysgu am y cysyniad o 'gyflwr clwyfedig', gan fod rhai gweinidogion yn credu fod hyd yn oed cydnabod eich bod wedi'ch clwyfo yn bechod. Fel bob amser, ro'n i'n dysgu wrth i'r gweithdy fynd yn ei flaen.

Roedd rhaid i mi egluro bod cael eich clwyfo yn gysyniad Beiblaidd dilys, a bod Duw yn dangos tosturi mawr at y bobl sy'n mynd trwyddo. Mae Duw yn cymryd ein natur glwyfedig yr un mor ddifrifol â'n natur bechadurus, a bu Iesu farw i ddelio gyda'r ddau. Yn Jeremeia 30:12-13 darllenwn ei bod yn amhosib i bobl iacháu calonnau sydd wedi'i clwyfo'n ddwfn, ond gallwn lawenhau fod Duw yn dweud yn adnod 17, '*Dw i'n mynd i dy iacháu di; dw i'n mynd i wella dy friwiau.*' Ym mhob gwlad lle buon ni'n gweithio, mae yna hanes o glwyfau heb eu gwella a gwrthdaro heb ei ddatrys. Gall cenedl gyfan fod ag ysbryd clwyfedig. Roedd hi'n amlwg mae pwylsalis allweddol yn ein gweithdai fyddai'r angen i glwyfau mewnol gael eu hiacháu.

Dw i'n credu bellach fod clwyfau sydd heb eu gwella yn achosi llawer, os nad y mwyafrif, o'r problemau wynebwn yn y byd – yn broblemau personol ac ar bob lefel o gymdeithas.

Mae Salm 139:24 yn ddiddorol, lle mae'r salmydd yn gofyn i Dduw ei chwilio i weld os oes 'ffordd annuwiol gennyf'; mae'r Beibl Cymraeg Newydd yn adleisio'r Hebraeg llythrennol drwy sôn am 'ffordd fydd yn *loes* i mi.' Falle mai'r prif beth sy'n ein rhwystro rhag cael ein hiacháu ydy'n amharodrwydd ni i dderbyn y boen sydd o'n mewn. Mae'n well gynnon ni geisio anghofio amdano, a'i wadu, ac mae hynny'n gallu achosi pob math o broblemau ysbrydol, meddyliol a chorfforol. Ond mae Duw yn disgwyl i gael trugarhau a dangos ei dosturi aton ni (Eseia 30:18).

Tra ro'n i'n rhannu'r angen i wella'n clwyfau mewnol, a'r rhwystr mewnol rydyn ni'n ei deimlo'n aml, dywedodd un gweinidog, 'O – mae fel stori Lasarus!' Doeddwn i ddim wir yn ei ddeall, a gofynnais iddo esbonio. 'Daeth Iesu i iacháu Lasarus, ond pan gyrhaeddodd, roedd carreg fawr dros geg y bedd. Pan ddwedodd Iesu wrthyn nhw am symud y garreg, ymateb Martha oedd, "Peidiwch gwneud hynny – mae yna arogl drwg y tu ôl iddi!" Rydyn ni'n gwneud hynny hefyd pan fydd poen yn ein calonnau. Rydyn ni'n gosod carreg fawr o'i flaen, a dydyn ni ddim eisiau ei symud am fod arogl drwg y tu ôl iddi. Ond os ydyn ni eisiau i Iesu ein hiacháu, mae'n rhaid i ni fod yn barod i symud y garreg o'r ffordd.' Gwnaeth ei sylw argraff ddofn arnaf, a phenderfynais ddefnyddio'r darlun yna bob tro y byddwn yn dysgu am ein cyflwr clwyfedig.

Es yn ôl i Rwanda droeon, gan aros yno am gwpl o fisoedd ar y tro, yna mynd adre am seibiant cyn dechrau eto. Aeth fy nghyfieithydd a minnau â'r gweithdy i bob tref yn Rwanda, a mynd yn ôl i'r dref honno ymhen ychydig fisoedd i gynnal dilyniant.

Roedden ni eisiau gwybod beth fu effaith y gweithdy – yn eu bywydau eu hunain, eu teuluoedd, eu heglwysi a'u cymunedau. Roedd yr adborth mor galonogol. Roedd Duw yn amlwg ar waith, a gwyrthiau yn digwydd.

Clywson ni straeon ysgytwol am faddeuant a chymod. Gallwn ysgrifennu sawl llyfr yn llawn o dystiolaethau rhyfeddol gan bobl. Rhai yn mynd gyda ffrindiau cefnogol i garchardai, i ymweld â'r dynion oedd wedi lladd eu perthnasau, i ddweud eu bod yn maddau iddyn nhw, a hyd yn oed yn gwahodd eu teuluoedd am bryd o fwyd! Gofynnodd rhai a gawn i fynd i'r gwersylloedd yng Ngweriniaeth Ddemocrataidd y Congo lle roedd Hwtw yn llochesu (llawer ohonyn nhw yn euog o gymryd rhan yn yr hil-laddiad), er mwyn iddyn nhw gael profi iachâd hefyd. Roedd y Twtsi yn arfer eu casáu nhw, ond roedden nhw bellach eisiau eu bendithio nhw.

Pastor Anastase

Erbyn hyn roedd gennyf ail gyfieithydd, sef Pastor Anastase Sabamungu, ffrind i deulu YWAM y bum yn lletya gyda nhw. Roedd yn Twtsi ac wedi tyfu i fyny fel ffoadur yn Uganda ac roedd wedi colli sawl perthynas yn Rwanda yn ystod yr hil-laddiad. Daeth yn amlwg yn fuan iawn ei fod yn fwy na chyfieithydd. Dechreuais ei annog i ddysgu rhai sesiynau ei hun, ac fe wnaeth hynny yn fedrus iawn. Bu'n fendith fawr i'r gweithdy; roedd ganddo galon dosturiol, dyner a bugeiliol. O wybod ei hanes, cefais fy syfrdanu ei fod yn dal i allu cofleidio'r Hwtw yn gynnes yn y gweithdy, a dysgu ar faddeuant. Cafodd hyn ei brofi mewn un gweithdy yn arbennig.

Roedden ni yn Bugesera lle roedd llawer iawn o Twtsi wedi eu lladd. Yn y gweithdy hwnnw, cododd dyn ar ei draed yn ystod yr amser o edifeirwch, a dywedodd yn ei ddagrau, 'Dw i eisiau cyffesu fod fy mherthnasau wedi cymryd rhan yn y lladd, a wnes i ddim byd i achub bywydau pobl. Plîs maddeuwch i ni!' Wnaeth neb symud. Roedd yn dal ati i bledio am faddeuant, ac ro'n i'n meddwl tybed pam roedd Anastase yn eistedd gyda'i ben yn ei ddwylo, fel petai wedi'i rewi yn y fan a'r lle. Fel arfer, fo oedd y cyntaf i godi a gweinidogaethu maddeuant. Tyrd yn dy flaen, Anastase, meddyliais. Allwn i ddim gadael i'r dyn truan yma sefyll yn pledio am faddeuant, a neb yn ymateb. Alla i mo'i wneud, oherwydd wnes i ddim colli perthnasau yma. Gweddïais yn daer ar Dduw i ymyrryd rywsut.

Ar ôl ychydig, cododd Anastase ar ei draed, a gwelais ei fod yn crio. Cerddodd yn araf at y dyn a'i gofleidio. Ro'n i mor falch ei fod wedi gwneud hyn. Dim ond wedyn y dywedodd Anastase wrthyf mai dyma lle cafodd llawer o'i deulu o eu lladd trwy gael eu taflu i'r afon. 'Doeddwn i ddim wedi sylweddoli tan heddiw pa mor gostus ydy maddau,' meddai. 'I faddau, roedd rhaid i mi yn gyntaf fod yn fodlon ysgwyddo'r boen fy hun, cyn rhoi'r cyfan i Iesu.'

Dysgodd hyn wers bwerus i mi am faddeuant. Ar y groes, cymerodd Iesu arno'i hun ganlyniadau erchylltra a phoen holl bechod y byd. Fe'i *gwnaed* yn bechod (2 Corinthiaid 5:21). Roedd Duw yn gallu maddau oherwydd bod Iesu wedi amsugno holl bechodau'r ddynoliaeth, a'i phoen, iddo'i hun. Gofynnir i ni faddau fel y maddeuodd Crist i ni (Colosiaid 3:13). Felly, wrth i ni faddau, rydyn ni'n barod i ddioddef poen y pechod hwnnw, ond allwn ni ddim ond gwneud hynny o wybod y gallwn drosglwyddo'r cwbl i galon Iesu.

Bedd mewn perllan

Yn aml, roedd y sesiynau dilynol yn adegau o iachâd pellach. Mewn un cyfarfod yn Kibuye, ardal hardd yn y gorllewin ar lannau Llyn Kivu, buon ni'n rhannu syniadau gyda'n gilydd o sut i helpu rhai o'r bobl gymerodd ran yn ein gweithdai oedd yn stryglo gydag anghenion penodol. Un oedd yr anallu i ymweld â rhai lleoedd oherwydd atgofion poenus yn gysylltiedig â'r lle hwnnw. Cyfaddefodd un o'r rhai oedd yn cael eu hyfforddi, Hwtw oedd yn uchel ei barch yn yr ardal, ei fod o'n un o'r bobl hynny.

Roedd ei fab wedi peryglu ei fywyd drwy gludo llawer o Twtsi oedd yn dianc ar draws y llyn i ddiogelwch Gweriniaeth Ddemocrataidd y Congo. Yn y diwedd cafodd ei ddal a'i ladd, a chafodd ei gladdu gan ei dad yn ei berllan sbesial. Roedd y berllan yn le cwbl arbennig yn ei olwg, ac roedd wrth ei fodd yn ei thrin. Ond ers hynny doedd y tad yn ei drallod ddim wedi gallu mynd yno, ac roedd y berllan wedi'i hesgeuluso a thyfu'n wyllt.

O ddarganfod nad oedd y berllan ond rhyw gwpl o gilomedrau i ffwrdd, awgrymodd un, 'Pam na awn ni yno gydag o, rŵan?' Felly dyma ni'n neidio i mewn i gefn lori ac yn mynd yno, gan ddilyn ein ffrind drwy'r berllan at y man lle roedd wedi claddu ei fab.

Ar unwaith, dechreuodd nifer o'r rhai oedd yn cael eu hyfforddi glirio'r tyfiant trwchus oedd yn gorchuddio'r bedd. Yna, ar ôl iddo gael ei glirio, dyma ni'n sefyll mewn cylch o gwmpas y bedd ac yn gafael dwylo, a diolch i Dduw am fywyd dewr, hunan-aberthol ei fab. Dyma ni'n gweddïo am iachâd i galon glwyfus ei dad. Yna dyma ni'n cyhoeddi daioni a chariad achubol Duw, a gofyn iddo lenwi'r berllan âi bresenoldeb. Wedyn canu emyn Francis Rowley gyda'n gilydd, 'I Will Sing the Wondrous Story of the Christ Who Died For Me' yn Kinyarwanda, iaith Rwanda. Yna'n olaf, dyma ni i gyd yn cofleidio'n brawd.

Dyma fo'n cyhoeddi ei fod am ddod yn ôl at ei berllan, ei thrin a gofalu amdani unwaith eto, a gwnaeth ymrwymiad y byddai pob ffrwyth a dyfai ynddi yn cael ei roi i'r gweddwon a phlant amddifad. Roedd y cwbl yn cyffwrdd i'r byw – harddwch yn codi o'r lludw unwaith eto.

Newid amgylchiadau

Pan ddaeth yr hil-laddiad yn erbyn y Twtsi i ben, ffodd llawer o Hwtw i wledydd cyfagos gan ofni y byddai dial torfol yn eu herbyn. Yn y gwersylloedd, roedd yr euog a'r diniwed yn gymysg â'i gilydd. Yno hefyd fe aeth colera ar led a bu farw cymaint o bobl.

Pan ddechreuodd y miliwn o ffoaduriaid ddod adre o'r gwersylloedd yn 1996, roedden ni'n gwybod y byddai'n rhaid i ni fynd o gwmpas y wlad eto. Un peth ydy maddau i'ch cymydog pan mae'n marw o golera mewn gwlad arall; peth hollol wahanol ydy maddau iddo pan fydd yn ôl yn byw y drws nesa i chi. Y tro yma byddai'n rhaid gwahodd y rhai oedd wedi goroesi'r hil-laddiad a'r ffoaduriaid Hwtw oedd yn dod yn ôl adre i weithdy gyda'i gilydd – tasg frawychus! Ond doedd dim dewis. Roedd rhaid gwneud hyn.

Roedd dechrau'r gyfres nesa o weithdai yn llawn tyndra. Yn aml, dyma oedd y tro cyntaf i'r rhai ar y 'ddwy ochr' eistedd gyda'i gilydd yn yr un ystafell. Gallech chi bron dorri'r awyrgylch gyda chyllell. Ond, ym mhob un fe ddigwyddodd y newid mawr wrth iddyn nhw fynd at y groes gyda'i gilydd. Dim ond un groes oedd i'r ddwy ochr, a dyma nhw'n gwrando ar straeon ei gilydd cyn penlinio a hoelio eu poenau eu hunain ar y groes.

Roedd y llawenydd ar ddiwedd y sesiwn yn anghredadwy, a'r canu yn parhau i'r oriau mân yn aml. Yma eto, roedd rhai yn gryg y bore wedyn. Clywais rai ymatebion ysgytwol.

'Ro'n i'n meddwl mai fy mhoen i oedd waethaf, nes i mi glywed stori fy mrawd.'

'Roedd yn anhygoel gweld dagrau yn llygaid rhywun o'r ochr arall wrth i mi adrodd fy stori! Wnes i rioed ddychmygu y byddwn i'n gweld y fath beth. Ond roedd hyd yn oed yn fwy rhyfeddol profi fy nagrau fy hun wrth wrando ar ei stori o!'

Roedd Kristine Bresser, fy ffrind o'r America, yn help mawr i mi am y ddwy flynedd y bu'n gweithio gyda mi, yn enwedig ar yr ochr weinyddol. Gwnaeth gyfraniad arbennig o werthfawr drwy gofnodi'r ddysgeidiaeth wrth i mi siarad, ac yna ei roi at ei gilydd fel ein llawlyfr hyfforddiant cyntaf. Ers hynny mae'r llawlyfr wedi'i adolygu sawl gwaith, a hefyd ei gyfieithu i lawer o ieithoedd. Bellach mae Kristine wedi bod yn arbenigo mewn hyfforddiant ôl-drafod, ac yn gweithio gyda Le Rucher Ministries (gw. isod).

Kristine a minnau

Llwybrau peryglus

Wna i byth anghofio rhai o'r profiadau gawson ni yn ystod y cyfnod hwnnw. Cawson wahoddiad i fynd i ogledd Rwanda, lle roedd pobl yn dal i gael eu lladd. Ar y pryd roedd Llysgenhadaeth Prydain yn cynghori yn erbyn unrhyw deithio y tu allan i Kigali.

Cyfarfûm ag aelod seneddol Cristnogol oedd yn y Weinyddiaeth Gyfiawnder i ofyn ei gyngor. 'Beth alla i ddweud?' atebodd. 'Mae'n wir fod yna bobl beryglus iawn i fyny yn yr ardal yna. Ond mae angen eich gweithdy ar y rhanbarth yna fwy nag unrhyw le arall. Gadewch i mi awgrymu rhywbeth. Beth am i mi drefnu hebryngwr arfog i fynd gyda chi?'

Es â'r awgrym yn ôl at y tîm. 'Dych chi'n tynnu'n coes ni!' medden nhw, 'Sut allwn ni fynd i bregethu heddwch tra'n cario gynnau? Beth bynnag, mae Arglwydd y Lluoedd gyda ni. Pam yn y byd mae angen hebryngwr arfog arnon ni!'

Dywedais wrthyn nhw nad oeddwn wedi dod i Rwanda i wneud eu gwragedd yn weddwon a'u plant yn amddifad, felly anfonais nhw adre i weddïo am y peth. Dywedais na fydden ni'n mynd os oedd unrhyw un ohonyn nhw'n amheus a ddylen ni fynd. Er clod iddyn nhw, dyma nhw'n dod yn ôl ac yn dweud, 'Rhaid i ni fynd. Sut arall mae'r wlad yma'n mynd i gael ei hiacháu?'

Felly dyma ni'n mynd. Roedden ni'n gwybod y byddai'r bobl leol yn amheus iawn o'n hymweliad, ac roedden ni bob amser yn gweddïo yn ystod ein teithiau. Gwnaeth gweddïau'r tîm gymaint o argraff arna i. Ro'n i'n disgwyl gweddïau fel: 'O, Arglwydd, ti'n gwybod mor beryglus ydy hyn! Plîs wnei di'n amddiffyn ni? Plîs wnei di fynd gyda ni? Helpa ni os gweli'n dda!' Ond yn lle hynny, roedden nhw'n gweddïo'n llawen: 'Arglwydd, dŷn ni'n gwybod dy fod ti gyda ni! Diolch i ti am ein hamddiffyn ni! Dŷn ni'n dy ganmol am y cwbl rwyt ti'n mynd i'w gyflawni!' Roedden ni'n canu gyda'n gilydd y rhan fwyaf o'r ffordd.

Pan welodd y bobl leol ni yn gyrru i mewn i leoliad y gweithdy, dyma
nhw'n dweud, 'Mae pawb arall yn ein gadael, ond dych chi'n dod aton ni!
Dŷn ni'n gwybod rŵan eich bod yma am eich bod yn ein caru ni.' Dyma
ni'n darganfod, lle roedd hi fwyaf peryglus, yn aml dyna ble gwelon ni fwyaf
o ffrwyth. Pan mae pobl yn ddiobaith, maen nhw'n cymryd pethau fwy o
ddifri. Gwelon ni edifeirwch rhyfeddol, maddeuant a chymod.

Aethon ni yn ôl yno lawer gwaith. Un tro, ar y ffordd yno, roedd rhywrai
wedi ymosod ar fws mini a'i losgi. Roedd un dyn oedd wedi bod yn hybu
cymod o ganlyniad i ddod ar ein gweithdy, wedi bod ar y bws mini hwnnw.
Roedd yr awyrgylch yn ddwys a theimladwy wrth i ni agosáu at y fan lle
roedd y bws mini wedi'i losgi.

Dw i'n cofio fod casét yn ein cerbyd yn canu geiriau gweddi Sant Ffransis
o Assisi ar y pryd 'Iôr, gwna fi'n offeryn dy hedd.' Roedden ni'n dal i allu
gweld y lludw, a dyma ni'n diolch am fywyd ein brawd gafodd ei ferthyru.

Roedd un o ganeuon Ron Kenoly yn cael ei chwarae'n aml yn ein cerbyd,
cân oedd yn rhoi cysur i ni, yn enwedig pan oedden ni ar ffyrdd peryglus.

Peace when trouble blows
Jehovah sees, Jehovah knows
He is my peace when sorrow nears
Jehovah sees, Jehovah hears

Un tro, roedden ni'n aros lawr yn ne'r wlad, reit ar y ffin gyda Gweriniaeth
Ddemocrataidd y Congo. Tra roedden ni yno, fe gododd gwrthdaro rhwng y
ddwy wlad, a gallen ni glywed y gynnau a'r bomiau yn y pellter. Dyma oedd
y tro cyntaf erioed i mi fod mor agos at ryfela go iawn. Ond yn rhyfeddol,
doeddwn i'n teimlo dim ofn, ac awgrymais i'r rhai yn y gweithdy oedd wedi
dychryn, y dylen ni gael cyfnod o fawl ac addoliad. Roedden nhw'n edrych
braidd yn amheus, ond ar ôl canu cân neu ddwy dyma nhw'n ffoi i'w llety.
Daeth milwyr Rwanda aton ni, a'n rhybuddio, 'Bydd yna lot o saethu heno,
ac rydych chi mewn lle peryglus. Felly, dylech chi droi'r goleuadau i gyd i
ffwrdd a chysgu dan eich gwelyau, nid ynddyn nhw heno.'

Y noson honno gallen ni weld bwledi 'tracer' yn goleuo rhwng ystafell wely y dynion ac ystafell y merched, ond roedd gen i lot mwy o ofn y creaduriaid dan y gwely na'r bomiau uwch ei ben!

Cafodd Kristine a minnau amser o weddi, ac yna darllen Salm 91. *'ni ddaw pla yn agos i'th babell.'* Roedd y rhwydi mosgito uwchben ein gwelyau yn edrych yn union fel pebyll, felly dyma ni'n pwyso ar yr addewid honno a mynd i'r gwely.

Yn rhyfeddol, cysgais yn dda. Fe wnaethon ni ddarganfod y bore wedyn bod un taflegryn wedi taro'r eglwys gadeiriol y tu ôl i ni. Ar ôl cyrraedd adref i'r Deyrnas Unedig, dysgon ni fod ffrind wedi cael ei ddeffro yr union noson honno yn teimlo baich i weddïo ar frys dros ein diogelwch. Dw i'n hollol sicr mai'r lle mwyaf saff i fod ydy'r union le mae Duw eisiau i ni fod.

Le Rucher Ministries

Hyd yn hyn, doeddwn i ddim wedi perthyn i unrhyw fudiad arbennig, ond roedd gen i grŵp bach o Gristnogion yn fy eglwys gartref oeddwn i'n atebol iddyn nhw. Un diwrnod ces lythyr ganddyn nhw yn dweud, i bob pwrpas, fod fy ngwaith yn mynd yn rhy beryglus iddyn nhw ddelio gydag o. Ro'n i'n mynd i sefyllfaoedd peryglus, a wydden nhw ddim am y llefydd hynny, ac felly doedden nhw ddim yn teimlo eu bod yn gymwys i roi cyngor i mi. Felly, dyma nhw'n fy annog i ddod o hyd i fudiad profiadol allai fy helpu'n well. Ro'n i'n teimlo mor ddigalon. Doeddwn i ddim yn gwybod am unrhyw fudiad arall oedd yn gwneud yr un math o waith.

Ond unwaith eto, roedd amseru Duw yn berffaith. Ychydig ddyddiau'n ddiweddarach roeddwn i fod i ymweld â'm ffrindiau Erik a Jeltje Spruyt, oedd wedi bod yn arweinwyr gyda YWAM ac wedi dechrau gweinidogaeth newydd yn Genefa o'r enw *Le Rucher Ministries*. Gweinidogaeth ydy hon sy'n gofalu am anghenion cenhadon yn bennaf, ond hefyd yn hybu datblygiad cymunedol mewn gwahanol rannau o'r byd.

Pan sylweddolon nhw beth oedd yn digwydd, dyma nhw'n fy ngwahodd ar unwaith i ymuno â nhw a gweithio o dan eu hadain. Dim ond Duw allai fod wedi trefnu'r fath ddarpariaeth! Roedd y fath fendith, gan eu bod nid yn unig yn cynnig atebolrwydd a chefnogaeth i mi yn y gwaith, ond hefyd yn awyddus i mi drafod a rhannu gyda nhw ar ôl teithiau oedd wedi bod yn heriol. Fyddwn i rioed wedi gallu dal ati i weithio a gweld y weinidogaeth yn datblygu mewn gwahanol ffyrdd heb eu cymorth a'u cefnogaeth dros gyfnod o 18 mlynedd. Daethon nhw hefyd o hyd i rywun oedd eisiau noddi'r gwaith, fel bod y gwaith yn gallu mynd yn ei flaen ar ôl i'r cyllid sychu.

Sut oedd y cwbl yn cael ei ariannu?

Dw i erioed wedi codi arian ar gyfer fy nghynhaliaeth na'm gweinidogaeth. Dw i bob amser wedi talu fy ffordd fy hun. Mae ffrindiau ac ychydig o eglwysi lle dw i wedi siarad, ac sy'n credu yn yr hyn dw i'n ei wneud, wedi bod yn hael ac yn gefn i mi a'r weinidogaeth. Ond roedd gweithdai preswyl gymaint mwy effeithiol na rhai di-breswyl, ac mae hynny'n golygu cost ychwanegol. Yn Rwanda ar ôl yr hil-laddiad, gyda'r holl strwythurau cymdeithasol ar chwâl, roedd yn gwbl afrealistig disgwyl i bobl dalu eu costau eu hunain. Ond yn rhyfeddol, a hynny'n aml yn ymddangos fel 'cyd-ddigwyddiad' allai ond bod yn llaw Duw, mae gwahanol elusennau Cristnogol mawr wedi cynnig cefnogi'r gwaith ar yr union adeg pan oedd angen cefnogaeth arnon ni.

Erbyn hyn rydyn ni yn gofyn i bobl gyfrannu beth allan nhw tuag at gostau'r gweithdai, gan fod pobl yn aml yn cymryd pethau fwy o ddifri os ydy o wedi costio rhywbeth iddyn nhw.

14. LLUOSOGI'R WEINIDOGAETH

Y flaenoriaeth nesaf oedd cynnal sesiynau hyfforddi fel bod eraill yn gallu cynnal y gweithdy eu hunain. Gan gydnabod mai gwaith yr Ysbryd Glân oedd y weinidogaeth hon, roedden ni'n gwybod y gallen ni ymddiried yn Nuw i weithio trwyddyn nhw gymaint â ni, ac falle mwy. Roedden ni hefyd yn ymwybodol bod angen Hwtw i gwblhau'r tîm cenedlaethol. Byddai hynny'n dangos ein bod yn byw yr hyn roedden ni'n ei ddysgu.

Wrth ddisgrifio ein gweinidogaeth, dw i eisiau pwysleisio mai nid ni oedd yr unig rai oedd yn ceisio dod â iachâd a chymod i Rwanda, ac rydyn ni am anrhydeddu cyfraniad pawb arall. Er enghraifft, bu rhai yn helpu Rwanda i oresgyn anawsterau diwylliannol, gan eu galluogi i siarad am eu profiadau trawmatig; eraill yn hyfforddi cynghorwyr; ac eraill eto yn dod â chymunedau at ei gilydd i gymryd rhan mewn deialog am eu gwahanol safbwyntiau.

Pan wnaethon ni gyfarfod Joseph Nyamutera mewn gweithdy yn Gisenyi, Rwanda, ar y ffin ogleddol gyda Gweriniaeth Ddemocrataidd y Congo, roedden ni'n teimlo mai fo oedd yr un i gwblhau ein tîm. Roedd Joseph, oedd yn Hwtw, wedi bod yn athro Saesneg mewn ysgol uwchradd cyn yr hil-laddiad yn erbyn y Twtsi, ac roedd yn aelod gweithgar o'r Eglwys Bentecostaidd. Ar ôl i'r hil-laddiad ddod i ben, roedd llawer o Hwtw yn ofni y byddai dial diwahân, ac wedi ffoi o'r wlad i un o'r gwledydd cyfagos.

Er nad oedd Joseph wedi cymryd rhan yn yr hil-laddiad, fe wnaeth o a'i deulu ffoi i Weriniaeth Ddemocrataidd y Congo gyda miloedd o Hwtw eraill. Yno roedden nhw wedi diodde'n fawr, a chollodd Joseph sawl aelod o'i deulu i golera, gan gynnwys ei fab bach. Roedd yr amodau yn y gwersyll ffoaduriaid yn druenus, gyda phobl yn cysgu mewn pebyll dros dro ar dir folcanig creigiog.

Trefnodd gweithiwr dyngarol Prydeinig yn y gwersyll iddo fo a'i deulu hedfan i Kenya iddo gofrestru mewn Coleg Beiblaidd. Ar ôl rhannu yr ychydig eiddo tlawd oedd ganddyn nhw, dyma nhw'n gadael yn llawen, ond daeth y freuddwyd yn sydyn i ben pan wrthododd awdurdodau Kenya yn Nairobi fynediad i'r wlad. Mewn cywilydd a siom, dyma nhw'n hedfan yn ôl i'r un gwersyll.

Yn fuan ar ôl hyn, cafodd y gwersylloedd eu tynnu i lawr a dyma nhw'n teithio ar droed yn ôl i Rwanda, ond roedd ei galon yn llawn poen a chwerwder. Dyna'n union fel roedd o pan fynychodd weithdy ICGE, lle daeth wyneb yn wyneb â chariad Duw mewn ffordd ddwfn iawn, a dechrau'r broses o drawsnewidiad. Roedden ni yn gweld galwad Duw ar ei fywyd, a dyma ni'n ei wahodd i fynychu'r wythnos hyfforddiant yn Kigali gyda'r bwriad o'i gael i ymuno â'r tîm.

Ar ôl mynychu'r gwersyll adsefydlu gorfodol, ymunodd Joseph â'r tîm fel cyfieithydd, ond daeth yn amlwg i mi ei fod o ac Anastase (Twtsi) yn abl iawn fel athrawon, felly trosglwyddais y gweithdy i'w dwylo nhw. Dechreuodd Duw eu defnyddio'n rymus. Byddai llawer yn dweud mai eu gweld nhw yn gweithio gyda'i gilydd oedd dechrau eu hiachâd.

Joseph (ar y chwith) ac Anastase yn Le Rucher 2006

Roedd cael Hwtw a Twtsi yn dysgu ochr yn ochr yn cyfoethogi ein dealltwriaeth o hanes Rwanda hefyd. Dw i'n credu mai Joseph wnaeth dynnu sylw at rôl ddinistriol rhagfarn. Roedd yn dweud, pan fyddai pobl yn ceisio dadansoddi achosion yr hil-laddiad yn erbyn y Twtsi, roedden nhw cynnig llawer o wahanol bethau, ond prin byth yn siarad am ragfarn. Ond roedd o'n credu fod y rhagfarnau oedd eisoes yn bodoli yn debyg i ffrwydron tir, yn aros i rywun eu sathru.

Cofiais sut oedd rhagfarn wedi chwarae rhan yn fy mywyd fy hun. Ces fy magu yn credu bod y Saeson i gyd yn goloneiddwyr oedd am adeiladu Ymerodraeth, ac nad oedden nhw'n poeni am iaith a diwylliant unrhyw un arall. Roedden nhw i gyd yr un fath – roedden nhw mor falch ac yn meddwl eu bod nhw'n well na phawb arall. Er fy mod wedi profi'r agweddau negyddol yma gan rai Saeson, y camgymeriad oedd credu 'eu bod i gyd yr un fath.' Dyna rym rhagfarn – drwy gyffredinoli, mae'n barnu ac yn condemnio y grŵp cyfan.

Daethon ni i sylweddoli fod adnabod rhagfarnau ac ymwrthod â nhw yn mynd i fod yn rhan bwysig o'n gwaith wrth geisio iacháu y wlad. Mae pob ymddygiad yn dechrau yn y meddwl. Mae'r hyn rydyn ni'n ei feddwl ac yn ei gredu yn pennu'r ffordd rydym yn byw. Ond sut oedd mynd i'r afael â nhw pan oedd pethau mor sensitif? Unwaith eto, daeth fy stori bersonol i yn ddefnyddiol yn y gweithdy. Doedd gen i ddim problem rhannu am fy rhagfarnau fy hun yn erbyn y Saeson, a'r briwiau oedd yna o deimlo fod pawb arall yn ein hystyried yn israddol.

Cyfaddefodd Joseph fod llawer o'r Hwtw yn credu bod y Twtsi yn dwyllodrus, ac na ddylid eu trystio. Chwilod duon a nadroedd oedden nhw. Flynyddoedd yn ddiweddarach, pan oedd o'n gweithio yn y carchardai gyda dynion oedd wedi'i cael yn euog o hil-laddiad, gofynnodd iddyn nhw sut allen nhw fod wedi hyd yn oed lladd babis bach. Roedd eu hymateb yn sioc: 'Mae nadroedd bach yr un mor beryglus. Maen nhw'n tyfu i fyny i fod yn nadroedd mawr yn y diwedd, felly roedd rhaid iddyn nhw gael eu lladd hefyd.' Pan fyddwn ni'n dad-ddyneiddio ein gelynion, mae'n llawer haws mynd ati i gael gwared â nhw.

Er na ddysgodd ei rieni ragfarn iddo, tyfodd Joseph i gredu'r rhagfarnau yna. Roedd yn cyfaddef, gan ddefnyddio hiwmor i ysgafnhau'r tensiwn, mai ei ofn mawr oedd y byddai Duw yn rhoi gwraig oedd yn Twtsi iddo. Cyfaddefodd Anastase hefyd fod llawer o Twtsi wedi tyfu i fyny yn credu bod yr Hwtw yn folgwn hyll oedd yn dda i ddim ond i drin y tir; roedden nhw'n leiddiaid naturiol, ac allech chi'n sicr mo'u trystio nhw. Roedd yn amlwg bod y rhaniadau yma yn y wlad yn mynd yn ddwfn iawn, felly roedd delio â'r rhagfarnau yma yn hollbwysig. Roedd mor braf clywed y bobl yn y gweithdy yn diolch iddyn nhw am fod yn fodlon dweud pethau doedd neb arall yn fodlon eu dweud.

Ar ddiwedd yr hyfforddiant, roedd pobl yn cael eu hannog i ffurfio timau lleol a rhedeg eu gweithdai eu hunain. Byddai Anastase a Joseph yn eu mentora i'w helpu i wneud hynny. Dw i'n diolch i Dduw (ac mae Joseph hefyd erbyn hyn) na chafodd Joseph ei dderbyn i Kenya. Roedd gan Dduw gynllun llawer gwell. Trwy'r weinidogaeth hon, mae Duw yn rhoi dylanwad byd-eang iddo sydd y tu hwnt i unrhyw beth y gallai fod wedi'i ddychmygu. Engraifft arall o brynedigaeth ryfeddol Duw – ennill yn dod o golled, harddwch yn dod o'r lludw.

Mae'r timau bellach yn credu ei bod yn bwysig iawn gweithio gyda phlant, ieuenctid a myfyrwyr prifysgol, i geisio eu hatal rhag tyfu i fyny gyda'r un rhagfarnau dinistriol.

Annog y timau

Byddwn i'n mynd yn ôl o bryd i'w gilydd, i'w helpu i redeg fforymau lle byddai timau lleol yn dod ynghyd i annog ei gilydd. Roedd y rhain yn amseroedd gwych. Byddai'r timau yn cyfarch ei gilydd fel aelodau o deulu oedd wedi eu gwahanu ers tro byd! Roedd eu parodrwydd i rannu'n onest am eu brwydrau yn ogystal â'u llwyddiannau mor galonogol. Yn ogystal â cheisio rhannu dysgeidiaeth Feiblaidd fyddai'n eu hannog, roedden ni bob amser yn cynnal Sesiwn y Groes arall gyda nhw. Yn y sesiwn honno bydden nhw'n ymdrin â'r poenau roedden nhw wedi eu clywed a'u profi wrth gynnal y gweithdai. Roedd hi'n bwysig iawn iddyn nhw ddelio ag unrhyw beth fyddai'n lleihau eu heffeithiolrwydd.

Ar ôl rhai blynyddoedd dyma Anastase yn ymddeol, er mwyn canolbwyntio ar fugeilio ei eglwys oedd yn tyfu'n gyflym. Felly cymerodd Joseph arweinyddiaeth y weinidogaeth yn Rwanda. Erbyn hyn mae'n rhan o'r tîm rhyngwladol ac hefyd yn cael ei wahodd i sawl rhan o'r byd i rannu ei brofiadau. Mae o hefyd yn gweithio fel ymgynghorydd, yn helpu timau newydd sy'n stryglo weithiau.

Adborth gan y timau wnaethon ni eu hyfforddi

Clywais fod y timau wnaethon ni eu hyfforddi yn synnu ac wedi'i gwefreiddio gan y ffordd roedd Duw yn eu defnyddio. Dyma nhw'n gofyn i Joseph ac Anastase ddweud wrtho i fod yr Ysbryd Glân ar waith gyda nhw yn union fel roedd o gyda ni. Roedden nhw'n awyddus i mi gwrdd â rhai o'r bobl oedd wedi cael eu trawsnewid yn eu gweithdai. Felly, trefnais i gael dau ddiwrnod rhydd yn Kigali yn ystod fy ymweliad nesaf â Rwanda yn 2006. Byddai'n gyfle i mi gyfweld â rhai o'r bobl gymerodd ran yn y gweithdai, a gofynnais a allen nhw ddewis rhai pobl i ddod gyda nhw i Kigali i gwrdd â mi.

Wna i byth anghofio'r ddau ddiwrnod rhyfeddol yna. Gwrandewais ar stori un 'wyrth fyw' ar ôl y llall. Fe wna i rannu stori pedwar o bobl wnaeth argraff ddofn arna i.

Francois a Renata

Fel Twtsi, collodd Renata bob un ond tri o'i theulu estynedig yn yr hil-laddiad. Ar ben hynny, cafodd ei threisio sawl gwaith a chael ei hun yn y diwedd yn dioddef o AIDS. Doedd hi ddim yn gallu mynd allan o'i thŷ am ddeg mlynedd, gan nad oedd yn trystio unrhyw un, hyd yn oed ei phobl ei hun. Ond dyma rhywun o'r tîm lleol yn ei hardal (Gitarama) yn ei gwahodd i weithdy, gan gredu y gallai ei helpu.

Llwyddwyd i berswadio Renata i fynd, a chafodd ei chyffwrdd gan y neges fod Iesu wedi cymryd ei phoen arno'i hun. Roedd hi yn Gristion, ac yn gwybod fod Iesu wedi cymryd ei phechod arno'i hun, ond roedd hyn yn hollol newydd iddi.

Ysgrifennodd ei stori yn fras, ond cymerodd amser hir iddi fedru penlinio wrth y groes i ollwng gafael yn ei phoen a hoelio ei phapur ar y groes. Roedd hi'n beichio crio, ond ar ôl hoelio ei phapur i'r groes teimlodd ryw ysgafnder yn llenwi ei hysbryd.

Y bore wedyn, yn ystod y cyfnod o edifeirwch, safodd rhywun ar ei draed a chyfaddef mai fo wnaeth ladd aelodau agosaf ei theulu. Rhoddodd waedd o boen, ond yna cofiodd ei bod wedi rhoi'r cwbl ar y groes y noson gynt. 'Yn sydyn, llanwyd fy nghalon â thrugaredd Duw,' meddai. Cododd ar ei thraed, cerdded draw at y dyn a'i gofleidio, a dweud wrtho, 'Ti'n ddewr iawn i gyfaddef hynny, a dw i eisiau i ti wybod fy mod wedi maddau i ti.'

Ar unwaith teimlodd rhyw lawenydd mawr yn llenwi ei chalon. 'Mae'r maddau yma yn fendigedig!' meddyliodd. 'Dw i eisiau maddau i bawb!' Roedd un o'r dynion oedd wedi ei threisio wedi bod yn sgwennu ati o'r carchar dro ar ôl tro, yn gofyn am faddeuant, ond roedd hi wedi rhwygo pob un llythyr. Ar ôl mynd adre, sgwennodd ato a dweud ei bod hi o'r diwedd wedi gallu maddau iddo. 'Dw i'n byw bywyd newydd a hapusach bellach,' meddai, 'a dw i wedi dysgu maddau i bwy bynnag sy'n gwneud cam â mi. Dw i hefyd yn ceisio helpu eraill sydd wedi goroesi i faddau. Ac mae fy iechyd corfforol wedi gwella'n fawr ers i mi faddau.' Ro'n i'n brwydro i ddal y dagrau yn ôl wrth i mi weddïo drosti ar ddiwedd y cyfweliad, yn ymwybodol fy mod wedi bod yn dyst i wyrth ryfeddol.

Roedd y person nesaf i ddod i mewn yn ymddangos yn hynod dawel. Roedd yn edrych ar y llawr, a dywedodd mai Francois oedd ei enw. 'Fe wnes i ladd llawer o bobl,' meddai. Yna, yn araf bach, fe ddechreuodd rannu ei stori gyda mi. Roedd wedi tyfu i fyny yn clywed lot o ragfarn yn erbyn y Twtsi, ac roedd yn credu eu bod yn bobl ddrwg iawn, felly pan ddechreuodd yr hil-laddiad ymunodd â'r mob a mynd allan i ladd pobl. Ond wedyn, pan oedd y cwbl drosodd, roedd yn teimlo'n euog iawn ac aeth i ildio ei hun i'r awdurdodau, a chafodd ei roi yn y carchar. Roedd yr euogrwydd yn pwyso'n drwm arno, ac roedd yn methu cael unrhyw ryddhad.

Yn fuan roedd y carchardai'n llawn ac yn gorlifo, a phenderfynodd y llywodraeth y gallai unrhyw un a gyfaddefodd ei drosedd gwblhau ei ddedfryd mewn gwasanaeth cymunedol. Roedd yn barod iawn i gyfaddef ei drosedd, ac felly cafodd ei ryddhau, ond gafodd o ddim rhyddhad o'i euogrwydd. Yna dyma rhywun yn cnocio ar ei ddrws a'i wahodd i fynd i weithdy ICGE. Yma clywodd yr hyn a ddisgrifiodd fel dysgeidiaeth ryfeddol, yn enwedig am y groes. Roedd y cwbl yn newydd iddo, ac yn ystod Sesiwn y Groes aeth a phopeth at y groes. Roedd yn morthwylio'n galed wrth hoelio ei bapur, a dywedodd ei fod wedi teimlo fel petai llaw yn dod i lawr o'r nefoedd ac yn glanhau ei galon. 'Roedd yn anhygoel,' meddai.

Ond dywedodd mai'r hyn wnaeth ei syfrdanu fwyaf oedd beth ddigwyddodd drannoeth. Yn ystod yr amser o edifeirwch, roedd wedi gallu cyffesu ei bechod yn gyhoeddus ac roedd y wraig y lladdodd o ei theulu yn bresennol yn yr un gweithdy. Prin y gallai gredu'r peth pan gerddodd hi ato a maddau iddo.

Wrth iddo adrodd ei stori, cofiais am stori Renata – ai dyma'r dyn laddodd ei theulu hi? Edrychais ar ei gyfeiriad, a gweld ei fod yntau'n dod o Gitarama. 'Ai Renata oedd ei henw hi?' gofynnais. 'Ia, dyna'r un,' meddai. 'Daethon ni yma gyda'n gilydd. Mae gynnon ni berthynas dda bellach. Dŷn ni'n gweithio gyda'n gilydd yn y gymuned, yn ceisio helpu dioddefwyr a throseddwyr.'

Wnaeth o ddim edrych i fyw'n llygaid yr holl amser, dim ond dal i edrych i lawr, a dechreuais deimlo tosturi dwfn ato. Dywedais wrtho fy mod i wedi gorfod derbyn maddeuant hefyd. Doeddwn i wedi lladd neb, ond ro'n i wedi casáu. Heb faddeuant Iesu doedd dim gobaith i mi chwaith. '*Eh, murakose!*' (Diolch), meddai. Roedd yn dal i edrych i lawr. Dywedais wrtho ein bod ni'n dau yr un fath gerbron Duw, a'i fod yn frawd i mi. '*Eh, murakose!*' ... ond wnaeth o ddim edrych i fyny arna i. Yna gofynnais iddo edrych i fyw'n llygaid, a dywedais wrtho fod cynlluniau Duw ar ei gyfer yn dda nid yn ddrwg, a bod Duw am roi dyfodol llawn gobaith iddo (Jeremeia 29:11). '*Eh, murakose!*' Ond y tro yma gafaelodd yn dynn yn fy llaw ac edrych i fyw fy llygaid.

Mae Duw mor anhygoel. Heb yn wybod iddyn nhw, roedd y tîm lleol wedi gwahodd y ddau ohonyn nhw i'r un gweithdy, ac roedd y groes wedi iacháu a thrawsnewid y ddau. Cytunodd y ddau y gallwn rannu eu stori a chymryd llun ohonyn nhw gyda'i gilydd. Ond roedd Francois yn dal i edrych yn drist iawn. 'Tyrd yn dy flaen, Francois,' meddwn i, 'mae Duw wedi maddau i ti, ac mae Renata wedi maddau hefyd. Mae hynny'n siŵr o haeddu gwên!' Felly dyma fo'n gwenu, a dyma'r ddau yn dal dwylo – arwydd syml o gyfeillgarwch yn niwylliant Rwanda.

'Afon o fywyd i Rwanda'

Daeth dau ddyn i mewn gyda'i gilydd i gael eu cyfweld ac i rannu eu stori gyda mi. Roedd Daniel yn arweinydd cangen leol o grŵp cenedlaethol goroeswyr hil-laddiad y Twtsi. Roedd yn byw yn Ruhengeri yn y goledd, ac roedd wedi mynychu gweithdy ICGE, ond yn benderfynol na fyddai dim yn dylanwadu arno. Ond am ryw reswm, daliodd ati i fynychu un.

Yn ei bumed gweithdy (!) y sylweddolodd fod ei chwerwder yn ei ddal yn gaeth, a'i fod angen ei ryddhau. Rhoddodd ei holl ddicter a chwerwder ar y groes. Yna ar ôl mynd adref, trefnodd i'r tîm lleol (a oedd yn cynnwys Hwtw) gynnal gweithdy ICGE ar gyfer ei grŵp o oroeswyr. Roedd yn weithdy anodd, gyda llawer o ddicter yn dod i'r wyneb, ond yn y diwedd dyma nhw'n cytuno i fynychu gweithdy arall, y tro yma gyda rhai oedd cymryd rhan yn yr hil-laddiad, ond wedi eu rhyddhau o garchar, yn bresennol.

Roedd y brawd arall yn y cyfweliad (dw i wedi anghofio ei enw) yn arwain grŵp o bobl oedd wedi bod â rhan yn y lladd. Roedd o wedi dod i ffydd bersonol yn Nuw yn ystod ei gyfnod yn y carchar. Roedd o wedi mynychu'r gweithdy gafodd ei drefnu gan Daniel.

Ar y dechrau roedd y bobl oedd wedi goroesi'r hil-laddiad yn bur chwerw ac yn gwrthod cymysgu gyda'r rhai o'r carchar. Dywedodd un goroeswr na fyddai'n gwneud niwed i unrhyw un o'r rhai fu'n y carchar, ond ei fod eisiau iddyn nhw farw. Ar ôl Sesiwn y Groes, dywedodd Daniel ei fod wedi maddau iddyn nhw ac wedi ceisio bod yn gyfeillgar tuag at y carcharorion, ond roedd y rheiny yn ei ofni ac yn ei osgoi.

Yn y diwedd, fodd bynnag, llwyddodd Daniel i ddod â'r ddau grŵp at ei gilydd a ffurfio yr hyn gafodd ei enwi yn 'Gymdeithas Unigryw' i ddechrau helpu ei gilydd. Roedden nhw'n trin y tir gyda'i gilydd i roi cae i naill ai oroeswr neu garcharor wedi'i ryddhau. Roedden nhw hefyd wedi dechrau cyfrannu arian i helpu unrhyw un oedd ag angen arbennig. Fe dyfodd y Gymdeithas i'r fath raddau, roedden nhw'n rhoi eu harian at ei gilydd i brynu anifeiliaid i rai o'u haelodau. Roedden nhw bellach yn byw mewn heddwch â'i gilydd.

Roedd wynebau'r ddau yn disgleirio ac roedd hi'r fath fraint i'w cyfarfod nhw. Roedd hi'n amlwg fod y ddau yn ffrindiau gorau. 'Rydyn ni'n fyw, bellach,' medden nhw. 'Rydyn ni eisiau bod yn afon o fywyd yn llifo allan i fendithio Rwanda.'

Trawsffurfio cymuned gyfan

Yn dilyn eu hyfforddiant, dechreuodd rhai gweinidogion o Gisenyi (o'r enw Rubavu bellach) gynnal gweithdai ICGE a gwelwyd iacháu sylweddol yn digwydd. Roedden nhw hefyd wedi sefydlu y fforwm ryng-enwadol gyntaf i weinidogion yn y dref. Yn 2010, ar ôl cael hyfforddiant pellach mewn datblygiad cymunedol, dechreuodd brawd Joseph, Jean Paul Mukunzi, ddod â phobl oedd â'u calonnau wedi'i hiacháu at ei gilydd i geisio gwella bywyd pobl yn eu cymuned.

Meddai, 'Dw i wedi ceisio creu cymunedau wedi'i trawsnewid drwy ffurfio grwpiau cymod sy'n gweithio gyda'i gilydd i gynllunio a gweithredu mentrau creadigol, i geisio darparu anghenion sylfaenol sy'n gysylltiedig â thlodi, iechyd, addysg, perthnasau a'r amgylchfyd. Ar ôl mynychu gweithdai ICGE, mae gan bobl obaith i gydweithio am ddyfodol gwell iddyn nhw eu hunain, eu teuluoedd a'u cymunedau. Mae'r hyn mae Duw wedi'i gyflawni yn y gymuned yn anhygoel. Rydyn ni'n gweld geiriau Eseia 61:1-4 yn dod yn realiti ym mywydau pobl oedd wedi'i clwyfo ac yn fregus iawn.'

Mae'r prosiectau'n cynnwys helpu pobl i dyfu madarch maethlon i'w gwerthu i gefnogi'r tlodion; gwneud poptai clai sydd angen llawer llai o siarcol i'w cadw'n gynnes drwy'r dydd ar gyfer coginio; cyfrannu arian i roi defaid a geifr yn anrhegion i bobl dlawd; ffurfio grŵp drama cymodi, cynnal dyddiau chwaraeon cymodi a chlybiau cymodi yn yr ysgolion lleol; plannu coed ar lethrau moel, a llawer o fentrau eraill.

Ychydig flynyddoedd yn ddiweddarach, ces i a ffrindiau i mi y pleser o ymweld â'r rhanbarth a gweld y prosiectau hyn droson ni'n hunain. Pan gyrhaeddon ni gyda thîm Kigali, daeth Ysgrifennydd Gweithredol Sector Rubavu i'n cyfarch. Roedd ganddi eisiau diolch yn bersonol i ni am y neges, oedd wedi newid calonnau a thrawsffurfio'r gymuned gyfan. Rwy'n dal i gael newyddion gan Jean Paul o bryd i'w gilydd, ac mae'n ymddangos fod y gwaith yn dal i fynd o nerth i nerth.

Roedd clywed y straeon hyn gan y timau wedi fy helpu i ddeall rhywbeth o'r llawenydd brofodd Iesu yn Luc 10:21 pan ddaeth y disgyblion ato a dweud sut roedd Duw wedi bod yn eu defnyddio i gyflawni gwyrthiau. Rydyn ni'n aml iawn wedi edrych gyda'n gilydd ar adnod 23: '*Gwyn eu byd y llygaid sy'n gweld y pethau yr ydych chwi yn eu gweld. Oherwydd rwy'n dweud wrthych fod llawer o broffwydi a brenhinoedd wedi dymuno gweld y pethau yr ydych chwi yn eu gweld, ac nis gwelsant, a chlywed y pethau yr ydych chwi yn eu clywed, ac nis clywsant.*' Ydyn, rydyn ni wedi'n bendithio'n fawr, ac i Dduw yn unig y byddo'r holl ogoniant.

15. DARGANFOD DUW FEL TAD CARIADUS

Ar un o'm teithiau cynnar, dysgais fod tadau yn Rwanda ddim yn aml hefo perthynas agos â'u plant, ac yn gallu eu trin braidd yn llym. Roedd y diwylliant yn disgwyl i blant fynd at y tad drwy'r fam, nid yn uniongyrchol.

Mae hyn yn mynd i fod yn rhwystr iddynt droi at Dduw am iachâd, meddyliais. Gan gofio am fy mhrofiad gyda'r bechgyn yn eu harddegau oedd yn filwyr yn Liberia, cyflwynais sesiwn ar ddod i adnabod Duw fel tad cariadus. Doedd hyn ddim yn rhan o'r gweithdy gwreiddiol. Doeddwn i ddim yn sylweddoli ar y pryd mor sylfaenol fyddai hyn.

Wrth i ni edrych ar gynllun gwreiddiol Duw ar gyfer y teulu, gwelsom ei awydd i ni brofi ei gariad tadol a'i galon famol drwy ein rhieni daearol. Pan ddeuai'r amser i ni ddysgu trystio'r Duw anweledig, byddai'n dod yn naturiol am ein bod eisoes wedi profi ei gariad. Ond pan ofynnwyd iddyn nhw feddwl am eu plentyndod, daeth yn amlwg o'u hymatebion nad dyna oedd profiad y rhan fwyaf ohonyn nhw.

Fy mhrofiad i fy hun

Unwaith eto, dyma fi'n darganfod fod rhannu fy stori fy hun fel petai'n rhoi caniatâd iddyn nhw wynebu eu poenau. Dyma fi'n rhannu yn onest gyda nhw nad o'n i wedi cael y berthynas gyda 'nhad yn un hawdd. Roedd o'n stryglo i fynegi ei gariad, a wnes i rioed ei glywed yn dweud 'Dw i'n dy garu di.' Doedd ein diwylliant Cymreig ddim help ychwaith: roedden ni'n ofni y byddai'n gwneud y plant yn falch. Roedd fy nhad yn awyddus i mi fod yn llwyddiannus, ac roedd am i mi fod y gorau ym mhopeth. Ro'n innau wir eisiau iddo fod yn falch ohono i, ac yn ymdrechu'n galed i'w blesio bob amser.

Un diwrnod, pan o'n i tua 12 oed, des adref o'r ysgol yn llawn balchder mai fi oedd wedi cael y marciau gorau ym mathemateg, gyda 97%. Ond ei ymateb oedd, 'Felly, beth wnest ti o'i le? Petait ti wedi gwneud popeth yn iawn byddet wedi cael 100%. Bellach, dw i'n sylweddoli bod hyn wedi gadael neges yn fy nghalon. 'Dim ond pan fyddi di'n berffaith y byddi'n dderbyniol.'

Yn 16 oed, dois i ffydd bersonol yn Iesu, ond ro'n i bob amser yn teimlo nad oedd Duw yn hapus hefo fi. Doeddwn i ddim yn darllen y Beibl ddigon, byth yn gweddïo digon, ddim yn tystiolaethu digon... Flynyddoedd lawer yn ddiweddarach, pan o'n i yn fy mhedwardegau, es i weithdy lle gofynnwyd i ni ysgrifennu beth ro'n i'n feddwl roedd Duw yn ei feddwl amdana i. Ysgrifennais, 'Siomedig.' Beth arall, meddyliais, oherwydd dw i ddim yn berffaith.

Doeddwn i ddim yn sylweddoli bod fy mhrofiad gyda dad wedi twistio fy nealltwriaeth o Dduw fel Tad. Aeth blynyddoedd heibio cyn i mi fynd i weithdy arall. Yno gofynnwyd i ni dynnu llun o sut oedden ni'n gweld ein hunain. Tynnais lun generadur trydan!

Roedd arweinydd y gweithdy ychydig yn ddryslyd. 'Pam wnest ti dynnu llun hwnna?'

'Am fod popeth yn dibynnu arna i. Rhaid i mi fod yna i bawb arall, ond does neb yna i mi.'

'Ond mae dy Dad nefol yna i ti!' meddai. Yna galwodd ar un o'r grŵp i ddod allan a chynrychioli 'Duw y Tad'. Safodd y pen arall i'r ystafell, yn gwenu ac yn estyn ei freichiau allan ata i. 'Tyrd ata i, Rhiannon. Dw i'n dy garu di!' Ond ro'n i'n methu symud o nghadair. Rhois fy mhen yn fy nwylo, ro'n i'n teimlo na allai neb fy ngharu i. Daliodd ati i alw arna i, ond fedrwn i ddim ymateb. Yn betrus, fe ddechreuodd ddod draw ata i, ond dyma'r arweinydd yn dweud wrtho am aros ble roedd o. 'Mae angen i ni ddarganfod beth ydy'r broblem,' meddai, 'Dydy Duw ddim yn gwthio ei hun ar neb.' Gofynnodd i mi ddisgrifio dad. Dyma fi'n disgrifio rhywun oedd yn ei chael yn anodd i fod yn annwyl, rhywun oedd yn ddig yn aml, rhywun oedd â disgwyliadau afrealistig ohono i, ac oedd ddim yn gallu delio â'r argyfyngau oedden ni'n eu hwynebu fel teulu ...

'Rŵan, mae hyn yn dechrau gwneud sens,' meddai. Yna gofynnodd i ddyn arall ddod a sefyll o flaen 'Duw y Tad'. 'Dywed wrth hwn beth fyddet ti wedi hoffi'i gael gan dy dad,' meddai. Doeddwn i ddim yn siŵr sut i fynegi fy hun, ond yna'n sydyn dechreuodd y geiriau arllwys allan yng nghanol y dagrau. 'Ro'n i'n teimlo nad oedden ni rioed wedi dod i nabod ein gilydd go iawn. Wnest ti rioed ofyn i mi sut o'n i'n teimlo am unrhyw beth, yn arbennig sut o'n i'n llwyddo i ddelio gydag anghenion mawr y teulu. Wnest ti rioed ein cysuro ni. Bob tro roedd yna greisis, doeddwn i ddim yn gallu pwyso arnat ti, roeddet ti'n pwyso arna i. Ro'n i angen tad go iawn!' Ac yn y blaen...

'Wyt ti'n dechrau deall rŵan beth sy'n digwydd?' gofynnodd. 'Bob tro rwyt ti'n troi at dy Dad nefol, mae dy dad daearol yn blocio'r ffordd. Mae'n ymddangos i mi fod dy dad wedi methu cwrdd ag anghenion dyfnaf dy galon. Wyt ti'n meddwl y gallet ti faddau iddo a'i ollwng yn rhydd o'r cwbl mae dy galon yn ei hawlio?'

(Roedd y gair 'methu' yn help mawr. Roedd yn gwneud ei orau, ond mae'n ymddangos bod ei 'jwg o gariad' o'i hun yn wag, felly doedd ganddo ddim byd i'w arllwys arnon ni. Bellach, wrth edrych yn ôl, dw i'n credu ei fod yn ein caru ni'n fawr iawn, ond yn methu dangos y cariad hwnnw.)

'Gallaf,' meddwn i, a dyma'r dyn oedd yn cynrychioli fy nhad yn eistedd i lawr. 'Rŵan, pam wnei di ddim dod at yr unig Un sy'n gallu diwallu holl anghenion dy galon? Ei ymateb o i bopeth roeddet ti'n hiraethu amdano, ydy, 'YDWYF.' Mae'n gallu gwneud i fyny am yr holl ddiffygion wnest ti eu profi. Fo ydy'r tad perffaith sy'n dy garu di'n ddiamod, ac sydd bob amser wedi gwneud hynny.'

Yn araf iawn dyma fi'n gorfodi fy hun i godi o'r gadair a dechreuais gerdded tuag ato, ond pan welais y tosturi ar ei wyneb, rhedais i'w freichiau.

Daliodd fi'n dynn am amser hir, tra roedd y grŵp yn gweddïo. Gollyngais afael ynddo, wrth feddwl, 'O'r diwedd, mae Rhywun yna i mi!' Yna meddyliais, pam wnes i ollwng gafael? A dyma fi'n mynd yn ôl a'i gofleidio eto. Y gwirionedd rhyfeddol ydy, gyda'n Tad nefol cariadus, does dim angen i ni byth ollwng gafael. Gallwn fyw ein bywydau cyfan yn ei freichiau. Mae Ioan 1:18 yn dweud wrthon ni fod Iesu wedi aros ym mynwes y Tad, ac yn Ioan 17:24 pan oedd ar ei ffordd i'r groes fe weddïodd y bydden ni gydag o, ble mae o. Dyna pam aeth o i'r groes – er mwyn i ni gael byw ym mynwes y Tad. A dyna lle dylai ein holl wasanaeth i Dduw ddechrau – ei wasanaethu'n llawen *am* ei fod yn ein caru ni, nid *er mwyn* i ni gael ein caru.

Weithiau rydyn ni'n betrus o gydnabod unrhyw ddiffygion yn ein rhieni, rhag ofn i ni roi'r argraff ein bod yn eu dilorni nhw, ond mae ein hiachâd yn dechrau drwy berchnogi'r poen. Ar ôl i mi ddelio gyda fy mhoen, darganfyddais fy mod yn rhydd i gofio y pethau da am fy nhad. Daeth llu o atgofion melys i'm meddwl, a dyna pryd o'n i'n gallu ei anrhydeddu fel mae Duw eisiau i mi wneud. Ond hyd yn oed os ydy'n plentyndod wedi bod yn boenus iawn, mae yna bob amser rywbeth y gallwn anrhydeddu'n rhieni amdano, hyd yn oed os nad yw'n ddim mwy na'r ffaith eu bod wedi rhoi'r rhodd o fywyd i ni.

Troi fy stori yn ddrama

Yn y gweithdai, dw i ddim jest yn rhannu'r stori yma, dw i'n ei hactio hi fel drama, ac mae'n rhyfeddol mor effeithiol ydy gwneud hynny. Mae pobl yn aml yn cael eu cyffwrdd i'r byw wrth wylio. Mae bellach wedi'i haddasu, fel bod pob tîm yn gallu defnyddio'r ddrama fach. Ar ôl y sesiwn ddysgu, rydyn ni'n cynnig amser i bobl brosesu eu clwyfau a'u diffygion eu hunain. Rydyn ni'n tynnu llun calon fawr goch ar fflip-chart, ac yn gwahodd pobl i ddod ymlaen ac ysgrifennu beth fydden nhw wedi hoffi ei gael gan riant. Mae dynion a merched o'r tîm yn sefyll yna i gynrychioli calon Dadol a Mamol Duw. Gall unrhyw un hoffai gael eu cofleidio ddod ymlaen a derbyn cwtsh, yn ogystal â geiriau o anogaeth mae'r tîm yn credu fod Duw am iddyn nhw eu rhannu gyda'r person hwnnw.

Mae hwn yn amser sy'n dod a iachâd rhyfeddol. Mae mwy o ddagrau yn y sesiwn hon nag yn yr un sy'n delio gyda chlwyfau'r hil-laddiad. Hyd yn oed yn niwylliant 'dangos dim emosiwn' Rwanda, byddai gweinidogion yn aml yn udo wylo wrth gael eu cofleidio'n gariadus.

Dw i'n cofio'r tro wnaethon ni gynnal y gweithdy gyda grŵp o leianod Catholig. Pan ddaethon ni i'r sesiwn hon, roedd Joseph wedi dychryn. 'Allwn ni ddim cofleidio lleianod!' meddai. 'Wrth gwrs y gallwn ni,' meddai Anastase. 'Dydyn nhw ddim ond merched bach wedi'i clwyfo.' Y tro hwnnw eto, roedd yna lawer o ddagrau wrth iddyn nhw dderbyn cariad y Tad. Does nunlle tebyg i brofi breichiau'r Tad yn eich cofleidio, i dderbyn iachâd i'r galon glwyfus. Fe wnaethon ni ddarganfod bod y sesiwn hon yn hanfodol i baratoi calonnau pobl i allu delio â chlwyfau eu cenedl.

Pan ddechreuodd Joseph arwain y sesiwn hon, fe'i haddasodd yn effeithiol iawn i'w gwneud yn berthnasol i sefyllfa Affrica. Mae fel arfer yn dechrau gyda'i stori ei hun. Gan ei fod heb dderbyn cariad gan ei dad ei hun, oedd ddim hyd yn oed yn cofio enw ei fab yng nghanol ei holl blant, doedd Joseph ddim yn gwybod sut i fod yn dad cariadus. Mae'n cyfaddef ei fod wedi bod yn llym iawn ac yn angharedig at ei wraig, a bod ei blant wedi tyfu i'w ofni.

Ar ôl profi cariad y Tad Nefol ato'i hun yn ystod gweithdy ICGE, aeth adre i garu ei deulu. Cafodd ei wraig sioc pan gyrhaeddodd ei gwr adre gyda'r anrheg cyntaf iddo erioed i brynu iddi. Dywedodd yn ddiweddarach ei bod wedi meddwl ei fod yn mynd i farw! Dw i wedi aros yng nghartref Joseff lawer gwaith, a gallaf dystio ei fod yn ŵr ac yn dad newydd. Does dim amheuaeth gan ei wraig a'i blant gymaint mae Joseph yn eu caru.

Mae cymod yn dechrau gartref

Flynyddoedd lawer yn ddiweddarach, gwnes i gyfarfod grŵp o milisia o Weriniaeth Ddemocrataidd y Congo. Roedd y rhain i gyd yn bobl oedd wedi lladd a hyd yn oed wedi cyflawni canibaliaeth. Erbyn i mi gwrdd â nhw roedden nhw wedi dod yn gredinwyr ac yn weddiwyr brwd drwy waith y tîm lleol oedden ni wedi eu hyfforddi. Gofynnais faint ohonyn nhw oedd wedi tyfu i fyny yn teimlo cariad yn eu teuluoedd. Wnaeth dim un ohonyn nhw godi llaw. Gofynnais iddyn nhw pa wahaniaeth fyddai wedi ei wneud i'r Congo pe baent wedi tyfu i fyny yn teimlo eu bod yn cael eu caru. Dyma nhw'n gweiddi'r ateb, 'Dim rhyfel!'

Dro arall yn y Congo, gwelais weinidogion yn dod ymlaen i dderbyn cariad y Tad – pob un ohonyn nhw'n wylofain yn uchel. 'Rydyn ni'n deall rŵan pam wnaeth ein meibion ymuno â'r milisia. Doedden ni ddim wedi gallu dangos y cariad oedden nhw ei angen arnyn nhw.'

Mae'n haws i rywun sydd wedi tyfu i fyny yn teimlo nad yw'n cael ei garu, godi arf. Daeth yr arweinwyr i'r casgliad bod yn rhaid i iacháu cenedl ddechrau gyda iacháu teuluoedd, a bod bywyd teuluol pobl mor drafferthus, byddai'n rhaid cynnal gweithdai ychwanegol yn canolbwyntio ar y pwnc yma yn unig.

Roedd y gweithdy yn amlwg yn arwain at gymod o fewn teuluoedd, nid dim ond rhwng grwpiau gelyniaethus. Clywson ni lawer o straeon am bobl fel Joseph yn mynd adre a gofyn am faddeuant gan eu partneriaid, eu plant, neu eu rhieni, a hynny'n arwain at fywyd teuluol wedi'i drawsnewid. Mae hyn wedi digwydd ym mhob gwlad lle rydyn ni wedi bod yn gweithio ers hynny. Mae'n rywbeth sy'n rhoi llawenydd mawr i mi.

Aeth Thomas Green, oedd yn dod o'r India, adre o'r gweithdy yn Rwanda, i gymodi gyda'i dad. Roedd wedi bod yn chwerw at ei dad ers blynyddoedd. Ar ôl hynny dechreuodd redeg ei weithdai ei hun rhwng grwpiau ethnig sy'n elyniaethus i'w gilydd yn yr India, yn arbennig yn Manipur, ac mae Duw yn ei ddefnyddio'n rhyfeddol. Mae'n cyfaddef na allai fod wedi gwneud hyn oni bai iddo'n gyntaf gael ei gymodi â'i dad. Mae cymod yn dechrau gartref.

16. MADDEUANT YSGYTWOL

'Os na wnei di faddau byddi di'n mynd i uffern!' Clywais mai dyma beth oedd rhai gweinidogion yn Rwanda yn ei ddysgu i bobl oedd wedi colli bron bawb yn eu teulu estynedig yn ystod yr hil-laddiad. Roedd pobl oedd wedi dioddef trawma ofnadwy yn cael eu trawmateiddio fwy gan hyn. Roedden nhw naill ai'n ddig: 'Ydych chi ddim yn sylweddoli faint rydyn ni wedi'i ddioddef? Sut allwch chi feiddio dweud wrthon ni fod rhaid i ni faddau!' Neu roedd eraill yn teimlo dan gondemniad. Roedden nhw'n gweud eu gorau glas i faddau fel Cristnogion, ond roedd yn teimlo'n amhosibl. Roedd hi'n amlwg fod dysgu pobl i faddau i'r troseddwyr yn mynd i fod yn dipyn o her.

Felly wnes i ddim sôn am faddeuant tan drydydd dydd y gweithdy, ar ôl iddyn nhw hoelio eu poen ar y groes. Er mawr syndod i mi, ces fod llawer ohonyn nhw yn barod i faddau erbyn hynny, ond roedd dal angen i ni ddeall beth ydy maddeuant Beiblaidd, a beth nad ydy o. Mae Eseia 57:14 yn dweud, '*Adeiladwch! Adeiladwch! Cliriwch y ffordd! Symudwch bob rhwystr o ffordd fy mhobl!.*' Dangosodd hyn i mi fod yn rhaid i ni ddechrau trwy gydnabod y gwrthwynebiad sy'n ein calonnau, a cheisio delio â hwnnw gyntaf. Mae maddau i droseddwr yn teimlo mor annheg. Onid ydy Duw braidd yn greulon yn gofyn i ni faddau ar ôl i ni gael ein brifo gymaint?

Dw i'n credu fod maddeuant Beiblaidd yn un o'r gwirioneddau hynny sy'n cael ei gamddeall fwyaf, yn yr eglwys ac yn ein cymunedau. Mae yna rai elusennau sy'n ceisio helpu pobl a phlant sydd wedi cael eu cam-drin yn dweud mai un peth ddylid byth ei wneud ydy maddau, gan eu bod yn dibrisio'u hunain drwy wneud hynny a'i fod fel petai'n cyfiawnhau y drwg wnaethpwyd. Ond mae hyn yn dangos nad ydyn nhw wedi deall beth mae maddeuant Beiblaidd yn ei olygu go iawn.

Felly fe ddechreuon ni drwy edrych ar sut mae pobl wedi camddeall beth ydy maddeuant yn llwyr. Roedden ni am bwysleisio nad ydy maddau yn esgusodi'r drwg nac yn gwneud y peth yn iawn. Pan faddeuodd Duw i ni trwy Iesu ar y groes doedd hynny ddim yn cyfiawnhau ein pechod. Dydy maddau ddim yn troi'r drwg yn dda. Mae drwg bob amser yn ddrwg, ac mae Duw yn cymryd y cwbl o ddifri. Mae'r groes yn dangos i ni mai maddau ydy'r peth mwyaf costus yn y bydysawd. Does dim byd hawdd am faddau, a dydy o'n sicr ddim yn golygu anghofio. Sut mae'n bosib i unrhyw un anghofio eu bod wedi colli bron bawb o'u teulu mewn hil-laddiad?

Dramâu defnyddiol

Roedden ni'n defnyddio sawl drama wrth ddysgu am hyn. Mae pobl yn aml yn ymateb yn well i ddrama nag i eiriau yn unig, ac yn cofio'r wers yn llawer hirach hefyd. Dyma lle daeth fy nghariad at ddrama yn ddefnyddiol iawn, a hefyd fy hoffter o fod yn greadigol. Ar y dechrau, cafodd y dramâu hyn eu taflu at ei gilydd yn y fan a'r lle yn y gweithdy.

Ar ôl gweld mor effeithiol oedden nhw, daethon nhw'n rhan naturiol o raglen y gweithdy.

I bwysleisio nad ydy maddeuant yr un peth ag anghofio, rwy'n rhoi brethyn du mawr dros rywun, i orchuddio eu pen yn llwyr. Mae'r brethyn du yn cynrychioli popeth maen nhw wedi'i wneud o'i le – pethau na ellir byth eu anghofio. Mae'r brethyn yna bob amser ar fy meddwl pan fydda i'n cyfarfod, neu hyd yn oed yn meddwl am y troseddwr. Mae'r dywediad Saesneg yn dweud, '*Forgive and forget*,' ond alla' i byth ei anghofio. Ydy hynny'n golygu na fedra i fyth faddau?

Yna mae Duw yn siarad â'm calon. 'Ble dw i'n gweld dy bechod **di** rwan? Ydw i'n dal i edrych arnat ti wedi dy orchuddio gan dy bechod?' Dw i'n sylweddoli, fel Cristion, fod Duw yn edrych arna i yn wahanol iawn, achos mae'n gwybod fy mod wedi rhoi fy mhechod i gyd ar y groes. Alla i ddim gwneud yr un peth â phechod y person yma? Felly dw i'n tynnu'r brethyn oddi arno ac yn ei osod ar y groes. Rŵan mae'r person yna yn dod yn berson dynol eto, gyda'r posibilrwydd o newid. Dw i ddim wedi anghofio beth wnaeth o, ond dw i'n ei gofio mewn ffordd wahanol. Mae llawer wedi darganfod y ddrama syml yma yn help mawr.

Mae rhoi'r cyfrifoldeb am y troseddwr, a'r drwg wnaeth, i Iesu yn allweddol bwysig. Rydyn ni fel Cristnogion yn gyfarwydd iawn, gobeithio, â rhoi ein pechod i Iesu, gan gredu ei fod eisoes wedi delio â'r cwbl ar y groes. Yr her rydym yn aml yn ei diystyru, ydy'r her o roi pechod y rhai sydd wedi gwneud drwg i ni yn ei ddwylo fo. Dydy hynny ddim yn cymryd eu cyfrifoldeb nhw i edifarhau oddi arnyn nhw, ond mae'n ein rhyddhau ni o afael ein hangen ein hunain i'w barnu nhw.

Ar ôl delio gyda'r gwahanol bethau sy'n ein rhwystro rhag maddau a'n camddealltwriaeth o faddeuant, rydyn ni'n symud ymlaen i ganolbwyntio ar y ffaith bod maddeuant Beiblaidd bob amser yn rhoi rhodd nad ydy o'n ei haeddu i'r troseddwr. All unrhyw un ohonon ni ddweud ein bod yn haeddu maddeuant Duw? Yna rydyn ni'n edrych yn fanylach ar pam mae Duw yn gofyn i ni faddau. Dydy maddau ddim yn gweithio yn ein herbyn ni, fel y bydden ni'n tybio, ond o'n plaid ni. Mae Duw yn gofyn i ni faddau am ein bod ni mor werthfawr yn ei olwg. Mae hyn yn rhyddhau ein calonnau o gaethiwed.

Mae yna ddrama arall mae Duw fel petai'n ei defnyddio fwyaf i ddangos y gwirionedd yma. Yn y ddrama mae gan aelod o'r tîm raff. Mae o/hi yn defnyddio'r rhaff i dynnu ar eu hôl rywun arall sy'n cynrychioli yr atgof o berson sydd wedi gwneud drwg iddyn nhw – rhywun does ganddyn nhw ddim bwriad maddau iddyn nhw. Mae hyn yn effeithio ar bob agwedd ar eu bywyd, ac yn eu hatal rhag mwynhau eu bwyd, cael noson dda o gwsg a symud ymlaen yn eu bywyd. Mae pob cam yn faich.

Mae ein gweithdai yn rhyngweithiol iawn, a gofynnir i bawb sydd yn y gweithdy eu helpu i ddod yn rhydd. Os bydd rhywun yn awgrymu gollwng gafael yn y rhaff, byddai aelod o'r tîm yn ymateb drwy ddweud, 'Jest gollwng gafael? Na, byth! Wyt ti ddim yn sylweddoli mor ddrwg oedd yr hyn ddigwyddodd? Mae wedi difetha fy mywyd i! Oes gan neb ateb gwell?' Yn y diwedd rydyn ni'n darganfod mai'r unig ffordd i ddod yn rhydd ydy mynd a'r atgof hwnnw at y groes a'i glymu yno. Os na wnawn ni hynny, byddwn yn rhwym am byth i'r sawl wnaeth gam â ni, ac yn rhoi'r gallu iddyn nhw ddal i ddinistrio ein bywydau.

Dyma'r ddrama ddaeth â Daniel dan argyhoeddiad. Daniel oedd yn arwain y grŵp o bobl wnaeth oroesi'r hil-laddiad y soniais amdanyn nhw yn Pennod 14. Fel arfer y tîm sy'n cyflwyno'r dramâu, ond pan fynychodd Daniel ei bumed gweithdy, mae'n debyg bod y tîm wedi penderfynu gofyn i rai o'r mynychwyr chwarae'r rhannau. Daniel gafodd ei hun yn tynnu'r rhaff y tu ôl iddo. Wrth wneud hyn dyma Duw yn siarad gydag o, a dweud mai dyma'n union roedd o'n ei wneud iddo'i hun a bod hyn hefyd yn berthnasol i'r grŵp roedd yn eu harwain. Oni bai eu bod yn maddau, bydden nhw bob amser yn dioddef fel hyn. 'Erbyn i mi gyrraedd y groes, doeddwn i ddim yn actio,' meddai. 'Fe rois i bob peth ar y groes yn ystod y ddrama yna, ac erbyn i mi gyrraedd yn ôl i'm sedd, ro'n i'n rhydd.'

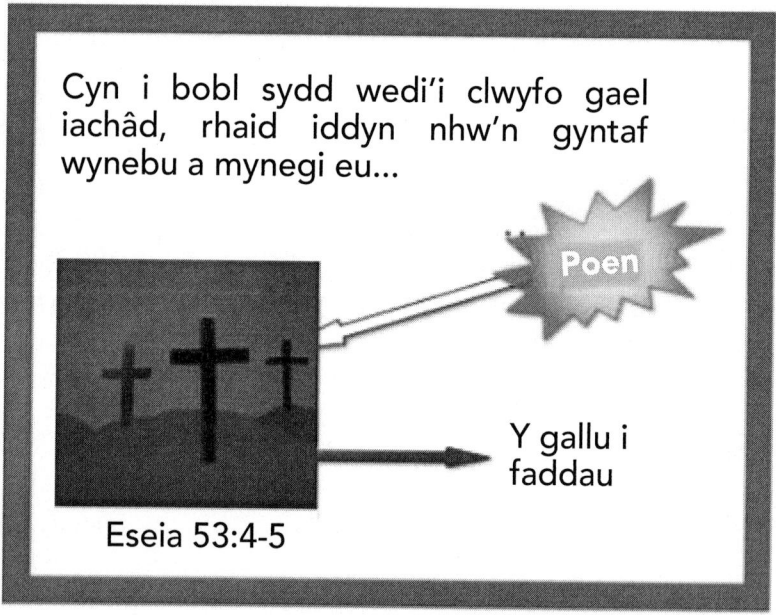

Cyn i bobl sydd wedi'i clwyfo gael iachâd, rhaid iddyn nhw'n gyntaf wynebu a mynegi eu...

Poen

Y gallu i faddau

Eseia 53:4-5

Mae rhai pobl (falle ein bod ni i gyd?) yn cael trafferth gyda dysgeidiaeth Iesu yn Mathew 6:14-15, sy'n dweud wrthon ni, os na fyddwn ni'n maddau i bobl eraill fydd ein Tad ddim yn maddau i ni chwaith. Mae yna rai adegau pan fyddwn i wedi hoffi dileu yr adnod yna o'm Beibl! Ond mae'n bwysig deall beth mae'n ei olygu. Dydy'n Tad nefol ni ddim yn Dduw sy'n dial, a dweud yn gas, 'Rhiannon, os wnei di ddim maddau, dw i ddim yn mynd i faddau i ti chwaith.'

Mae Datguddiad 13:8 yn sôn am *'yr Oen yr hwn a laddwyd er dechreuad y byd.'* (Beibl William Morgan) Roedd y groes eisoes wedi'i chynllunio, a Duw eisoes wedi penderfynu maddau i'r ddynoliaeth cyn i ni gael ein creu. Daeth y maddeuant hwn yn bosibl pan fu farw Iesu ar y groes, a byth ers hynny mae'r rhodd o faddeuant yn rhad ac am ddim yn cael ei gynnig i unrhyw un sy'n barod i'w dderbyn.

Felly, beth mae Matthew 6:14-15 yn ei olygu? Mae drama fyrfyfyr arall yn ein helpu i ddeall hyn...

Mae un o'r tîm yn chwarae rôl rhywun sydd wedi dioddef am fod rhywun arall wedi ei bechu'n ddifrifol, a does ganddo ddim bwriad i faddau i'r person hwnnw byth. Mae rhaff yn cael ei chlymu am freichiau'r un sy'n gwrthod maddau, i ddangos fel mae ysbryd chwerw yn ein cadw'n gaeth. Ond mae'r person yma yn grefyddol ac yn mynd i'r eglwys bob Dydd Sul, ac yn adrodd y geiriau o'r weddi ddysgodd Iesu i ni yn Mathew 6:9-13: *'Maddau i ni'n dyledion fel y maddeuwn ninnau i'n dyledwyr'.* Mae aelod arall o'r tîm yn cynrychioli Iesu, yn sefyll wrth y groes ac yn dal cerdyn gyda'r gair 'Maddeuant' wedi'i ysgrifennu arno. Ond dydy'r person sydd wedi'i dramgwyddo ddim yn gallu ei dderbyn am fod ei ddwylo wedi'i rhwymo.

Mae Iesu'n siarad â'r dioddefwr ac yn ei holi am y troseddwr. Mae'n ymateb yn ffyrnig, 'Dw i'n ei gasáu o! Dw i eisiau iddo bydru yn uffern!' yna'n adrodd y geiriau o Weddi'r Arglwydd eto, *'Maddau i ni ein dyledion fel y maddeuwn ninnau i'n dyledwyr.'* Mae'n ddoniol, ond mae'r pwynt sy'n cael ei wneud yn glir. Mae'n amlwg nad Duw ydy'r broblem. Yna, yn y diwedd mae'r un gafodd ei bechu yn cytuno i dderbyn help yr Ysbryd Glân i dynnu'r rhaff oddi ar ei freichiau a'i gosod ar y groes. Mae'n cael ei ollwng yn rhydd i dderbyn y rhodd o faddeuant mae Iesu'n ei gynnig iddo.

Ein gweddi yw y bydd pobl, ar ddiwedd y sesiwn hon ar faddeuant, yn gweld mai rhodd gan y Duw cariadus ydy'r gorchymyn i faddau. Rydyn ni'n gwneud niwed i'n hunain drwy beidio maddau.

Straeon ysgytwol am faddeuant

Ar ôl y gweithdai, mae pobl yn aml yn gallu maddau yn y ffyrdd mwyaf ysgytwol.

Gwnes i gyfarfod Odette yn Nyamata, ar fy ymweliad cyntaf â Rwanda. Doedd hyn ond deuddeg wythnos ar ôl yr hil-laddiad, a dw i'n cofio'r wraig hardd yma yn dod ata i ac yn dweud ei bod eisiau bod yn llysgennad heddwch yn Rwanda. Do'n i ddim yn gwybod ei stori hi bryd hynny.

Clywais yn ddiweddarach ei bod hi, oedd yn Twtsi, wedi colli ei rhieni, ei gŵr a phob un ond un o'i phlant yn yr hil-laddiad, rhai ohonyn nhw yn y ffyrdd mwyaf creulon. Cymerodd nifer o weithdai ICGE ar ôl hynny cyn i'r poen ofnadwy yng nghalon Odette gael ei iacháu, ond daeth yn hwylusydd gweithdai ffyddlon, ac mae hi wedi byw ei maddeuant drwy fabwysiadu plant amddifad a gofalu amdanyn nhw yn lle ei phlant ei hun gafodd eu llofruddio. Ond doedd y plant gafodd eu mabwysiadu ganddi ddim yn dod o'i grŵp Twtsi ei hun. Plant Hwtw oedden nhw, o blith y grŵp oedd wedi llofruddio ei phlant ei hun.

Odette a minnau

Mae hi hefyd wedi gweithio'n ddiflino i gynnig gobaith i weddwon eraill – llawer ohonyn nhw wedi'i trawmateiddio'n ddifrifol ac yn dioddef o HIV ar ôl cael eu treisio gan grŵp o ddynion. Mae wyneb Odette yn disgleirio, ac mae ganddi wên lydan hardd bob amser. Gallai pethau fod mor wahanol – roedd ganddi bob rheswm i fod yn chwerw. Rwy'n ei chyfrif yn un o'm ffrindiau mwyaf annwyl.

Yn ystod yr hil-laddiad cafodd Eliane (Twtsi o ranbarth gogleddol Gisenyi yn Rwanda) ei gwahanu oddi wrth ei theulu tra'n ffoi am ei bywyd, a chynigiwyd lloches ddiogel iddi gan gymydog oedd yn Hwtw. Ond roedd yna bris i'w dalu – daeth yn gaethferch rhyw iddo. Cafodd blant iddo a gorfodwyd hi i'w briodi, ond cyfaddefodd ei bod yn eu casáu nhw i gyd.

Flynyddoedd lawer yn ddiweddarach, pan oedd y system gyfiawnder wedi'i hadfer ac yn dechrau dod â throseddwyr yr hil-laddiad i dreial, gallai ei gŵr fod wedi derbyn cosb drom. A dyna pryd y mynychodd Elaine weithdy ICGE. Ar ddiwedd y gweithdy, cyhoeddodd ei bod yn mynd adre i faddau i'w gŵr a'i garu. Ddeunaw mis yn ddiweddarach, mynychodd ei gŵr weithdy ICGE a mynd adre o'r gweithdy i ofyn iddi faddau iddo.

Bellach, byddai'n anodd cyfarfod rhywun mwy cariadus nag Elaine. Roedd ganddi gymaint o gariad, ac roedd yn meddwl sut y gallai ei fynegi. Doedd ganddi hi ddim dawn siarad, ac felly'n teimlo na fyddai'n gallu cynnal gweithdai. Penderfynodd fynd at grŵp o bobl ymylol oedd yn cael eu dirmygu, sef y llwyth pigmi Batwa, i dynnu eu jiggers (pryfaid bach mewn lloriau llaid sy'n tyllu i wadnau'r traed).

(*Y pigmiaid Batwa ydy'r trydydd grŵp o bobl yn Rwanda, sydd tua 1% o'r boblogaeth. (Wikipedia.)*)

Mae yna dîm ohonyn nhw'n gwneud y gwaith yma bellach, ac mae gŵr Elaine yn gweithio gyda hi. Mae'r weithred yma o wasanaeth wedi arwain at gymaint o gymodi rhwng y gwahanol grwpiau yn y dref. Bellach, mae pobl yn cysylltu â'r wraig gyffredin yma i helpu i ddatrys gwrthdaro domestig a helpu pobl anabl ar hyd a lled y wlad.

Eliane yn tynnu jiggers o draed gwraig Twa

Twtsi oedd Pascal, ac roedd wedi colli nifer o'i berthnasau yn yr hil-laddiad. Ymunodd â'r fyddin, er mwyn iddo allu lladd cymaint o Hwtw ag y gallai, ond sylweddolodd yn fuan iawn fod y rhai oedd yn gweithredu fel yna yn cael eu harestio a'u dwyn gerbron y llys. Roedd yn ddyn rhwystredig a chwerw pan fynychodd weithdy ICGE, ond cyfarfu â Duw mewn ffordd ryfeddol, a llwyddo i faddau.

Pan aeth adref, gwelodd rywun oedd wedi llofruddio ei deulu yn gweithio yn y caeau yn gwneud gwasanaeth cymunedol, a dechreuodd gerdded ato. Gwelodd y troseddwr o'n dod, ac yn ei ofn dechreuodd redeg i ffwrdd, Rhedodd Pascal ar ei ôl gan weiddi, 'Paid bod ag ofn! Dw i wedi maddau i ti! Dw i'n dy garu di!'. Roedd pawb welodd hyn yn rhyfeddu. Bellach mae'r ddau yn ffrindiau da.

Heb yn wybod i ni, penderfynodd Pascal estyn allan at ddioddefwyr a throseddwyr, a rhedeg gweithdai iddyn nhw. Doedd o ddim wedi bod ar unrhyw sesiwn hyfforddi, a doedd ganddo ddim arian, ond gofynnodd i bobl ddod â llond llaw o gasafa, reis neu ffa er mwyn iddynt allu bwyta. Daeth yn gymodwr effeithiol iawn, gan weithio hefyd gydag unigolion yn y gymuned. Darganfu fod rhaid iddyn nhw hefyd ddod at y groes i dderbyn iachâd a newid calon cyn y gallen nhw gymodi. Pan gyfarfuom ag o rai blynyddoedd yn ddiweddarach, cawson ni'n syfrdanu gan yr hyn roedd wedi'i gyflawni trwy ras Duw. Bellach mae yna fideo o'i stori ar gael, yn dwyn y teitl 'As we forgive.' (www.asweforgivemovie.com).

Dw i mor ddiolchgar i Dduw am y lilïau tân hardd sy'n tyfu o ludw dinistr, wrth i bobl ddarganfod y gallu i faddau a chael eu trawsnewid yn gyfryngau cymod yn eu cymunedau. Erbyn hyn gallwn adrodd cymaint mwy o hanesion a thystiolaeth pobl yn Rwanda a gwahanol rannau o'r byd.

Wrth gwrs, nid profiad unwaith ac am byth ydy maddau, yn enwedig os ydy'r drwg yn parhau a dim sôn am gyfiawnder. Wrth ofyn i Pedr faddau saith deg seithwaith, roedd Iesu yn dysgu fod rhaid i faddeuant droi'n ffordd o fyw. Mae'n weithred o'r ewyllys, nid jest teimlad.

Yn bersonol, dw i'n teimlo nad ydy'r syniad fod 'maddeuant yn broses' yn lawer o help. Yn rhy aml, gallwn ddefnyddio hynny fel esgus i ddal gafael yn ein dicter. Mae cyrraedd y pwynt lle gallwn faddau yn broses, a bydd byw bywyd o faddeuant yn bendant yn broses, ond mae maddau yn newid agwedd clir. Rydyn ni naill ai wedi maddau neu ddim wedi maddau. Dw i wedi gweld pobl yn maddau'r troseddau mwyaf erchyll mewn eiliad, ac yna'n symud ymlaen i fyw eu maddeuant. Mae hynny'n gallu bod yn gostus iawn weithiau, yn enwedig os ydy pobl eraill neu hyd yn oed aelodau o'u teulu yn troi cefn arnyn nhw, ac yn ystyried maddeuant yn weithred o frad.

Mae dysgeidiaeth Iesu yn awgrymu mai nid proses ydy maddeuant ond dewis sy'n cael ei wneud dro ar ôl tro. Dw i'n meddwl fod hynny'n llawer cliriach. Pan mae sefyllfa yn ein hatgoffa o'r drwg gafodd ei wneud, neu pan mae'r un pethau'n digwydd eto, gallwn ddewis eto roi'r cwbl yn nwylo Iesu a'i adael wrth y groes.

17. HER EDIFEIRWCH

Ar y dechrau, ro'n i wedi cymryd yn ganiataol (yn naïf mae'n debyg) fod y bobl oedd yn dod i'n gweithdai i gyd yn bobl oedd wedi dioddef canlyniadau erchyll beth ddigwyddodd yn Rwanda, nid yn bobl oedd wedi cyflawni'r troseddau. Felly wnes i ddim dysgu am edifeirwch personol. Ond roedd y timau lleol oedd yn cael eu hyfforddi yn teimlo fod angen gwneud hynny, yn enwedig pan ddechreuodd y drwgweithredwyr ddod yn ôl i Rwanda o'u halltudiaeth, ac wrth i garcharorion gael eu rhyddhau. Roedd y carchardai mor llawn, penderfynwyd rhyddhau yn ôl i'r gymuned y dynion hynny oedd wedi cyffesu fod yr hyn wnaethon nhw'n ddrwg, i gwblhau eu dedfryd drwy wneud gwasanaeth cymdeithasol.

Yn fy marn i, roedd hynny'n benderfyniad rhagorol. Roedd yn llawer gwell eu bod yn gwneud rhywbeth cadarnhaol i ailadeiladu'r wlad ac ail-gysylltu â'u cymunedau.

Erbyn hyn roedd Joseph Nyamutera wedi ymuno â ni fel athro ac wedi ysgrifennu pennod yn ein llawlyfr hyfforddi oedd yn pwysleisio gwir ddyfnder edifeirwch Beiblaidd. Mae'n newid calon radical, sy'n derbyn canlyniadau eich gweithredoedd ac yn ceisio gwneud iawn am y drwg lle mae hynny'n bosibl.

O hyn ymlaen, yn ystod Sesiwn y Groes, roedd pobl oedd erioed wedi delio gyda'u pechod yn cael eu hannog i hoelio hynny ar y groes yn ogystal â'u poen. Yn wir, hyd yn oed cyn hynny, roedden ni wedi dechrau clywed rhai tystiolaethau gwahanol.

Dywedodd un gweinidog, 'Cyn neithiwr, ro'n i'n twyllo pawb ond fi fy hun a Duw. Er fy mod i'n weinidog, doeddwn i ddim yn Gristion go iawn. Pan ddaeth hi'n amser i ni roi ein poen ar y groes ces fy argyhoeddi nad o'n i erioed wedi rhoi fy mhechod yno. Dw i eisiau dweud wrthoch chi fy mod i y bore ma, yn sefyll o'ch blaen chi yn ddyn newydd.' Ffrwydrodd yr ystafell yn gyfnod o fawl, a phawb yn canu cân leol gyfarwydd oedd wedi bod yn boblogaidd yn ystod y diwygiad yn Rwanda yn y pumdegau.

Mewn gweithdy arall, roedd Cwpan y Byd (Pêl droed) yn digwydd bod ar y teledu yr un noson â Sesiwn y Groes. Roedd un oedd yn mynychu'r gweithdy yn pledio'n daer ar i deledu gael ei gosod yn yr ystafell fwyta er mwyn iddyn nhw i gyd allu gwylio'r gêm y noson honno, a dyna wnaethpwyd. Ond y bore wedyn, cyfaddefodd i'r grŵp nad oedd wedi gwylio'r gêm wedi'r cyfan! 'Fe osodais un baich wrth y groes b'nawn ddoe, a chodi un arall,' meddai. 'Dechreuais gael fy argyhoeddi o'r holl bechod yn fy mywyd. Roedd yn bwysau ofnadwy ar fy enaid. Felly dyma fi'n mynd i'm ystafell a threulio'r noson gyfan yn cyffesu pob pechod y gallwn feddwl amdano a gofyn am faddeuant Duw. Dw i'n teimlo mor rhydd y bore ma!' Clod i Dduw.

Roedd Eliya, oedd yn Hwtw, wedi bod yn efengylwr gyda'r eglwys Bentecostaidd cyn yr hil-laddiad. Roedd wedi dysgu ar lin ei nain i feddwl yn wael am y Twtsi, a phan ddechreuodd yr hil-laddiad, ymunodd â'r mob a lladd llawer o bobl. Ond beth amser wedyn daeth dan argyhoeddiad dwfn o bechod. Gwelai wynebau y bobl roedd wedi eu lladd, a theimlai fod yr Ysbryd Glân yn gofyn iddo, 'Beth wnaethon nhw i haeddu cael eu lladd?' Roedd yn dioddef o boen yn ei ysbryd nes iddo gyffesu ei bechod ofnadwy a gofyn i Dduw faddau iddo. Dyma heddwch yn dechrau llenwi ei galon.

Y peth cyntaf a wnaeth oedd ildio ei hun i'r awdurdodau. Ar ôl cwblhau ei ddedfryd, roedd yn meddwl sut yn y byd y gallai wneud iawn am y drwg a wnaeth. Allai o byth ddod â'r rhai roedd wedi eu lladd yn ôl. Saer coed oedd o, ac fe benderfynodd gynnig trwsio drysau a ffenestri oedd wedi eu malu yng nghartrefi'r Twtsi, ac er gwaetha ei dlodi enbyd, dewisodd beidio codi tâl ar unrhyw Twtsi oedd angen ei wasanaeth fel saer.

Y tro cyntaf i mi gyfarfod Eliya, dywedodd, 'Rhiannon, dw i ddim yn haeddu cael byw. Mae pob dydd yn rhodd gan ras Duw, a dw i'n bwriadu byw pob dydd er clod iddo.' Daeth ar draws Gaston yn un o'r gweithdai. Roedd wedi lladd 13 aelod o deulu gwraig Gaston. Yn rhyfeddol, maddeuodd

Eliya a minnau   Gaston ac Eliya

Gaston iddo ar ôl gosod ei holl boen ar y groes, ac maen nhw bellach yn ffrindiau agos ac yn uchel eu parch yn eu cymuned. Cafodd Gaston hyd yn oed fod yn was priodas i Eliya. Mae'r ddau yn teithio gyda'i gilydd i rannu eu tystiolaeth. Mae Eliya bob amser yn gofalu ei fod yn adrodd ei stori yn onest ac yn derbyn cyfrifoldeb llawn am yr hyn wnaeth o.

Edifeirwch o fath gwahanol

Fe wnaethon ni ddarganfod allwedd pwysig arall i ddatgloi y galon galetaf. Ar fy nhaith gyntaf i Rwanda, ddeuddeg wythnos ar ôl yr hil-laddiad, cefais wahoddiad i siarad ar 'Iesu, iachawr calonnau clwyfedig' mewn cyfarfod drefnwyd gan World Vision, mudiad Cristnogol rhyngwladol.

Doeddwn i ond wedi bod yn siarad am ychydig funudau pan safodd gwraig ar ei thraed, a'i dicter yn amlwg ar ei hwyneb. Roedd yn sgrechian gweiddi. 'Sut allwch chi feiddio dod yma i'n helpu ni pan mai chi sydd wedi achosi'n problemau ni yn y lle cynta!'

Cefais sioc ac ro'n i wedi drysu – fi oedd yr achos? Beth yn y byd oedd hi'n ei feddwl? Oedd hi'n golygu Ewrop? Trois at fy nghyfieithydd am esboniad. Dywedodd yntau fod gan Ewrop gryn gyfrifoldeb am yr hyn oedd wedi digwydd. 'Plîs esboniwch i mi,' meddwn i wrtho. 'Dydyn nhw ddim yn dysgu'r pethau yma i ni yn ein gwlad ni.'

Rhoddodd grynodeb cyflym i mi, ac esbonio fod yr Almaen, ac yn arbennig Gwlad Belg, wedi defnyddio'r polisi o 'rannu a rheoli' yno, gan droi un grŵp o bobl yn erbyn y llall. Roedden nhw wedi ffafrio'r Twtsi, nes bod perygl o chwyldro yn yr awyr, ac yna troi i ffafrio'r Hwtw.

Dyma Gwlad Belg yn mynnu fod pobl Rwanda yn cario cardiau adnabod, tebyg i'r rhai oedd yn cael eu defnyddio yng Ngwlad Belg i wahaniaethu rhwng y rhan Francophone a'r rhan Fflemaidd o'r wlad. Cafodd y cardiau adnabod yma eu defnyddio yn erbyn y Twtsi yn yr hil-laddiad , i benderfynu pwy fyddai'n cael byw a phwy fyddai'n cael eu lladd. Pan ddechreuodd yr hil-laddiad, cafodd 12 o filwyr o Wlad Belg, oedd yn gweithio gyda'r Cenhedlod Unedig, eu lladd, a phenderfynwyd y dylai'r Cenhedloedd Unedig adael. Dim ond llond dwrn o arsylwyr oedd ar ôl, i fonitro a ffilmio'r hil-laddiad. Ni wnaed dim i stopio'r llofruddio.

Roedd y peth yn arswydus. Dyna lle roeddwn i, yn un o'r lleoedd gafodd ei effeithio waethaf yn Rwanda lle roedd y dystiolaeth o'r hil-laddiad o'm cwmpas i ym mhobman. Roedd darganfod mai gwleidyddiaeth Ewropeaidd oedd yr hedyn wnaeth ffrwydro yn y pen draw a throi'n hil-laddiad yn annioddefol. Dechreuais grio, ac ymateb, 'Dw i mor sori! Doeddwn i ddim yn gwybod. Mae'r peth yn ofnadwy! Roedd hynna mor rong!'

'OK, gallwch chi orffen eich sgwrs,' meddai'r wraig, ac roedd rhaid i mi geisio dod ataf fy hun a bwrw ymlaen i rannu fy neges. Ar y diwedd, pan roddwyd gwahoddiad i unrhyw un oedd eisiau derbyn gweddi ddod ymlaen, hi oedd y gyntaf i ddod allan. Trwy'r digwyddiad yna, argraffodd Duw ar fy nghalon mai'r prif reswm pam ddaeth o a fi allan i Affrica oedd i *ofyn* am faddeuant.

Sefyll yn y bwlch

Yn fy ngweithdy cyntaf, wrth baratoi a cheisio meddwl sut y dylwn fynd i'r afael â hyn, ro'n i'n stryglo braidd. Yr Almaen a Gwlad Belg oedd wedi coloneiddio Rwanda, nid Cymru. Oedd rhaid i mi ymddiheuro am rywbeth oedden ni ddim wedi'i wneud? Sylweddolais fod gen i ddewis.

Gallwn i esgusodi fy hun, neu fel cyd-Ewropead oedd yn dod o Brydain oedd wedi coloneiddio rhai gwledydd, gallwn uniaethu gyda'r Almaen a Gwlad Belg. 'Ond beth os na fyddai neb o'r gwledydd hynny yn dod yma i ymddiheuro?' meddyliais. Penderfynais ei wneud fel Ewropead. A dw i mor falch fy mod wedi gwneud hynny. Daeth yr egwyddor o 'sefyll yn y bwlch' ar ran cenedl neu grŵp arall yn un o'r allweddi mwyaf pwerus i ddwyn iachâd.

Gofynnais i Dduw roi'r ddawn o edifeirwch i mi, ac ro'n i'n mynd i ddechrau cyffesu rôl anghyfiawn Ewrop yn hanes coloneiddio Rwanda. Ond yna dyma'r Ysbryd yn fy rhybuddio fod angen dechrau yn llawer cynharach na hynny. Beth am gaethwasiaeth? Roedd hyn wedi bod yn archoll ddofn ar fywyd Affrica, a'i ôl-effeithiau yn aros hyd heddiw. Yna, drwy ddwyn adnoddau Affrica, roedden ni wedi treisio'r cyfandir, ac roedd Ewrop wedi ymgyfoethogi ar draul Affrica.

Ond yn waeth na'r cwbl, roedden ni wedi cyfleu syniad oedd yn dad-ddyneiddio pobl Affrica – rhoi'r argraff ein bod ni rywsut yn well na nhw. Roedd hyn wedi dwyn eu hurddas a'u gwerth oddi arnyn nhw, ac roedd yn archoll ddwfn ar eu hysbryd, a'i effaith yn dal yna hyd heddiw.

Yn ystod yr hil-laddiad yn erbyn y Twtsi fe wnaethon ni ffilmio'r llofruddio, a gwneud dim i stopio'r lladd. Roedden ni wedi troi'n cefnau arnyn nhw yn eu hawr o angen. Gofynnais i Dduw fy helpu i restru'r pethau yma yn fanwl. Roedd y cwbl yn llethol.

Wrth i mi rannu'r pethau yma yn fy nagrau, sioc oedd yr ymateb cyntaf. Roedden nhw'n dweud nad oedden nhw erioed wedi clywed y fath bethau gan Ewropead o'r blaen. Ond yna dyma'r dagrau yn dechrau llifo. Dyma nhw'n cyfaddef eu bod wedi'n casáu ni, a dyma nhw'n dechrau gofyn i mi faddau iddyn nhw am hynny. Erbyn hyn dw i wedi crio ym mreichiau cannoedd o Affricanwyr wrth gofleidio ac wylo gyda'n gilydd. Mae wedi bod yn foddion iachâd anhygoel, gan roi'r cyfle iddyn nhw faddau a thorri'r rhagfarn sy'n dweud, 'Maen nhw i gyd yr un fath.'

Dw i wedi gofyn am faddeuant fel Ewropead, nid yn unig mewn gweithdai, ond hefyd mewn ysgolion, eglwysi, ralïau cyhoeddus, carchardai, brecwastau gweddi llywodraethau... Mae'r ymateb wedi bod mor bwerus dw i eisiau bachu pob cyfle i ddod ag iachâd pellach a rhyddhad i bobl sydd wedi eu clwyfo gynnon ni. Ond bob tro dw i'n gwneud hynny, dw i angen dawn bellach o edifeirwch gan Dduw. Ddylai hyn byth droi'n fecanyddol.

Wna i byth anghofio un cyfarfod es i iddo gyda Joseph, pan ofynnais am y cyfle i ymddiheuro fel Ewropead. Cododd prifathro ar ei draed a dweud, 'Diolch i Dduw na wnes i farw cyn heddiw! Ro'n i'n eich casáu chi bobl gymaint, dw i'n siŵr y byddwn i wedi mynd yn syth i uffern. A beth sy'n waeth, dw i wedi dysgu fy nisgyblion i'ch casáu chi. Allwch chi byth faddau i mi?' Dyma ni'n cofleidio ac yn wylo gyda'n gilydd. Yna addawodd y byddai'n mynd yn ôl i'r ysgol ac yn galw'r disgyblion i gyd at ei gilydd. Byddai'n dweud wrthyn nhw ei bod yn bryd i'r holl gasineb stopio, gan ei fod wedi clywed un Ewropead yn dweud 'Sori'.

Y canlyniad mwyaf teimladwy oedd pan fyddai pobl yn dweud, 'Os ydy'r wraig ddiarth yma'n gallu dod aton ni ac agor ei chalon fel hyn, allwn ni ddim gwneud yr un peth i'n gilydd? Wedi'r cwbl, hyd yn oed os mai nhw blannodd yr hadau, pwy wnaeth godi'r *machetes*?'

Byddai hyn yn aml yn arwain at amser digymell o edifeirwch, fyddai weithiau'n para am oriau. Yn fuan daeth hyn yn egwyddor allweddol yn ein timau. Roedden ni'n ei alw yn 'Sefyll yn y bwlch,' o Eseciel 22:30, sy'n dweud: *Dyma fi'n edrych i weld os oedd rhywun fyddai'n trwsio'r wal ac yn sefyll yn y bwlch, fel bod dim rhaid i mi ddinistrio'r ddinas. Ond doedd neb.'* Roedd angen i bwy bynnag oedd am fod yn rhan o'r weinidogaeth hon fod yn barod i 'sefyll yn y bwlch' ar ran eu grŵp.

Mae 2 Corinthiaid 10:4 yn sôn am arfau anghonfensiynol sy'n gallu dymchwel cestyll ysbrydol. Mae'n profiad ni yn awgrymu bod hwn yn un ohonyn nhw, yn dymchwel cestyll casineb a chwerwder. Bydd miloedd o bobl yn Rwanda yn cyfaddef heddiw eu bod yn ddyledus am eu hiachâd i bobl oedd yn fodlon 'sefyll yn y bwlch.' Byddai hyn yn aml yn paratoi eu calonnau ar gyfer yr amser pan fydden nhw'n wynebu'r troseddwr go iawn.

Dw eisiau anrhydeddu fy mrawd Joseph o Rwanda. Mae'n debyg mai'r hyn gafodd y dylanwad mwyaf arno yn ystod ei weithdy cyntaf oedd gweld Anastase, Kristine a minnau yn 'sefyll yn y bwlch.' Fel Hwtw, roedd ei euogrwydd am yr hyn roedd ei grŵp wedi ei wneud yn pwyso'n drwm arno ac roedd yn teimlo cywilydd mawr ei fod yn Hwtw. Doedd o ddim yn gwybod sut i ymdopi â hynny. Wedi iddo ddeall yr egwyddor o 'sefyll yn y bwlch' sylweddolodd beth allai ei wneud i helpu i iacháu ei genedl. Mae wedi gofyn am faddeuant fel Hwtw gannoedd, os nad miloedd o weithiau erbyn hyn, ac mae wedi costio'n ddrud iddo yn emosiynol bob tro. Ond mae'r ffrwyth wedi bod yn fendigedig.

Roedd Jacqueline, Twtsi oedd wedi tyfu i fyny'n alltud yn Uganda, bob amser wedi casáu yr Hwtws. Pan glywodd y newyddion am yr hil-laddiad yn Rwanda, doedd dim ffiniau i'w chasineb. Symudodd i fyw i Rwanda pan ddaeth yr hil-laddiad i ben a dod yn weinidog, ond doedd hi ddim yn gadael i unrhyw Hwtw ddod i mewn i'w heglwys.

Mynychodd weithdy, ac roedd yn arswydo pan welodd Joseph oedd yn Hwtw yn gwneud peth o'r dysgu. Ond ar ôl i Joseph ofyn am faddeuant fel Hwtw, newidiodd ei chalon. Rhedodd allan o'r ystafell i nôl darn o ddefnydd oedd hi wedi'i brynu i wneud sgert a'i roi i Joseph. 'Defnyddia hwn fel mat drws,' meddai, 'a bob tro y byddi'n sychu dy draed arno, byddi'n cofio fod yna Twtsi sydd wedi maddau.'

Pan oedd y tîm yn gadael y diwrnod wedyn, rhedodd ar ôl y car gan erfyn ar Joseph i ganiatáu iddo ddod yn ferch iddo. Mae hi bellach wedi dod yn aelod gwerthfawr o'i deulu, yn aros yn eu cartref yn aml ac mae bellach wedi priodi Hwtw. Gallen ni adrodd llawer o straeon tebyg am faddeuant ysgytwol wedi i rywun 'sefyll yn y bwlch'.

Pan fyddwn ni'n dysgu ar y pwnc hwn, rydyn ni gyntaf yn dangos llun gafodd ei beintio gan rywun yn Rwanda, ac yn gofyn i'r rhai sydd ar y gweithdy rannu beth maen nhw'n ei weld yn y llun. Mae hyn yn help i arwain i mewn i'r ddysgeidiaeth.

Mae'n debyg fod y syniad o gyffesu ac edifarhau ar ran grŵp o bobl yn fater dadleuol iawn ymhlith diwinyddion – hynny ydy, diwinyddion Gorllewinol. Rydyn ni yn y Gorllewin mor unigolyddol, gan feddwl am neb ond 'fi a Duw', ond mae diwylliannau eraill yn deall yr egwyddor yn iawn.

Y gymuned ryngwladol yn gofyn am faddeuant yn Rwanda

Mae Lefiticus 26:40 yn dysgu fod angen cyffesu ein pechodau ein hunain, ond hefyd pechodau ein tadau. Wrth gwrs, dydy hyn ddim yn dileu euogrwydd y gorffennol mewn unrhyw ffordd. Dim ond Duw sy'n gallu gwneud hynny. Tra mae'r diwinyddion yn dadlau, rydyn ni am ddal ati i ufuddhau'n ffyddlon i'r hyn mae Duw wedi'i ddangos i ni. Dwedodd Iesu mai wrth ei ffrwyth mae adnabod coeden. Does dim modd gwadu ffrwyth hyn, nid yn unig yn Affrica ond mewn llawer rhan o'r byd erbyn heddiw. Ochr yn ochr â Sesiwn y Groes, mae'n debyg mai dyma'r ffordd fwyaf effeithiol o weld iachâd a chymod yn digwydd. Mae wedi dod yn ffordd o fyw. (I ddeall mwy am y pwnc hwn, edrychwch ar ein llawlyfr ar-lein 'Iacháu Clwyfau Gwrthdaro Ethnig', sydd ar gael am ddim i'w lawrlwytho o wefan www.HHTNglobal.org.)

Ei droi yn ffordd o fyw

Dw i bellach wedi cael y fraint o 'sefyll yn y bwlch' mewn nifer o wledydd yn y byd. Dw i'n teimlo fod hyn yn alwad gref ar fy mywyd, yn enwedig yn y gwledydd hynny gafodd eu coloneiddio gan Brydain. Mae ein hagwedd falch, dominyddol a thrahaus wedi clwyfo cymaint o bobl. Heb wahoddiad, rydym wedi gorfodi'n diwylliant Prydeinig a'r iaith Saesneg a'n ffordd orllewinol o wneud pethau ar genhedloedd eraill ble bynnag aethon ni. Roedd yn ddigon i dorri fy nghalon pan ddywedodd rhywun yn Cenia wrtho i, 'Wnaethoch chi ddim jest coloneiddio ein gwledydd. Gwnaethoch chi goloneiddio ein *meddyliau*.'

Ro'n i ar fy ngwyliau yn Trinidad ychydig flynyddoedd yn ôl, yn aros gyda ffrindiau oedd ar un adeg yn aelodau yn fy eglwys. Pan gyrhaeddais yno dyma nhw'n dweud eu bod wedi trefnu i mi gael fy nghyfweld ar raglen radio Cristnogol, a'u bod yn gobeithio fy mod yn hapus gyda hynny.

Cytunais i fynd, a chefais fy holi am ein gwaith cymodi. Roedd yn cael ei ddarlledu'n fyw, a chyn diwedd y rhaglen dywedais fod yna rywbeth pwysig roeddwn i eisiau ei wneud. Es ymlaen i ofyn maddeuant fel dinesydd Prydeinig am ein rhan yn y fasnach gaethwasiaeth ddrwg ac am ein rheolaeth anghyfiawn o'u gwlad.

Roedd y ferch oedd yn fy nghyfweld yn ddisgynnydd i gaethweision, ac roedd wedi ei syfrdanu'n llwyr gan fy ngeiriau, a doedd hi ddim yn gwybod beth i'w ddweud. 'O bobl bach... O bobl bach...' meddai, a dyma hi'n dechrau crio. Dechreuodd pobl ffonio'r rhaglen i ddiolch i mi am fy ngeiriau o edifeirwch a dweud pethau fel, 'Dw i'n teimlo'n rhydd am y tro cyntaf erioed'. 'Ar ran fy nhaid a'm nain, dw i'n maddau i ti.' Yna, gofynnwyd i mi wneud hyn ar y teledu ac roedd yr ymateb yn anhygoel. Roedd yn werth mynd yr holl ffordd i Trinidad i gael y profiad yna.

Dw i hefyd wedi gorfod gofyn am faddeuant fel meddyg. Mewn gweithdy yn Wcráin, dywedodd rhyw ddyn wrthon ni fod ei fabi wedi cael ei gymryd i'r ysbyty i gael ei imiwneiddio 35 mlynedd ynghynt, a'i fod wedi cael chwistrelliad o gemotherapi drwy gamgymeriad, a'i fod wedi marw o ganlyniad i hynny. Pan glywais ei stori, ro'n i'n gwybod bod rhaid i mi wneud rhywbeth, a dyma fi'n mynd i lawr ar fy ngliniau wrth ei draed. Dyma nyrs Americanaidd oedd yno yn ymuno â mi, a dyma ni'n cyffesu ffaeledigrwydd y proffesiwn meddygol, a mynegi ein galar am yr anghyfiawnder ofnadwy yma. Dyma'r dyn yn torri i lawr i grio, gan ddweud mai dyma'r tro cyntaf iddo glywed ymddiheuriad. Dywedodd y gallai, am y tro cyntaf mewn 35 mlynedd, ollwng gafael yn y mater, a'i fod yn teimlo ei galon yn cael ei hiacháu. Diolch, Iesu!

18. GWAHODDIAD I DDE AFFRICA

Erbyn hyn, roedd gwledydd eraill yn clywed am y fendith yn Rwanda ac roedd drysau'n agor i ni rannu'r hyn roedden ni wedi'i ddysgu y ffordd galed.

Y wlad nesaf lle cynhaliwyd y gweithdy oedd De Affrica. Dechreuais weithio yno yn 1996. Yn 1995 roedd Michael Cassidy a'i dîm o African Enterprise wedi dod o Dde Affrica i gynnal ymgyrch genhadol yn Rwanda. Ro'n i wedi dweud wrthyn nhw bryd hynny fod gen i faich dros Dde Affrica ac y carwn i gynnal ein gweithdy ICGE yno. Roedd Apartheid wedi dod i ben yn strwythurol yn 1994, ond roedd o'n dal yna yng nghalonnau llawer o bobl. Trodd y lleoliad hwn allan i fod yn llawer caletach na Rwanda.

Dywedodd arweinydd du wrtho i, 'Does gan neb gwyn unrhyw beth i'w ddweud wrthon ni,' tra dywedodd gwraig wen (Saesneg) wrtho i mai nhw oedd y rhai wedi'i clwyfo bellach. Roedd yr Affricaneriaid yn naturiol yn amddiffynnol iawn, gan eu bod yn credu fod y byd i gyd yn eu beio am apartheid.

Gweddïais am ryw fath o gyswllt â'r gwahanol grwpiau o bobl. Ro'n i wrth fy modd pan ddarganfyddais fod gan Zwlw (a rhai ieithoedd duon eraill) sŵn tebyg iawn i 'LL' yn y Gymraeg (er ei fod yn cael ei ysgrifennu fel 'HL').

Dywedais hyn wrth y gynulleidfa gyntaf o Zwlw, ac ynganu enw parc saffari cyfagos yn gywir iddyn nhw, sef Hluhluwe. Roedden nhw'n rhyfeddu. Dywedais mai ychydig iawn o ieithoedd oedd â'r sain honno, ac felly mae'n rhaid mai ni'r Cymry oedd eu cefndryd hir-golledig oedd wedi mudo i'r gogledd, a bod y tywydd oer wedi troi ein croen yn welw! Roedden nhw'n methu stopio chwerthin, ac ro'n i'n gwybod fy mod wedi darganfod y ffordd i mewn i'w calonnau.

Ond fyddwn i'n llwyddo i ddod o hyd i gyswllt gyda'r Affricaneriaid? Unwaith eto roedd Duw yn ffyddlon. Darganfyddais eu bod, cyn Rhyfel y Boer, wedi cael eu cosbi gan y Saeson am siarad Affricaneg yn yr ysgol, ac yn gorfod gwisgo darn o bren am eu gyddfau am wneud hynny. Felly dyma fi'n dweud hanes y 'Welsh Not' wrthyn nhw (gw. Pennod 4) a dyma nhw'n cynhesu ata i ar unwaith. 'Felly, rwyt ti'n ein deall ni!' medden nhw'n frwd.

Cafodd hyn ei gadarnhau ymhellach pan wnes i, yn edifeiriol, olchi traed dynion oedd yn Affricanwyr, a'u neiniau wedi bod mewn gwersylloedd rhyfel Prydeinig yn ystod Rhyfel y Boer, a lle roedd mamau a'u plant wedi eu llwgu i farwolaeth. Roedden nhw'n wylo'n agored, gan ddweud nad oedden nhw wedi clywed neb yn ymddiheuro fel hyn o'r blaen. (Roedd o leiaf un gatrawd Gymreig yn rhan o Ryfel y Boer, ac wedi bod yn ymladd yn erbyn y Zwlw.)

Un o'r pethau ro'n i'n ei deimlo'n gryf wrth ddechrau gweithio yn Ne Affrica oedd y byddai'n beth da i mi aros yng nghartrefi pobl oedd yn perthyn i'r gwahanol grwpiau ethnig, fel y gwnes i yn Rwanda. Dyna'r ffordd orau i glywed beth oedd ar eu calonnau, ac mewn gwlad mor ranedig, roedd yn bwysig clywed safbwyntiau pawb. Byddai aros yng nghartrefi pob yn rhoi dealltwriaeth dda i mi ac yn fy mharatoi'n well i helpu, nag y byddai aros mewn gwesty. Felly roeddwn wrth fy modd yn cael cyfle i aros yng nghartrefi amrywiol bobl. Roedd pob ymweliad yn brofiad addysgol diddorol a gwerthfawr.

Treflan ddu

Ro'n i wir eisiau aros yn un o'r treflannau du, felly ro'n i'n hapus iawn pan ddwedodd ffrind yn y gweithdy ICGE y gallwn aros dros nos gydag o a'i wraig yn Katlehong, Johannesburg. Roedd y cartref yn fach, ac roedd yn amlwg y byddai'n boeth iawn yn yr haf ac yn oer iawn yn y gaeaf. Roedden nhw'n ymddiheuro dro ar ôl tro fod eu cartref mor dlawd, ond roedd cael cymdeithas gyfoethog gyda nhw yn gymaint o bleser i mi. 'Rhaid i ni fynd a chi i ymweld â rhai o'n cymdogion,' medden nhw. 'Byddan nhw wrth eu bodd eich bod yn aros yn ein treflan.'

Gofynnodd un wraig oedrannus fyddai rhywun yn ei phinsio. 'Ydw i wir yn effro, neu ai breuddwyd ydy hyn i gyd?' gofynnodd. 'Ydy'r fath beth yn bosib? – fod person gwyn wedi dod i ymweld â mi yn fy nghartre tlawd.'

Yn ddiweddarach, gofynnwyd i mi pam nad oedd gen i ofn aros yn y dreflan. Ond y gwir oedd fod y gymuned yno mor gynnes a chroesawgar, dyna lle ro'n i'n teimlo fwyaf saff yn fy holl ymweliadau â De Affrica. Dywedodd fy ffrindiau fod y gymuned mor ddiolchgar am yr ymweliad y bydden nhw wedi fy amddiffyn gyda'u bywydau.

Cefais y fraint o aros yng nghartref un arall oedd wedi mynychu un o weithdai ICGE; roedd o a'i wraig yn byw mewn treflan dlotach fyth yn KwaZwlw Natal. Dim ond un ystafell wely oedd ganddyn nhw, tu ôl i bartisiwn oedd yn ei gwahanu oddi wrth y stafell fyw a'r gegin. Roedden nhw'n mynnu fy mod i'n cysgu yn eu gwely nhw tra roedden nhw'n rhannu'r soffa. Roedden nhw wedi gwirioni cymaint fy mod yn aros yn eu cartref, dyma nhw'n trefnu cyfarfod arbennig i'm croesawu yn yr eglwys fach lle roedd y gŵr yn weinidog. Roedd y cariad a'r croeso a brofais yn rhyfeddol, a chefais fy nghyffwrdd i'r byw pan wnaethon nhw gasgliad i mi. Roedden nhw'n ymddiheuro ei fod cyn lleied gan eu bod mor dlawd, ond dyma nhw'n dweud ei fod yn ddigon i brynu potel o Coke.

Ers hynny rwyf wedi cael croeso cynnes ar sawl achlysur yng nghartref gweinidog yn Vosloorus, Johannesburg, ddaeth yn rhan o'r tîm. Roedden nhw'n fy nerbyn i fel un o'r teulu.

Y gymuned liw (hil gymysg)

Unwaith eto, roedd yn bleser aros mewn cymunedau pobl liw yn Benoni a Heidelberg yn Gauteng ac yn Jeffrey's Bay yn y Cape.

Roedd 'pobl liw' yn ddosbarth hiliol wedi'i ddiffinio'n gyfreithiol i gynnwys pobl frown, o gefndir amlhiliol yn ystod apartheid. Roedd y rhan fwyaf o dras gymysg, ond hefyd yn cynnwys y grŵp Khoisan. Yng nghyfnod apartheid roedd rhaid i bawb briodi o fewn eu grŵp eu hunain, felly daeth y bobl lliw, i bob pwrpas, i gael eu hystyried yn grŵp ethnig eu hunain gyda'i diwylliant eu hunain. Mae rhai yn ystyried yr enw'n un sarhaus, a byddai'n well ganddyn nhw gael eu galw 'y rhai a elwir yn Lliw', ond i eraill mae eu hunaniaeth fel grŵp yn dal yn dderbyniol.

Er mai nhw ydy'r grŵp sy'n teimlo fwyaf gwrthodedig yn Ne Affrica (gweler yr adran i ddod ar Sesiwn y Lleidr), ro'n i'n eu cael yn bobl gyda synnwyr digrifwch rhyfeddol. Dyna'r ffordd maen nhw'n delio gyda'u poen. Roedden nhw'n grŵp bywiog iawn o bobl, ac yn lot o hwyl i fod gyda nhw.

Cartref Affricaneraidd yn Potchefstroom

Roedd hwn yn brofiad hollol wahanol. Cefais wahoddiad gan ffrind i aros yng nghartref ei rhieni, ond rhybuddiodd fi fod eu safbwyntiau yn wahanol iawn i'w safbwynt hi. Wrth i mi gamu i mewn i'r tŷ, dyma ei thad yn fy nghyfarch a gofyn i mi o ble ro'n i'n dod. Pan ddwedais fy mod yn dod o Brydain, ei ymateb oedd, 'Ti mor lwcus! Dydy'r b... pobl Dduon yma ddim o'ch cwmpas chi ym mhobman fel mae nhw yma!' Ro'n i'n syfrdan.

Sut ddylwn i ymateb? Penderfynais mai'r peth gorau ar y pryd oedd dweud dim. Ro'n i'n cael fy nghroesawu fel gwestai i'w cartref. Roedd eu lletygarwch yn wych, ond dysgais lot fawr hefyd. Roedd yn ddefnyddiol i glywed eu calonnau.

Ers hynny, dw i wedi cael aros mewn cartrefi Affricaneraidd gwahanol iawn – pobl roedd Duw wedi eu codi i fod yn rhan o'r tîm iachâd a chymod. Yn un o'r cartrefi hynny, dechreuais ddeall mwy am yr ychydig iawn o wybodaeth gafodd ei roi iddyn nhw yn ystod apartheid. Roedd eu hymateb ar brydiau yn ganlyniad diffyg gwybodaeth a byddai'n rhaid i mi fod yn amyneddgar.

Buon ni'n gwylio'r DVD 'Sarafina' gyda Whoopi Goldberg, yn seiliedig ar hanes lladdfa o blant duon yn Soweto yn 1976 yn ystod gwrthryfel yr ysgolion yn erbyn apartheid. Ro'n i newydd brynu'r DVD ac yn awyddus i'w gweld. Fe wnaeth ymateb y teulu ro'n i'n aros gyda nhw roi sioc i mi. Roedden nhw mor ddig. 'Celwydd ydy'r cwbl!' medden nhw. 'Propaganda

Du' ydy o. Fyddai ein heddlu ni *byth* wedi lladd plant!' Allwn i ddim eu darbwyllo fod yr hanes yn wir ac wedi ei adrodd ar ein rhaglenni newyddion ni yn ôl adref.

Yn fuan wedyn, aethon nhw at ffrind oedd yn yr heddlu, a gofyn am gadarnhad nad oedd hyn erioed wedi digwydd. Roedden nhw wedi torri eu calonnau o ddarganfod ei fod yn wir wedi digwydd. A bellach, maen nhw'n barod iawn bob amser i edifarhau ar ran y llywodraeth apartheid, yn enwedig ers darganfod mwy a mwy o'r gwir. Dangosodd hyn i mi na ddylwn fod yn gyflym i farnu, ond fel mae'n dweud yn Iago 1:19, dylen ni fod '*yn gyflym i wrando, ond yn araf i lefaru, ac yn araf i ddigio*'.

Cartref Indiaidd yn Durban

De Affrica sydd â'r nifer mwyaf o Indiaid y tu allan i India. Prydeinwyr aeth a nhw drosodd i weithio yn y planhigfeydd cansen siwgr, gan addo iddyn nhw y bydden nhw mor gyfoethog yn fuan, gallen nhw fynd yn ôl i'r India i helpu eu teuluoedd. Doedd hynny ddim yn wir – doedden nhw fawr mwy na chaethweision, a fyddai'r mwyafrif llethol byth yn gallu dychwelyd yno.

O wybod hyn, roedd yn arbennig o dda i mi allu rhannu cartref Indiaidd am gyfnod a chael clywed eu persbectif nhw ar y sefyllfa. Ces y fath groeso, a phrofi'r fath gariad, ganddyn nhw; roedden nhw'n fy nhrin fel un o'r teulu, ac yn dangos y fath letygarwch. Er, rhaid i mi gyfaddef fod yna adegau pan o'n i'n dyheu am unrhyw beth *nad* oedd yn gyri...

Cartrefi Saesnig

Ces groeso bendigedig mewn nifer o gartrefi Saesnig, ond ro'n i bob amser yn ceisio dod i nabod y gweision a'r morynion yn y tŷ bob tro ro'n i'n aros yn Affrica.

Un tro, pan o'n i'n teithio gyda'm ffrind a'm cynorthwyydd Kristine, ac yn aros yng nghartref teulu gwyn cefnog, dyma ni'n ceisio dod i nabod eu morwyn ddu. Dyma ni'n gofyn allen ni ymweld â llety'r morynion yng nghefn y tŷ a rhannu pryd o fwyd hefo hi. 'Ond dw i ddim ond yn bwyta pap (grawn corn),' protestiodd. 'Mae hynny'n iawn,' medden ni, 'fe ddown ni, a bwyta pap gyda ti.'

Allai hi ddim credu'i chlustiau. 'Dych chi am ddod i fwyta pap gyda mi yn fy nhŷ tlawd?' Ar ôl tipyn o berswâd, dyma hi'n cytuno'n betrus. Roedd yna wahaniaeth enfawr rhwng y dodrefn yn y ddau dŷ. Ond cawson ni noson gwbl arbennig yn ei chwmni, yn clywed am ei theulu a'i diddordebau. Yn fuan wedi hynny, clywon ni'r newyddion erchyll ei bod wedi cael ei lladd mewn damwain ffordd.

19. SYNIADAU CREADIGOL NEWYDD YN NE AFFRICA

Daeth yn amlwg y byddai'n rhaid addasu rhai pethau ar gyfer y sefyllfa wahanol iawn yn Ne Affrica. Sut allen ni bwysleisio pwysigrwydd undod mewn amrywiaeth? Yma, yn wahanol i Rwanda, lle roedden nhw'n ceisio unffurfiaeth, roedd yn mynd i fod yn bwysig anrhydeddu'r gwahanol grwpiau ethnig a dathlu'r amrywiaeth tra'n meithrin undod ar yr un pryd. Yn sydyn, ces y syniad o ddechrau'r gweithdy drwy edrych ar y berthynas rhwng y Tad, y Mab a'r Ysbryd Glân yn y Drindod.

Ystyr popeth

Pam gymerodd hi gymaint o amser i mi ddysgu hyn – fod bywyd i gyd ym ymwneud â pherthynas? Mae'r cwbl mor syml. Mae'r Duwdod ei hun yn batrwm anhygoel o berthynas unedig a chariadus, a chawson ninnau'n creu ar gyfer perthynas unedig a chariadus gydag eraill. Nid rhywbeth sydd *gan* bersonau'r Drindod ydy cariad – cariad *ydyn* nhw, sy'n beth gwahanol iawn, hollol ben-ffrwydrol. Mae'n ymddangos fod y Duwdod, oedd wedi profi cariad ac undod perffaith ers tragwyddoldeb, wedi cytuno na allan nhw gadw hyn iddyn nhw'u hunain. Felly dyma nhw'n penderfynu, 'Gadewch i ni wneud pobl yn ddelw ohonon ni'n hunain.'

Mae wedi bod yn daith hir i mi ddod i weld hyn; yn daith oddi wrth gweld Duw yn Dduw deddfol oedd â rhestr o ofynion, i weld ei galon gariadus. Dw i'n dal i ddarganfod mwy a mwy bob dydd, a dw i wrth fy modd hefo'r hyn rwy'n ei ddarganfod. Pam ydyn ni'n mynnu cymhlethu pethau o hyd? Dydy dod i ddeall mwy am Dduw ddim wedi cymhlethu pethau i mi, mae wedi'i wneud yn fwy syml. Cawson ni'n creu i rannu bywyd y Drindod. Cynllun Duw ar ein cyfer oedd bywyd gogoneddus! – bywyd ar ei orau! Mae pob agwedd ar ein bywyd wedi'i fwriadu i fod felly. Ond rydyn ni wedi syrthio mor fyr.

Dw i ddim yn cofio'r tro cyntaf i mi benderfynu'n sydyn wahodd tri o bobl i afael dwylo a ffurfio cylch i ddarlunio'r Drindod. 'Gadewch i ni edrych ar beth sy'n digwydd rhwng y tri,' meddwn i. 'Sut berthynas sydd rhyngddyn nhw? Disgrifiwch natur y berthynas i mi.' Yr hyn wnaethon ni ei ddarganfod oedd, er bod y tri yn wahanol, eu bod yn berffaith unedig. Doedd gwahaniaethau ddim wedi bod yn broblem ar hyd tragwyddoldeb.

Fuodd yna erioed un meddwl negyddol rhwng aelodau'r Drindod. Doedd dim cystadleuaeth, dim eiddigedd, neb yn cael ei fygwth, dim tra-awdurdodi. Yn hytrach, roedd yna'r fath fwynhad o gwmni ei gilydd, y fath ddathliad o'u hundod cariadus, pob un yn cyflenwi'r llall. Doedd yna ddim hunanoldeb – sef y gwrthwyneb i gariad, a gwreiddyn pob pechadurusrwydd a rhwyg. Roedden ni'n ceisio dychmygu sut brofiad fyddai bod yn rhan o berthynas o'r fath.

Y cwestiwn nesaf oedd, 'Felly, pam wnaethon nhw'n creu ni? Pam wnaethon nhw ddim jest dal ati i garu ei gilydd am byth?' Daethon ni i'r casgliad bod cariad bob amser yn ceisio rhywun i'w garu. Roedden nhw eisiau rhannu gyda ni yr undod cariadus rhyfeddol roedden nhw wedi'i brofi ar hyd tragwyddoldeb. Yna dyma ni'n agor y cylch, a gofyn, 'Os hoffech chi brofi'r berthynas ryfeddol yma o gariad ac undod, dewch i ymuno yn y cylch.' Esboniais mai dyma'r nod rydym yn anelu ato – ailddarganfod cynllun gwreiddiol Duw – rhywbeth fydd yn ein cadw ni i fynd am weddill ein bywydau. Dyma nod pob perthynas – profi'r undod cariadus yna â'r Drindod ac â'n gilydd.

Y fuan iawn, gwelais mai dyma'r ffordd fwyaf effeithiol i ddechrau'r gweithdy. Pe baem yn cael hyn yn iawn, byddai popeth arall yn dilyn. Erbyn hyn, dw i wedi gwneud hyn gymaint o weithiau mewn cymaint o wledydd, a dw i bob amser wrth fy modd hefo'r sesiynau yma.

Weithiau mae pobl yn dod ymlaen yn frwd i ymuno â'r cylch; dro arall mae yna betruso. Ond, fel arfer, mae pawb yn dod yn y diwedd. Mae'n wych gweld pobl wedi ecseitio wrth feddwl am pam cawson nhw eu creu. Rydyn ni'n gadael un rhan o'r cylch yn agored, oherwydd gyda Duw mae yna bob amser le i fwy. Gan ein bod ni i gyd wedi'n creu ar ei lun a'i ddelw does yna byth sail i hiliaeth neu deimladau fod ein grŵp ethnig ni'n 'well'. Dim ond un hil ddynol sydd. Cawson ni'n creu i fod yn gymuned, ac i fyw fel teulu unedig a chariadus.

Dim ond yn ddiweddar y dois i sylweddoli na allen ni byth ddweud mai cariad ydy Duw heb y Drindod, oherwydd mae cariad yn gofyn am berthynas. Mae'r undod cariadus rhwng tri pherson y Drindod yn gwbl sylfaenol i'n dealltwriaeth o fywyd. Mae'r cwbl yn fynegiant o gariad. Dyma'n wir ydy ystyr popeth.

Nesaf, roedd hi'n bwysig gofyn y cwestiwn os oedd amrywiaeth a gwahaniaeth yn felltith neu yn fendith. Oedd o'n rhan o gynllun Duw i ni fod yn grwpiau ethnig gwahanol? Pan mae gwlad wedi profi gwrthdaro a rhaniadau, y casgliad yn aml ydy fod y gwahaniaethau yma yn felltith, ac nad oedd yn rhan o gynllun Duw. Ac mae'r stori yn y Beibl am Dŵr Babel fel petai'n cadarnhau hynny. Ond mae rhai ohonyn nhw bob amser wedi credu fod amrywiaeth yn rhan o fwriad Duw ac yn fendith.

Rydyn ni'n cadarnhau hyn o'r cwbl rydyn ni'n ei wybod am Dduw – ei fod yn caru amrywiaeth. Does ond rhaid i ni edrych ar y greadigaeth i weld hynny. Fel y soniwyd eisoes ym mhennod 4, mae Actau 17:26 yn dweud, '*Fe ydy'r Duw wnaeth greu y dyn cyntaf, a gwneud ohono yr holl genhedloedd (= ethne) gwahanol sy'n byw drwy'r byd i gyd.*' Syniad Duw oedd amrywiaeth, heb unrhyw amheuaeth. Ac os daethon ni i gyd o'r 'un dyn', yna rydyn ni i gyd yr un fath o dan groen o liw gwahanol. Dw i'n pwysleisio fod croen du yn fendith fawr dan belydrau haul tanbaid. Syniad y Duw doeth i amddiffyn pobl. Mae'n rhaid i ni bobl croen golau wisgo eli haul rhag i ni losgi ac efallai ddatblygu cancr y croen. Mae awgrymu fod rhai pobl yn llai gwerthfawr oherwydd lliw eu croen yn gwbl ddisynnwyr ac yn gwadu doethineb Duw.

Wrth glywed hyn, gwaeddodd un wraig Zwlw, 'Go iawn? Rydyn ni i gyd yr un fath oddi tano? Felly dw i wedi fy iacháu eisoes! Galla i fynd adre rŵan, yn ddynes hapus.' Fe wnes i ei hannog i beidio mynd adre eto, gan fod llawer mwy o fendithion i ddod.

Gan feddwl am fwyngloddiau diemwnt De Affrica, gofynnais a allai rhywun ddod allan i dynnu llun diemwnt i ni, a dyma ni'n trafod pam fod diemwnt gymaint mwy gwerthfawr na phaen o wydr. Daethom i'r casgliad mai'r holl wynebau ac amrywiaeth ffasedau'r garreg oedd yn ei gwneud mor wahanol, tra bod gan baen o wydr ond un wyneb. Mae pob ffased i ddiemwnt yn adlewyrchu'r golau mewn ffordd unigryw, gan greu harddwch rhyfeddol y garreg. Mae hefyd yn llawer cryfach na gwydr, a gellir ei ddefnyddio i dorri metel. Awgrymais ein bod ni i gyd wedi'n llunio gan Dduw yn un ddiemwnt anferth, ysblennydd, gyda phob grŵp o bobl yn adlewyrchu gogoniant Duw mewn rhyw ffordd unigryw.

Mewn gweithdai diweddarach, bydden ni'n ysgrifennu enwau'r grwpiau pobl amrywiol ar wahanol ochrau'r ddiemwnt. I Szabina, sipsi Romaidd o Hwngari, roedd gweld fod ei phobl hi yn un o ffasedau'r ddiemwnt wedi trawsffurfio'i bywyd. Roedd yn gallu derbyn am y tro cyntaf erioed fod y Roma hefyd yn rhan o greadigaeth hardd Duw, wedi'i caru a'u hanrhydeddu ganddo. Daeth Szabina yn ddiweddarach i fod yn aelod gwerthfawr o'n tîm addysgu rhyngwladol.

Roedd yna ddrama fyrfyfyr arall fu o gymorth mawr i ni argyhoeddi pobl fod amrywiaeth wedi'i fwriadu i fod yn gyfrwng bendith. Gofynnais i ddynes ddu ddod ymlaen a sefyll gyferbyn â mi, ar yr ochr arall i'r ystafell. Yna darluniais ddau senario posibl. Yn y cyntaf, ro'n i'n gyffrous o gwrdd â rhywun oedd yn wahanol i mi, yn awyddus i ddod i'w hadnabod, ac i ddysgu am ei diwylliant a rhywbeth o ddoethineb ei phobl. Yn y diwedd, cawsom ein hunain yn cofleidio'n gilydd. Yna dywedais, 'Gadewch i ni weld beth sy'n digwydd fel arfer.' Y tro yma, stopiais pan welais hi, gan deimlo dan fygythiad a dangos agwedd ragfarnllyd. Dywedais nad oedd hi'n bosib i ni rannu'r un tir, a'i hawlio'n gryf fel fy eiddo i. Penderfynais adeiladu wal i amddiffyn fy eiddo, ond yna darganfod nad oedd hynny'n ddigon. Roeddwn i hefyd angen arf.

Dyma pryd y trois at y bobl oedd yn mynychu'r gweithdy a gofyn iddyn nhw sut roedden nhw'n teimlo yn ystod y ddwy ddrama, cyn symud ymlaen i ofyn sut oedd Duw yn teimlo am y ddwy senario. Roedd y pwynt wedi'i wneud yn hollol glir. Mae'r ddrama fach yma bellach yn rhan bwysig ar ddechrau gweithdy ICGE. Os nad ydyn ni wedi deall bod Duw yn gwerthfawrogi'n hamrywiaeth ac yn ein hystyried ni i gyd yn gyfartal, fydd yna fyth wir gymod.

Ehangu cysyniad y Lleidr

Cafodd pethau eraill yn y gweithdy eu haddasu hefyd, gan gynnwys yr hyn oedd yn cael ei ddysgu am y Lleidr. Cyn y gellid gwella ein clwyfau, byddai'n rhaid i ni nodi beth oedd y clwyfau hynny.

Yn Rwanda, er mwyn cywirdeb gwleidyddol, roedden ni wedi ystyried beth oedd Satan y Lleidr (Ioan 10:10) wedi'i ddwyn oddi ar y wlad gyfan. Daeth yn amlwg yma yn Ne Affrica y byddai'n rhaid i bob grŵp enwi eu colledion eu hunain. Ymddiheurais y byddai'n rhaid i ni fynd yn ôl at apartheid am ychydig, a gofynnais i bobl fynd i'w grwpiau ethnig eu hunain, gan gymryd *flip chart* a pen ysgrifennu gyda nhw. Gofynnwyd iddyn nhw restru eu colledion a'u credoau ffug. Arweiniodd hyn at drafodaeth fywiog yn y grwpiau wrth iddyn nhw lunio eu rhestrau.

Roedd cael amser adborth yn hanfodol bwysig, er mwyn gallu gwrando ar bob grŵp gyda pharch, gan dderbyn bod poen pawb yn ddilys. Roedd hi hefyd yn bwysig i bobl wrando ar boen y grwpiau eraill, gan ei bod hi mor hawdd credu mai nhw oedd yr unig rai oedd wedi colli rhywbeth mewn gwirionedd. Yn aml iawn, dyma'r tro cyntaf i'r grwpiau glywed profiadau'r lleill. Roedd y credoau ffug yn ddigon i dorri calon rhywun:

- 'Mae'r Gwynion wedi'i bendithio a ninnau wedi'n melltithio.'
- 'Duw y Gwynion ydy Duw.'
- 'Ni bobl Lliw (hil cymysg) ydy sbwriel y wlad, yn ffrwyth godineb. Rydyn ni hyd yn oed yn embaras i Dduw.'
- 'Cawson ni'r Gwynion ein creu i reoli.'

Roedd y bobl o liw yn synnu clywed y bobl Wyn yn dweud eu bod nhw hefyd wedi cael eu lladrata – o wyleidd-dra, o'r cyfle i fwynhau diwylliant y grwpiau eraill, o glywed y gwir ar y cyfryngau, heb sôn am brofiadau erchyll cyn cyfnod apartheid. Daeth yn amlwg, o safbwynt Duw, nad oedd neb yn enillwyr, ac roedd sylweddoli hyn yn rhan o'r iachâd.

Yna ar ôl gorffen, cafodd y rhestrau i gyd eu hoelio ar y groes, ac roedd yn ddatguddiad i lawer fod Iesu wedi cymryd poenau eu grwpiau ethnig arno'i hun. Gan ei bod mor bwysig dod â'r sesiwn hon i ben ar nodyn cadarnhaol, byddem yn canolbwyntio ar y gobaith o adferiad. Roedd Iesu wedi prynu nôl bopeth roedd y gelyn wedi ei ddwyn oddi arnyn nhw, ac roedd yn cynnig iddyn nhw fywyd yn ei holl gyflawnder. Wna i byth anghofio un gweithdy, pan ddwedodd grŵp o bobl ifanc o'r grŵp Lliw eu bod eisiau canu cân fer gafodd ei hysgrifennu gan Richard Black, ar ôl rhannu eu colledion:

I went to the enemy's camp
and I took back what he stole from me

Roedd hi'n galonogol clywed nad oedden nhw eisiau derbyn eu colledion, ond gyda chymorth Duw y bydden nhw'n ceisio eu hennill yn ôl a gwrthod cael eu llethu ganddyn nhw. Daeth hon yn gân bwerus i'w chanu ar ddiwedd sesiwn y Lleidr

Ar ôl i ni ei chanu mewn gweithdy arall yn Durban, dyma weinidog Gwyn yn dweud wrth y grwpiau eraill drwy'i ddagrau, 'Dw i wedi cael fy ysbeilio ohonoch chi a dw i eisiau chi yn ôl.' Awgrymodd ein bod ni i gyd yn sefyll mewn cylch a chanu'r gân eto. Y tro yma dylen ni groesi drosodd at rywun nad oedden ni wedi gallu uniaethu â nhw o'r blaen, a'u 'cymryd yn ôl'. Am amser gwych oedd hwnnw. Ar un pwynt, sylwais ar weinidog Du Pentecostaidd yn dawnsio gyda lleian Gatholig Wen!

Mantell y Genedl Sanctaidd

Daeth dysgeidiaeth y Genedl Sanctaidd yn arbennig o bwysig yn Ne Affrica, gan ei bod yn pwysleisio gwerth cyfartal pob grŵp o bobl. Dyma wraig Indiaidd yn Durban yn gwneud mantell borffor hardd gydag ymylon aur i mi. Yn ddiweddarach cafodd baneri llawer o genhedloedd eu gwnïo o gwmpas gwaelod y fantell. Gwnaeth y wraig honno wasgod i mi hefyd, a gosodais faner y Ddraig Goch arni yn ddiweddarach. Dw i'n defnyddio'r rhain mewn drama fach, lle dw i'n dechrau trwy wisgo'r wasgod, gan egluro sut roedd fy hunaniaeth naturiol wedi'i glwyfo. Po fwyaf yr ymosodwyd arno a'i ddirmygu, mwyaf y byddai'n troi'n eilun, agos at fy nghalon.

Arddangos fy ngwasgod Gymreig mewn gwlad sensitif

Rwy'n adrodd hanes sut gwnaeth yr Ysbryd Glân fy nghyffwrdd pan sylweddolais gyntaf fod fy ninasyddiaeth yn y Genedl Sanctaidd. Mae rhywun yn dal y fantell borffor hardd i fyny i mi, a dw i'n gofyn i'r gynulleidfa pa un ddylwn i ei gwisgo. Mae'n rhyfeddol i mi eu bod, hyd yn oed yng nghanol rhyfel catref, yn pwyntio at y fantell, a dweud, 'Gwisgwch honna; mae'n llawer gwell!' 'Ond dyma fy llwyth i,' meddwn i. 'Dyma fy hunaniaeth i.' Ond maen nhw'n ymateb eto, 'Na, cymerwch y fantell!' ac yna'n cymeradwyo pan fydda i'n tynnu fy ngwasgod ac yn gwisgo'r fantell.

Dydy Duw ddim yn gofyn i ni roi heibio dim heb gynnig rhywbeth gwell i ni. Dw i'n dweud, wrth wisgo'r fantell hon, nad oes angen i mi gerdded o gwmpas fel person blin, wedi'i frifo, oherwydd mae baner y Ddraig Goch ar waelod y wisg hon. Dydy hi ddim bellach yn eilun sy'n agos at fy nghalon ond yn hytrach yn cymryd ei lle ymhlith yr holl faneri eraill. Yn y Genedl Sanctaidd rydym yn gyfartal, a gallwn anrhydeddu ein gilydd, gan ddathlu'r amrywiaeth. O'r diwedd gellir dechrau gwireddu bwriad gwreiddiol Duw.

Yn un gweithdy yn Durban, gofynnodd dyn Lliw i mi, 'Felly, pa faner ddylwn i ei rhoi ar fy mantell i?' Pan ofynnais iddo am ei gefndir, dywedodd mai cymysgedd o Affricaneriaid a Zwlw oedd ei deulu. 'Felly rwyt ti wedi derbyn bendith *ddwbl*,' meddwn i. 'Mae gen ti ddwy faner i'w rhoi ar dy fantell, a gelli arddel cyfoeth diwyllianol y ddau grŵp ethnig.' Wrth i bobl adael ar ddiwedd y gweithdy, daeth ata i a'm cofleidio i, gan ddiolch i mi am ei *ddwy* faner.

Gwisgo Mantell y Genedl
Sanctaidd

Ers hynny, dw i wedi gweld fod gwisgo'r fantell yn help mawr i bobl sy'n stryglo hefo'u hunaniaeth. Er enghraifft, mewn mwy nag un gweithdy, mae Almaenwyr wedi rhannu eu cywilydd wrth edrych yn ôl ar hanes eu gwlad. Dw i'n ymateb bob tro drwy eu galw i'r blaen a gofyn iddyn nhw wisgo'r fantell. Mae baner yr Almaen arni hi, ac rydyn ni'n gweddïo gyda nhw ac yn eu anrhydeddu a'u croesawu fel dinasyddion llawn y Genedl Sanctaidd. Dyma lle gallan nhw ailddarganfod doniau prynedigol oedd Duw bob amser wedi'i bwriadu ar gyfer yr Almaen: doniau i'w defnyddio er gogoniant Duw a lledaeniad ei deyrnas.

Ar ôl tynnu sylw at hyn mewn gweithdy arall, llwyddodd merch ifanc o'r Almaen o'r enw Anne, oedd wedi troi cefn ar ei chenedligrwydd, i wisgo'r fantell a chanu anthem yr Almaen am y tro cyntaf.

Mewn gweithdy ICGE arall, dyma Nicole, oedd yn ferch i genhadon o ddwy genedl wahanol, yn rhannu ei bod hi wedi ei magu mewn gwlad arall eto. Dywedodd nad oedd ganddi unrhyw le y gallai hi ei alw yn 'adre' go iawn. Roedd cael ei galw ymlaen i wisgo Mantell y Genedl Sanctaidd yn rhoi'r fath lawenydd iddi hi. Yma roedd hi'n ddinesydd llawn.

Mewn gweithdy yn Wcráin, rhannodd Margarita nad oedd hi'n gwybod pwy oedd hi mewn gwirionedd, nac i ble roedd hi'n perthyn. Roedd ei thad yn dod o wlad Pwyl – gwlad roedd hi'n ei charu'n angerddol, ond doedd hi ddim yn gallu siarad yr iaith, ac roedd cymaint o blant Pwylaidd eraill yn rhugl. Roedd teulu ei mam yn hannu'n wreiddiol o Norwy; cafodd ei geni yn Lloegr, priododd Gymro, ac mae hi bellach yn byw yng Nghymru.

Dyma ni'n ei galw hi ymlaen i wisgo'r fantell, a datgan ei bod hithau'n ddinesydd llawn yn y Genedl Sanctaidd. Cafodd ei chyffwrdd yn ddwfn a dechreuodd wylo, a bu'n gwisgo'r fantell am weddill y bore. Dywedodd wrthon ni'n ddiweddarach fod y cwbl wedi bod yn brofiad iachusol iawn iddi, ac nad oedd hi eisiau tynnu'r fantell oddi arni.

Hyd yn oed yn Rwanda, lle na fyddai'n wleidyddol gywir i anrhydeddu'r Hwtw, y Twtsi a'r Twa fel grwpiau ar wahân, mae dysgeidiaeth y Genedl

Sanctaidd yn ystyrlon iawn. Yn nyddiau cynnar y weinidogaeth yno, neidiodd un wraig ar ei thraed ar ôl i mi dystio fod y cysyniad yma o Genedl Sanctaidd wedi trawsnewid fy mywyd i. 'Ro'n i'n gwybod,' gwaeddodd y wraig. 'Roedd Duw wedi dangos hyn i mi amser maith yn ôl, ond roedd y cwbl sydd wedi digwydd yn ddiweddar wedi'i ddwyn oddi arna i. Dw i'n ei dderbyn yn ôl i'm calon heddiw.'

Daeth gwerthfawrogi'r cysyniad o Genedl Sanctaidd yn gyfrwng i hybu cydraddoldeb yn Rwanda. Gallai'r Twtsi roi heibio eu hunaniaeth fel 'dioddefwyr' a'r Hwtw eu hunaniaeth fel 'gormeswyr'. Rhoddodd yr hawl i'r ddau grŵp gydweithio yn y dasg o iacháu'r genedl.

Dathlu Undod mewn Amrywiaeth

Yn Rwanda, byddai'r gweithdy yn gorffen gydag amser o edifeirwch, ond teimlais mai'r ffordd orau i ddod a'r gweithdy yn Ne Affrica i ben oedd drwy ddathlu undod mewn amrywiaeth, fod pawb yn gyd-ddinasyddion yn y Genedl Sanctaidd. Ond sut fyddai'r ffordd orau i wneud hynny?

Daeth y syniad o gael pryd o fwyd arbennig – addasiad o'r hyn roedden ni'n arfer ei wneud ar gyrsiau Operation Mobilisation (OM) yng Ngogledd Cymru. 'Bwrdd y Brenin' oedd yr enw arno. Roedd yna le i bawb wrth y bwrdd hwn, ac roedd croeso i bawb. Bydden ni'n dod at y Bwrdd yn gydradd, a bydden ni'n cadarnhau, anrhydeddu a bendithio ein gilydd. Roedd Kristine a minnau wedi cyffroi'n lân wrth feddwl am y syniad, a dyma ni'n penderfynu arlwyo gwledd fyddai mor wych a mawreddog â phosibl, ond gwneud hynny'n gyfrinachol – bwrdd yn llawn danteithion.

Dyma ni hefyd yn cael y syniad o wneud coronau allan o gerdyn lliw neu aur, ond nid i'w gwisgo ar ein pennau ein hunain. Roedd pawb i osod y goron ar ben rhywun arall, o grŵp ethnig gwahanol, a'u cyfarch nhw trwy ddweud, 'Croeso i Fwrdd y Brenin, gyd-ddinesydd yn y Genedl Sanctaidd!' Y bwriad oedd i'r grwpiau ethnig gwahanol wasanaethu ei gilydd.

Coronau

Dyma ni'n rhoi cynnig ar y syniad. Roedd llawer wedi'i llorio'n llwyr wrth fynd i mewn a gweld y Bwrdd godidog roedden nhw'n cael eu gwahodd ato. Pawb yn gydradd. Roedd mor annisgwyl, ac roedd y llawenydd a'r wefr brofai pobl yn hyfryd i'w weld. Ar ôl rhannu'r pryd gyda'n gilydd, dyma ni'n cymryd amser i gadarnhau ac annog pob grŵp, gan ddechrau gyda'r rhai oedd wedi teimlo'r dirmyg mwyaf.

Bwrdd y Brenin

Roedd cynrychiolydd o bob grŵp yn cael Mantell y Genedl Sanctaidd i'w gwisgo. Yna roedden ni'n gofyn i bawb yn gyntaf, 'Beth ydych chi'n ei werthfawrogi am y grŵp yma? Beth ydy'r trysor mae Duw wedi'i roi ynddyn nhw?' Yn gynharach yn y gweithdy rydyn ni bob amser yn enwi'r rhagfarnau sydd wrth wraidd pob gwrthdaro ethnig, oherwydd rydyn ni'n ymwybodol mor ddinistriol ydy'r rhagfarnau hynny. Ond yma, rydyn ni'n dod at ein gilydd mewn ysbryd sydd yn hollol wrthwyneb i'r rhagfarnau hynny, ac yn cadarnhau ein gilydd yn gyhoeddus. Clywson ni bethau fel yma'n cael eu dweud:

'Mae gynnoch chi bobl Liw synnwyr digrifwch gwych ac rydych chi mewn sefyllfa ddelfrydol i adeiladu pontydd a dod â'r Gwyn a'r Du at ei gilydd.'

'Dych chi bobl Dduon yn gwybod sut i ddyfalbarhau pan mae pethau'n anodd, ac er eich bod yn dioddef, dych chi'n dod allan yr ochr arall yn canu a dawnsio.'

'Dych chi Indiaid yn gwerthfawrogi rhwymau teuluol, ac yn bobl hynod groesawgar.'

'Dych chi Affricaneriaid yn gwybod sut i fod yn arweinwyr cryf. Ac rydych chi'n chwaraewyr rygbi gwych.'

'Rydych chi Saeson yn wych am drefnu pethau, ac yn cadw amser mor dda.'

Yna dyma ni'n gofyn, 'Sut byddech chi'n hoffi gweld y bobl hyn yn cael eu bendithio?' Mae'r Beibl yn pwysleisio fod bendithio yn weithred rymus iawn. Mae grym bywyd a marwolaeth gan y tafod (Diarhebion 18:21). Mae'n gallu iacháu neu drywanu'r galon (Diarhebion 12:18). Mae'n gallu bod yn bren bywiol neu ddryllio'r ysbryd (Diarhebion 15:4). Roedd cyhoeddi bendith yn enw'r Arglwydd yn un o swyddogaethau'r offeiriadaeth (Deuteronomiwm 10:8). Mae Duw yn galw ei bobl i fod yn rhai sy'n bendithio eraill, nid yn barnu eraill.

Roedd bendithio yn rhywbeth roedd yr Hebrewyr yn ei gymryd o ddifrif; roedd yn rhan annatod o'u diwylliant. Roedd brenhinoedd yn bendithio eu pobl a thadau yn bendithio eu plant. Mae'n debyg y byddai pobl yn bendithio ei gilydd wrth gyfarfod yn y farchnad. Aeth Iesu mor bell a dweud wrthon ni y dylen ni hyd yn oed fendithio ein gelynion (Luc 6:28).

Roedd y geiriau eu hunain wrth fendithio eraill yn rymus. Roedd peidio bendithio yn cael ei weld fel trasiedi, fel yr hanes am Jacob yn twyllo ei dad Isaac i roi iddo fo y fendith fwriadwyd ar gyfer Esau, y mab hynaf (Genesis 27).

Heddiw, yn ein dyddiau ni, mae llawer ohonom fel Esau yn gweiddi yn ein calonnau, 'Onid oes gennyt fendith ar ôl i minnau?' (Genesis 27:36). Gall grwpiau cyfan o bobl fod yn meddwl, 'Ai dim ond un fendith sydd gen ti, dad? Bendithia fi! Bendithia fi hefyd, dad!' (Genesis 27:38). Mae'n dorcalonnus i unrhyw un sy'n credu mai dim ond hyn a hyn o fendith sydd ar gael, ac nad yw'n cynnwys eich grŵp chi o bobl.

Ar ôl amser bendigedig o fendithio ein gilydd, daeth y cyfarfod i ben drwy ofyn i bob grŵp arddangos rhyw wedd ar eu diwylliant nhw i bawb arall, ac arweiniodd hyn at gyfnod gwefreiddiol o ganu a dawnsio. Roedd yn amser o ddathlu go iawn.

Cymod yn Ne Affrica

Ar y dechrau, dim ond caneuon Saesneg ddefnyddiwyd yn y gweithdy. Pan ofynnais iddyn nhw os oedden nhw'n gwybod unrhyw ganeuon Zwlw, roedd pawb yn syllu arna i mewn anghrediniaeth. Felly meddyliais, dw i angen dysgu cân Zwlw, ac un Affricaneraidd, a falle cân Sotho hefyd. Ond teimlais hefyd y dylwn i ddysgu anthem genedlaethol De Affrica cyn gynted ag sydd modd. Roeddwn wrth fy modd yn wynebu'r her yma, ac yn fuan iawn ro'n i'n gallu dechrau canu caneuon byr yn ieithoedd eraill De Affrica. Roedd yr ymateb mor frwd – profwyd y fath lawenydd wrth i'r amrywiol grwpiau ymuno yn y gân. Yn fuan iawn roedd y timau a hyfforddwyd yn defnyddio caneuon o bob un o brif ieithoedd De Affrica.

Ond roedd un grŵp oedd yn gwneud i mi deimlo'n hynod o drist. Mae'n debyg fod yr Indiaid yn Ne Affrica wedi colli eu treftadaeth ddiwylliannol gyfoethog pan ddaethon nhw'n Gristnogion, ar ôl cael eu dysgu fod y diwylliant Asiaidd yn ddieflig. Y gwir ydy fod da a drwg ym *mhob* diwylliant. Mae Datguddiad 21:26 yn dweud y bydd gogoniant ac anrhydedd y cenhedloedd (=*ethnos*) i gyd yn dod i mewn i'r Jerwsalem newydd. Felly mae angen i ni arddel a dathlu popeth da yn ein diwylliannau – popeth allwn ni ei ddefnyddio er gogoniant Duw. Ond mae adnod 27 yn dweud na fydd dim aflan yn dod i mewn, felly dylid ymwrthod â phopeth sy'n anghyson â gwerthoedd Teyrnas Dduw, a'i adael wrth y groes.

Gweddïais am help Duw, ac roeddwn wrth fy modd pan ddywedodd rhywun wrtho i am albwm o'r enw '*Asia Worships*' oedd wedi ei gwneud gan Kensington Temple, sy'n eglwys amlddiwylliannol yn Llundain. Llwyddais i ddod o hyd i un, ac roedd yn wirioneddol hyfryd.

Yn y gweithdy nesaf gynhaliwyd yn Ne Affrica, rhois y gân gyntaf ymlaen, '*Peace comes to you in Jesus' name*'. Roedd y gân yn cael ei chanu yn Saesneg a Hindi, ar alaw Indiaidd ac i gyfeiliant offerynnau Indiaidd. Pan chwaraeais y gân, dechreuodd yr Indiaid wylo. 'Dyma chi,' meddwn i, 'ac os nad ydyn ni'n clywed eich llais chi, mae yna rywbeth ar goll yn y darlun o'r Genedl Sanctaidd yn Ne Affrica.' Clywais yn ddiweddarach eu bod nhw wedi prynu'r albwm ac yn dysgu'r caneuon addoli Hindi yma yn eu heglwysi yn Durban. Roedd yn bleser clywed hynny.

Roedd y 'Bwrdd y Brenin' cyntaf hwn y fath lwyddiant, dyma ni'n penderfynu mai fel yma y dylen ni bob amser gloi ein gweithdai. Alla i ddim peidio â rhyfeddu wrth feddwl yn ôl am newid awyrgylch rhwng dechrau a diwedd y gweithdy cyntaf hwnnw.

Roedd un wraig ifanc Xhosa llafar a gwybodus iawn yn ddig iawn ar y dechrau, ac yn dweud wrth yr Affricaneriaid, 'Ewch yn ôl i ble dych chi'n dod o. Dydyn ni ddim eisiau chi yma!' Ar ôl Sesiwn y Groes, dywedodd y bore wedyn, 'Wn i ddim beth ddigwyddodd i mi wrth y groes neithiwr, ond y bore ma dw i'n eich caru chi i gyd!' Ac yn rhyfeddol, wrth 'Fwrdd y Brenin' dyma hi'n erfyn ar yr Affricaneriaid i beidio gadael, gan y bydden nhw'n gallu cydweithio i drawsnewid De Affrica.

Yn aml, yr Affricaneriaid oedd y grŵp olaf i gael eu galw ymlaen, gan feddwl nad oedd unrhyw un yn mynd i fod eisiau eu hannog a'u bendithio nhw oherwydd mai gyda nhw y dechreuodd apartheid. Ond erbyn i ni gyrraedd y rhan hwnnw o'r gweithdy, roedd pawb wedi profi'r fath iachâd, yr Affricaneriaid oedd yn cael eu hannog a'u bendithio fwy na neb.

Pan ddechreuais weithio mewn gwledydd eraill, daeth yn amlwg y byddai Bwrdd y Brenin bob amser yn ffordd wych o ddod â'r gweithdy i ben. Roedd rhai Byrddau yn edrych yn bur llwm o'u cymharu â'r un yn Ne Affrica, yn enwedig y Bwrdd yng Ngweriniaeth Ddemocrataidd y Congo pan oedden nhw yng nghanol rhyfel cartref, ac eto roedd pawb wrth eu boddau'n dod at y Bwrdd hefo'i gilydd. Erbyn hyn rydyn ni wedi cael cymaint o brofiadau anhygoel wrth Fwrdd y Brenin.

Mae'n hyfryd clywed grwpiau o bobl oedd yn casáu ei gilydd o'r blaen, bellach yn annog a bendithio ei gilydd:

'Bydded i'ch pobl bob amser gael digon i'w fwyta!'

'Boed i'ch plant gael addysg a gofal iechyd da!'

'Boed i'ch gwlad / llwyth brofi heddwch parhaol!'

Roedd Wcreiniaid mewn gweithdy gerllaw'r fan lle roedd y rhyfel boethaf, wedi dod i'r gweithdy yn mynegi eu casineb llwyr at y Rwsiaid, bellach yn cyhoeddi bendith Duw arnyn nhw! Pwy ond Duw ei hun all gyflawni gwyrthiau o'r fath?

I mi, yr amser yma o fendithio'n gilydd ydy uchafbwynt y gweithdy cyfan. Credwn fod yr hyn sy'n digwydd yn ddylanwad cryf er daioni yn y byd ysbrydol.

20. Y NEGES YN CYRRAEDD Y CONGO

Ro'n i mor falch pan gafodd y ffin rhwng Rwanda a Gweriniaeth Ddemocrataidd y Congo ei chau yn sydyn. Y Pasg, 2004, oedd hi, ac ro'n i i fod i ymweld â Bunia, yn Itwri yng ngogledd-ddwyrain y Congo lle roedd rhyfel cartref ffyrnig wedi bod ers blynyddoedd.

Ro'n i'n nerfus iawn. 'Mae'r Cenhedloedd Unedig yn Bunia,' medden nhw. 'Dyna'r unig le mae'n saff i chi ddod.' Ond doeddwn i ddim wedi fy argyhoeddi, yn enwedig gan y byddai'n rhaid i mi groesi'r ffin o Rwanda i Goma, ac wedi cael fy rhybuddio y gallai maes awyr Goma fod yn hunllef.

Daeth y gwahoddiad cyntaf i fynd yno ddechrau 2002, ar ôl i weithiwr cymorth gyda Medair fynd â llawlyfr y gweithdy i ysbyty Nyankunde, yn dilyn clywed adroddiad o'r hyn oedd yn digwydd pan oedd yn Le Rucher, Geneva. (Falle y bydd gan ddarllenwyr hŷn ddiddordeb gwybod mai dyna ble bu'r genhades Helen Roseveare yn gweithio.)

Roedd Daniel Mas Kasereka, oedd wedi bod yn gyfrifydd yr ysbyty, wedi cysylltu â mi ar ôl darllen y llawlyfr. Roedd yn gwbl argyhoeddedig mai dyma'r weinidogaeth oedd ei angen arnyn nhw yno, a gwahoddodd fi i fynd yno i gynnal gweithdy gyda staff yr ysbyty, oedd yn ysbyty Gristnogol. Felly ro'n i wedi bwriadu ymweld ym mis Tachwedd 2002, gan fynd â Hwtw a Twtsi o Rwanda gyda mi, fel enghraifft byw o'r hyn allai Duw ei wneud.

Ond ym Mis Medi 2002, cafodd ysbyty Nyankunde ei ddinistrio'n ddifrifol pan ymosodwyd arni, a chafodd llawer o bobl yr ardal eu lladd. Doeddwn i ddim yn gwybod os oedd Daniel yn dal yn fyw. Glywais i ddim tan fis Rhagfyr, pan ddeellais fod Daniel yn llochesu yn Nairobi. Gofynnodd a fyddai modd i mi anfon copi newydd o'r llawlyfr ato. Roedd darllen y llawlyfr wedi trawsnewid ei fywyd a'i feddylfryd, a'i alluogi i faddau i'r rhai oedd wedi ceisio ei ladd.

Roedd yn argyhoeddedig y dylai fynd yn ôl i'r Congo i rannu'r neges gyda'i gyd-wladwyr. Yn gynnar yn 2004 clywais ganddo eto, ac esboniodd fod staff yr ysbyty wedi eu gwasgaru i bobman drwy'r ardal, ond eu bod wedi dechrau grŵp gweddi ym mhobman lle'r aethon nhw. Roedden nhw bellach yn barod ar gyfer y gweithdy.

Er mawr syndod i mi, agorodd y ffin yn sydyn, ac felly doedd gen i ddim esgus i beidio â mynd yno. Diolch byth, dyma weinidog yn Goma oedd wedi bod drwy ein gweithdy yng ngogledd Rwanda, yn gwirfoddoli i fynd gyda mi, i wneud yn siŵr fy mod i'n ddiogel. Dyma ni'n hedfan i mewn i Bunia yr wythnos ar ôl y Pasg yn 2004 a chynnal ein gweithdy cyntaf yng Ngweriniaeth Ddemocrataidd y Congo, gyda 54 o arweinwyr Cristnogol wedi dod at ei gilydd i glywed ein neges.

O'r cychwyn cyntaf ro'n i'n gallu gweld bod y bobl yma o ddifrif, ac am fod yn gyfryngau i ddwyn heddwch i'w gwlad gythryblus. Roedden nhw'n ymateb mor frwd, a hyd yn oed yn dechrau edifarhau ar yr ail ddiwrnod, er mai dyna oedd neges diwrnod 3 i fod! Roedden nhw'n gwbl argyhoeddedig ar y diwedd. 'Gallwn ddod â'r rhyfel yma i ben gyda'r neges hon,' medden nhw. 'S'dim ots nad oes gynnon ni arian, dyna wnawn ni.'

Rhoi blodau yn y lludw yn y Congo

Y daith i Beni

Yn dilyn y dinistr yn Nyankunde, roedd llawer o bobl o amrywiol lwythau rhanbarth, wedi cerdded i'r de am ddyddiau – taith beryglus drwy'r jyngl i geisio cyrraedd Beni, tref yng ngogledd Kivu, y dalaith nesaf. Felly roedd poblogaeth sylweddol o bobl wedi'u dadleoli yno. Dywedodd y bobl fynychodd y gweithdy yn Bunia, 'Gan ein bod ni bellach wedi'n hiacháu, rhaid i ni fynd i lawr i Beni i gymodi â'r bobl sydd yno!'

Trefnwyd gweithdy yno ar gyfer fy ymweliad nesa – un wna i byth ei anghofio. Ro'n i'n sefyll yn Bunia yn edrych ar bobl yn pentyrru i gefn lori fawr ar gyfer y daith 11 awr i'r de drwy'r jyngl. Roedden nhw'n canu, ac yn cario llun o'r groes. Ro'n i'n ei chael yn anodd i reoli fy emosiwn, yn ofni tybed fydden nhw'n cyrraedd pen y daith yn fyw, gan fod y rhyfel yn dal i fynd yn ei flaen ac roedd yna lawer o fannau lle roedd y milisia yn rheoli'r ffyrdd. Ro'n i eisiau teithio gyda nhw, ond roedden nhw'n gwrthod gadael i mi wneud hynny. 'Bydd eich wyneb gwyn yn ei gwneud hi'n fwy peryglus i bawb,' esbonion nhw, 'oherwydd byddan nhw'n meddwl bod arian ar gael. Rhaid i chi hedfan i lawr yno.' Er yn anfoddog, roedd rhaid i mi gytuno.

Roedd y fath orfoledd pan gyrhaeddodd y lori yn ddiogel. Cawson nhw'r fath groeso gan y bobl oedd wedi'i dadleoli. Roedd yna dros gant o bobl yn y gweithdy hwnnw – mae'n debyg mai dyna'r un mwyaf i mi ei gynnal. Roedd yr edifeirwch a'r dagrau a'r cymod ar y diwedd yn fythgofiadwy.

Ro'n i ychydig yn ddryslyd pan ddechreuon nhw afael mewn llyfrau, bagiau, a hyd yn oed cadeiriau, a'u codi ar eu pennau wrth fartsio o gwmpas y stafell. Deallais wedyn eu bod nhw'n canu am adael y lle ble roedden nhw'n gaethion i deithio ar eu ffordd i Ganaan, Gwlad yr Addewid. Roedd cân arall lle roedden nhw'n saliwtio eu Pencadfridog newydd, y Brenin Iesu!

Wrth Fwrdd y Brenin, a oedd yn 'wledd' braidd yn brin, roedden nhw'n bendithio'i gilydd a dweud pethau fel, 'Boed i Dduw roi llawer mwy o blant i ti, i gymryd lle y rhai gafodd eu lladd gan ein llwyth ni' a 'Boed i Dduw roi tir ffrwythlon a phorfa dda i'ch gwartheg', rhyfeddol, ac eto yn gwbl briodol gan mai hawliau tir oedd tu ôl i'r rhyfel. Yna, rywbryd yn ystod y noson dyma'r generadur trydan yn chwythu ei blwc, ac aeth pobman yn dywyll fel bol buwch (doedd yna ddim cyflenwad trydan o'r grid yn Beni ar y pryd). A beth wnaethon nhw? Gyrru dwy Land Rover at y drysau gyda'u goleuadau ymlaen.

Ro'n i'n lletya mewn gwesty bach Protestannaidd (oedd yr unig le saff i dramorwyr aros mae'n debyg), ac wrth iddi nesáu at ddeg o'r gloch, oherwydd y cyrffiw dyma nhw'n fy nhywys allan i'm cymryd yno. Y bore wedyn, clywais fod dathliad Bwrdd y Brenin wedi parhau drwy'r nos. Rhywbryd yn oriau mân y bore roedden nhw i gyd wedi penlinio gyda'i gilydd ac ymrwymo i fod yn dangnefeddwyr yng Ngweriniaeth y Congo.

Arweiniodd y dechreuad bychan hwnnw at waith rhyfeddol o iachâd a chymod drwy'r rhanbarth cyfan. Yn nyddiau cynnar y weinidogaeth yno, bydden nhw'n cerdded am ddyddiau neu'n teithio yng nghefn tryciau am oriau, i gyrraedd cymunedau diarffordd. A chyn bo hir, roedd y si ar led fod pethau mawr yn digwydd ble bynnag byddai'r tîm yn mynd – rhwystrau ffyrdd yn cael eu symud a gelynion yn dod yn ffrindiau.

Roedd y cwbl wedi gwneud y fath argraff ar un mudiad dyngarol Cristnogol fel iddyn nhw gynnig cefnogi'r gwaith yn ariannol. Roedd hynny'n newyddion mor galonogol, nes iddyn nhw ychwanegu y byddai'n rhaid iddyn nhw hepgor unrhyw beth allai achosi tramgwydd i bobl gan fod rhywfaint o gyllid y mudiad yn dod o'r llywodraeth. 'Felly,' medden nhw, 'rhaid i chi beidio sôn am y groes.' Ro'n i mor falch ohonyn nhw pan glywais eu bod nhw wedi gwenu, ac ymateb drwy ddweud, 'Diolch i chi, ond gallwch gadw'ch arian a byddwn ni'n cadw'r groes.' Allen nhw byth ddychmygu cynnal y gweithdy heb gynnwys y groes!

Diolch byth, cawson nhw gyllid o ffynhonnell arall. Yn ogystal dyma'r Missionary Aviation Fellowship (MAF) yn ymrwymo i'w hedfan nhw yn rhad ac am ddim i ble bynnag oedden nhw eisiau mynd. Roedd ffrwyth eu gwaith mor amlwg.

Daniel

Yn ddiweddarach, dywedodd Daniel, oedd ddim wedi'i fagu mewn cartref Cristnogol, fod ei fam wedi mynd at wrach-ddoctor i ofyn am erthyliad, pan oedd hi'n ei ddisgwyl o. Dywedodd y wrach-ddoctor, 'alla i ddim erthylu'r plentyn yma, gan ei fod yn mynd i fod yn ddyn Duw.' Mae Daniel bellach yn difaru'n fawr wrth feddwl am ei flynyddoedd cynnar a'i fywyd gwyllt. Ond daeth i gredu'n ddiweddarach, a galla i dystio ei fod bellach yn ŵr nerthol i Dduw. Daniel sy'n arwain y tîm yng Ngweriniaeth y Congo, ac mae'n un o'r bobl mwyaf duwiol y gwn i amdanyn nhw.

Roedd y gweithdai bob amser yn gorffen gyda llawenydd mawr, a phawb oedd yn mynychu wedi profi cymod dwfn. Ar ddiwedd un gweithdy, gadawodd pawb Fwrdd y Brenin gyda'i gilydd a phentyrru i gefn lori, yna gyrru trwy'r dref gan ganu'n uchel ac yn dal i wisgo eu coronau. Roedd y milisia yn yr ardal honno'n cael eu hadnabod wrth eu penwisg, a wir i chi, dyma nhw'n cael eu stopio gan yr heddlu. Pan ofynnwyd iddyn nhw pwy oedden nhw, eu hymateb brwd oedd, 'Rydyn ni'n aelodau o'r Genedl Sanctaidd!'

Roedd sefyll yn y bwlch fel Cymraes wedi bod yn bwysig yno. Cyn i ni gael caniatâd i gynnal y gweithdy cyntaf, roedd yn rhaid i mi gyflwyno fy hun i aelodau'r llywodraeth leol. Mewn cyfnod mor amheus a pheryglus, roedden nhw eisiau gwybod pwy oeddwn i a beth fyddwn i'n ei wneud. Ar ôl i mi egluro natur gweithdy ICGE, ychwanegais fy mod hefyd yn ymwybodol o'r angen am gymod gydag Ewrop.

Gan fy mod o Gymru, o'r ardal lle cafodd Henry Morton Stanley ei eni, ro'n i eisiau gofyn maddeuant am yr holl bethau erchyll wnaethpwyd dan ei arweiniad. Stanley oedd wrth ochr y Brenin Leopold pan goloneiddwyd y Congo gan Wlad Belg, a fo oedd yn gyfrifol am weithredu ei bolisïau creulon a marwol. Doedd Leopold ei hun erioed wedi mynd yno. Pan glywson nhw fi'n dweud hyn, roedd swyddogion y llywodraeth yn fwy na pharod i roi caniatâd i mi gynnal y gweithdy.

Penaethiaid di-dduw yn cael gwahoddiad i ymuno â chylch y Drindod

Dw i'n cofio cynnal y gweithdy gyda penaethiaid dinas Bunia. Roedd yr awyrgylch yn y stafell yn llawn tyndra. Hwn oedd y tro cyntaf i'r ddwy ochr eistedd gyda'i gilydd ers dechrau'r rhyfel. 'Pryd mae'r trafod a'r dadlau yn dechrau?' gofynnodd un o'r penaethiaid. 'Rydyn ni angen gwybod ar bwy mae'r bai am y rhyfel yma.' Esboniodd Daniel na fyddai unrhyw drafod na dadlau. 'Dim dadl? Felly pam ydyn ni yma' meddai'n ddig. Gofynnodd Daniel iddyn nhw dawelu a pheidio cynhyrfu, gan ein bod yn mynd i ddechrau o gyfeiriad gwahanol iawn. Roedden ni'n mynd i ddechrau trwy feddwl yn ôl i'r amser cyn i'r byd gael ei greu hyd yn oed. Yna dyma ni'n gwneud cylch y Drindod.

Pan ofynnais pwy fyddai'n hoffi ymuno â'r cylch, wnaeth neb symud. Dyma fi'n aros, ac yna yn y diwedd, cododd un pennaeth, yna un arall, ac un arall... nes yn y diwedd roedd pawb yn yr ystafell wedi ymuno â'r cylch. Yna dyma'r pennaeth oedd wedi cwyno ar y dechrau yn gofyn, 'Ai dyma pam cawson ni'n creu? Edrychwch beth rydyn ni wedi'i wneud! Esboniais nad ydy cymod yn gyflawn pan fyddwn ni'n rhoi'r gorau i ladd ein gilydd, ond pan fyddwn ni'n darganfod cynllun gwreiddiol Duw ar ein cyfer. Byddai'r gweithdy hwn yn ein helpu ni i gychwyn ar y daith yn ôl at yr hyn fwriadodd Duw. Oedden nhw eisiau aros? A'r penderfyniad unfrydol oedd 'Ydyn!'

Manteision ieithyddol

Ro'n i wrth fy modd yn gwrando ar yr iaith Swahili. Gan fy mod wedi fy magu yn rhan o grŵp ethnig lleiafrifol, roedd gen i ddiddordeb arbennig mewn iaith a diwylliant. Mae'r Swahili, fel y Gymraeg, yn iaith ffonetig, a byddwn i'n ei darllen fel pe bai'n Gymraeg. 'Ti'n siarad ein hiaith ni!' medden nhw'n gyffrous i gyd. ' Nac ydw,' meddwn i, 'ond fe hoffwn i'n fawr.' 'Ond rwyt ti'n swnio fel petaet ti'n siarad ein hiaith ni!' medden nhw. Mae medru siarad Cymraeg wedi bod yn help mawr gyda llawer o ieithoedd ffonetig, ac yn fy helpu i ynganu eu geiriau yn gywir.

Am fy mod i'n gwybod mor werthfawr ydy hi pan mae pobl o gefndiroedd ieithyddol eraill yn ceisio dysgu rhywfaint o Gymraeg, dw i bob amser yn hoffi dysgu ychydig o ymadroddion ym mhob gwlad dw i'n mynd iddi. Mae'n helpu i godi pontydd a chreu cyswllt dwfn ar unwaith.

(Ond cofiwch, dw i ddim yn ei gael yn iawn bob tro. Yn Rwanda, dysgais sut i ddweud 'cariad, heddwch a llawenydd' yn eu hiaith. Y broblem oedd bod y gair am lawenydd a'r gair am ffa yn debyg iawn i'w gilydd. Do'n i ddim yn deall pam ddechreuodd pobl chwerthin pan gyhoeddais yn falch fod Iesu wedi dod i roi i ni 'gariad, heddwch a ... ffa!')

Dylanwadu ar y Penaethiaid Rhanbarthol

Yn weddol gynnar yn hanes y weinidogaeth, dyma ddau Bennaeth Rhanbarthol, o'r naill ochr a'r llall i'r gwrthdaro yn Ituri, yn cyfarfod mewn gweithdy, a dyma'r ddau yn cymodi. Dyma nhw'n gofyn i'r tîm a fydden nhw'n fodlon cynnal y gweithdy ar gyfer holl Benaethiaid Rhanbarthol talaith Ituri. 'Gallai hyn ddod â'r rhyfel i ben,' medden nhw. 'Gwnawn ni eu galw nhw at ei gilydd, os gwnewch chi eu harwain nhw at y groes, yn union fel gwnaethoch chi gyda ni. Rhowch yr un neges iddyn nhw – peidiwch newid dim byd.' Mae'r Penaethiaid yma yn bobl bwerus iawn, llawer mwy dylanwadol na swyddogion y llywodraeth.

Erbyn hyn, roedd ffydd y tîm yn tyfu, gan eu bod wedi gweld Duw ar waith i'r fath raddau, felly dyma nhw'n cytuno. Ond cyn gwneud dim roedden nhw eisiau trefnu cadwyn weddi barhaus, ddydd a nos am dri mis, gan fod rhaid ennill y frwydr mewn gweddi yn gyntaf.

Dyma Daniel a'i dîm yn dewis cynnal y gweithdy yn Nyankunde ym Mis Hydref 2005. Roedd penaethiaid y fyddin a'r heddlu yn bresennol yno hefyd, a rhai swyddogion llywodraeth leol. Dw i wedi gweld fideo o'r gweithdy hwnnw, ac wedi gweld y Penaethiaid yn cymryd pechodau a chlwyfau eu llwythau at y groes.

Y diwrnod wedyn dyma nhw'n gafael dwylo mewn cylch gydag aelodau'r tîm, ac yn gofyn i Dduw faddau iddyn nhw am eu rhan yn y rhyfel cartref ac yn addo y bydden nhw'n gyfeillion o hynny ymlaen. O fewn wythnos, roedd y gwrthdaro drosodd yn y rhanbarth hwnnw o Weriniaeth y Congo. Wrth edrych yn ôl, flynyddoedd lawer yn ddiweddarach, mae'r heddwch wedi'i gynnal i raddau helaeth iawn.

(Yn anffodus, tra dw i'n ysgrifennu hwn, mae dwyrain y Congo yn ei chanol hi ac yn diodde'n fawr eto. Nid yr un rhyfel ag o'r blaen rhwng y llwythau, ydy'r broblem bellach, ond ymosodiadau gan grwpiau ymylol. Y brif broblem ydy grŵp o wrthryfelwyr o Uganda sy'n ymddangos fel pe bai ganddyn nhw agenda Islamaidd, ac maen nhw wedi lladd llawer o bobl yn gwbl ddiwahân. Dw i'n teimlo i'r byw dros fy ffrindiau annwyl yno, ac yn gweddïo y byddan nhw'n parhau i gynnig gobaith i bobl mewn sefyllfa ddifrifol o anodd.)

Pwysigrwydd encilion ysbrydol

Roedd y timau yma yn wynebu heriau enfawr, a'u bywydau dan fygythiad yn gyson. 'Sut alla i eu helpu i ddal ati?' meddyliais. Roedd angen eu cryfhau a'u hannog yn rheolaidd.

Penderfynais gynnal encil i'r timau ddwywaith y flwyddyn, ac roeddwn wrth fy modd pan gytunodd Cathy i weithio gyda mi. Roedd Cathy yn gweithio gyda Le Rucher Ministries yn Geneva. Mae hi'n Ffrances Swisaidd, ac wedi'i donio a'i heneinio fel cynghorydd, felly roedd yn gaffaeliad mawr yng Ngweriniaeth y Congo sy'n siarad Ffrangeg.

Roedd y ddwy ohonon ni yn teimlo mai'r flaenoriaeth oedd helpu'r timau i ddod o hyd i berthynas agosach a mwy cariadus gyda Duw, er mwyn iddyn nhw allu trystio Duw yn llwyr. Dyna beth sy'n cwrdd â holl anghenion dyfna'r galon.

Roedd yr encilion hynny yn amseroedd mor werthfawr. Cynhaliwyd y gyntaf yn Bunia, mewn amgylchiadau tlawd iawn, oedd yn dipyn o her i ni'n dwy. Ond roedd nerth Duw gyda ni wrth i ni astudio natur ei gymeriad wrth edrych ar Exodus 34:5-7. Dyma'r tro cyntaf yn y Beibl i Dduw ddatgan yn glir sut un ydy o. Roedd deall hyn wedi newid fy mywyd i yn llwyr yn y cyrsiau hynny i genhadon gynhaliwyd yng Ngogledd Cymru.

Daeth llawer i weld Duw mewn goleuni tra gwahanol, nid fel unben llym, ond yn Dduw trugarog, cariadus, graslon, ffyddlon, araf i ddigio, yn llawn cariad a ffyddlondeb, yn dangos ei gariad i filoedd ac yn maddau drygioni, gwrthryfel a phechod. Mae'n gofalu am y manion lleiaf yn ein bywydau. Canlyniad hyn oedd eu bod eisiau digon o amser i edifarhau am gamddeall a chamliwio'r darlun o Dduw.

Pan es yn ôl yno yn ddiweddarach, dywedodd Daniel mae'r ddysgeidiaeth yma oedd wedi ei herio fwyaf, yn ail yn unig i'w dröedigaeth. Roedd wedi newid ei agwedd at Dduw, at yr eglwys a hyd yn oed at ei elynion.

Buon i'n edrych hefyd ar Job 39:1-2 sy'n sôn amdano'n gwybod am y geifr mynydd yn cael eu geni a'r ceirw yn esgor ar rai bach. Pa faint mwy ei ofal am bob mab i Adda a merch i Efa? Heb fwriadu dweud hynny, clywais fy hun yn datgan fod Duw wedi caru'n ddiamod hyd yn oed aelodau mwyaf milain y milisia pan oedden nhw'n dal yng nghroth eu mam. 'Beth?!' gofynnodd rhywun, 'Ti'n dweud fod Duw hyd yn oed yn caru'r milisia?! Os ydy hynny'n wir, bydd rhaid i ni eu caru nhw hefyd!'

Cyrraedd y milisia

Yn fuan iawn ar ôl yr encil hon, cafodd tîm Gweriniaeth y Congo wahoddiad gan rai o arweinwyr y milisia. 'Rydyn ni wedi blino ymladd,' medden nhw, 'ac rydyn ni wedi bod yn anfon ysbïwyr i'ch gweithdai. Mae gynnoch chi'r ffisig sydd ei angen arnon ni. Plîs wnewch chi redeg gweithdy ar gyfer aelodau'r milisia yn unig? Ond mae'n rhaid iddyn nhw ddod o ddwy ochr y gwrthdaro.'

Mae amseru Duw yn berffaith, ac roedd newydd baratoi eu calonnau ar gyfer hyn. Felly, cytunodd y tîm, ac roedd yn weithdy hynod o heriol. Yn ystod y diwrnod cyntaf, sy'n canolbwyntio ar gymeriad Duw, roedden nhw'n swnllyd, yn codi twrw ac yn amharchus o'i gilydd. Ond dechreuodd pethau dawelu erbyn diwedd y dydd, a roedden nhw'n dweud nad oedden nhw erioed wedi clywed dim byd tebyg o'r blaen.

Erbyn yr ail ddiwrnod roedden nhw'n wylo'n uchel wrth fynd a'u pechod a'u poen at y groes, gan hyd yn oed gyffesu i ganibaliaeth. Un o gredoau dewiniaeth oedd fod bwyta rhai rhannau o'r corff dynol yn gallu'ch amddiffyn rhag bwledi. (Credwch fi, mae hyn i gyd yn real! Dw i wedi clywed straeon am fwledi yn bownsio oddi ar bobl. Rydyn ni mor anwybodus am y pethau hyn yn y Gorllewin.)

Pan ddaethon nhw at Fwrdd y Brenin ar y diwedd, roedden nhw am ddod â channoedd yn fwy o'u cyd-filisia. Erbyn hyn, mae cannoedd lawer o'r milisia wedi mynd trwy'r gweithdai ac wedi edifarhau am eu troseddau. Mae corau o gyn-aelodau'r milisia wedi eu ffurfio, ac maen nhw'n cyfansoddi a chanu caneuon o edifeirwch.

Mae hyd yn oed y ddau ddyn ddechreuodd y rhyfel yng ngogledd-ddwyrain Gweriniaeth y Congo bellach yn ffrindiau agos ac ymhlith yr efengylwyr mwyaf effeithiol yn y rhanbarth i gyd. Dechreuodd y cyfan pan yrrodd Joel (Lendu), prif swynwr y rhanbarth, Nicholas (Hema) oddi ar ei dir. Oherwydd y rhagfarn a'r casineb oedd eisoes yn bodoli, dechreuodd rhyfel cartref rhwng y ddau lwyth o fewn dyddiau, ac fe aeth ymlaen am ddeg mlynedd. Roedd Joel a Nicholas yn arweinwyr grwpiau milisia oedd yn ymladd ei gilydd, a nhw oedd yn gyfrifol am farwolaeth cymaint o bobl.

Joel oedd y cyntaf i gyfarfod Duw mewn gweithdy, ac edifarhaodd am ei holl ddewiniaeth. Does neb yn rhy bell i ras Duw ei gyrraedd! Cafodd Cathy a minnau'r fraint o ymuno â gorymdaith o edifeirwch gan gyn-aelodau'r milisia drwy dref Bunia, yn chwifio baneri gydag enw Iesu arnyn nhw ac yn canu caneuon edifeirwch. Roedd Joel ar yr orymdaith honno, ond doeddwn i ddim yn ei nabod ar y pryd. Beth amser wedi hynny cafodd ei argyhoeddi fod yn rhaid iddo ddod o hyd i Nicholas a gofyn am faddeuant. 'Falle y bydd o yn fy lladd i,' meddyliodd, 'a byddai ganddo bob hawl i wneud hynny. Ond dyma'r peth iawn i'w wneud, a rhaid i mi fynd.'

Wrth iddo agosáu at gartref Nicholas, gwelodd Nicholas o'n dod ac meddai wrtho, 'Fis yn ôl roeddwn i mewn gweithdy, a rhoddais bopeth ar y groes. Dw i wedi maddau i ti yn barod!'

Dw i wedi gweld fideo ohonyn nhw'n tystio gyda'i gilydd mewn marchnadoedd a phentrefi, a gweld pobl yn penlinio mewn edifeirwch wrth ymateb i'w neges. Maen nhw bellach yn rhan o'r tîm cymodi.

Adnewyddiad yn Uganda

Roedd Cathy a minnau yn teimo bod angen i ni gael y tîm allan o ardal y gwrthdaro i encilio i rywle hardd, llonydd lle gallen nhw anadlu'n ddwfn ac ymlacio. Dyma nhw'n awgrymu gwersyll hyfryd yn ne Uganda ar lannau Llyn Bunyoni, oedd rhyw daith diwrnod o Beni. Gallai'r timau o'r gwahanol ranbarthau ddod i lawr i Beni ac yna teithio i'r gwersyll gyda'i gilydd.

Teithiodd Cathy a minnau i lawr o Kampala ar y bws. Torrodd y bws i lawr ddwywaith ar y ffordd, a'n gadael ni yn sefyll ar ochr y ffordd nes i fws arall ein codi. Ond roedd yn werth y drafferth. Cawson ni sawl encil gofiadwy yno, ac roedden nhw'n amseroedd mor llawen. Byddai staff y gwersyll yn codi pabell lle gallen ni gynnal ein cyfarfodydd. Roedd y babell ar ochr y bryn yn edrych dros y llyn, ac roedd hyd yn oed cael cyfle i deithio mewn cychod rhwyfo bychain yn bleser hynod i bawb oedd yno.

Yn un encil, roedden ni'n annog y timau i sefyll fel tadau yn y gweithdai yn cynnig cofleidio eraill ar ran y Tad Nefol. Roedd pawb braidd yn gyndyn, gan eu bod yn teimlo'n annigonol i gyflawni tasg mor anhygoel, felly dyma ni'n penderfynu ymarfer. Dyma ni'n gofyn i'r dynion sefyll ar y blaen, yn ddau neu dri ar y tro, wedyn bydden ni'n mynd atyn nhw i gael ein cofleidio, a bydden nhw'n rhannu gyda ni eiriau cadarnhaol oedden nhw'n credu fod y Tad Nefol eisiau eu dweud wrthon ni. Ymarfer oedd o, ond roedd hefyd yn real.

Yn ystod y cyfnod yma, cafodd un o'r gwragedd weledigaeth o ymyl Mantell odidog yn disgyn ac yna'n hofran uwch ein pennau. Clywodd brawd arall ganu tu hwnt o brydferth, y math o ganu doedd o rioed wedi'i glywed ar y ddaear, yn dod yn nes ac yn nes. Ro'n i'n rhyfeddu, gan nad ydw i'n un sy'n sensitif iawn i bethau o'r fath. Allwn i ond canmol Duw am ddatgelu ei bresenoldeb iddyn nhw.

Wrth glywed y gloch yn canu i'n galw i swper yn y bwyty yn uwch i fyny'r bryn, dyma ni'n gadael y babell. Roedd staff y bwyty yn rhedeg aton ni, 'Beth yn y byd oedd yn digwydd yna?' medden nhw. 'Roedden ni'n gallu teimlo cariad Duw yn ymestyn i fyny aton ni o'ch pabell!' Waw! Canolfan wersylla seciwlar oedd hon. 'Rydyn ni bob amser yn edrych ymlaen at weld eich grŵp chi yn cyrraedd,' medden nhw. 'achos rydych chi'n dod â rhywbeth da yma gyda chi.'

Mewn encil arall, fe ddefnyddion ni'r symbol Beiblaidd o briodas i archwilio'r berthynas agos mae Duw yn dymuno ei chael gyda ni. Roedden ni eisoes wedi edrych ar sut y gallai ein profiadau gyda'n tadau daearol ein rhwystro rhag profi Duw yn Dad cariadus. Rŵan roedden ni'n edrych ar sut y gallai ein profiad o briodas fod yn rhwystr rhag profi gwir agosatrwydd at Dduw. Roedd cydnabod y diffyg perthynas agos rhwng fy rhieni wedi bod yn anodd i mi, ac yn y gorffennol rwy'n credu ei fod wedi fy rhwystro rhag teimlo'n gyfforddus mewn perthynas agos â Duw.

Wrth ofyn i Dduw am help i wybod sut i fynd ati i ddelio gyda hyn, ces fy arwain at Colosiaid 3:12-14. Gofynnais iddyn nhw sut siâp fyddai ar eu priodasau pe bai'r rhinweddau sy'n cael eu rhestru yn yr adnodau yma yn amlwg yn y berthynas – tosturi, caredigrwydd, gostyngeiddrwydd, addfwynder, amynedd, goddefgarwch, maddeuant, cariad. Cawson nhw sioc. 'Rydyn ni angen amser i edifarhau, rŵan,' medden nhw. 'Does dim un o'r rhinweddau yna'n bresennol!'

Dyma hyn yn arwain at amser teimladwy wrth i rai wylo a galw ar Dduw am drugaredd ac am y gallu i newid pethau. Ar ymweliad diweddarach, roedd yn wefreiddiol clywed llawer yn tystio i'r ffordd roedd eu bywyd teuluol wedi'i drawsnewid.

Cefais sioc pan ddwedodd un o'r arweinwyr ar encil arall, 'Dw i'n dod o'r teulu mwyaf dirmygus, yn y llwyth mwyaf dirmygus, yn yr ardal fwyaf ddirmygu, yn y wlad fwyaf dirmygus ar y cyfandir mwyaf dirmygus.' Daeth yn amlwg fod Duw eisiau delio gyda phroblem cywilydd.

Mae Effesiaid 6:14 yn dweud wrthon ni am wisgo gwirionedd yn wregys i'n hamddiffyn ni rhag ein gelyn ysbrydol, ac os ydyn ni'n credu celwyddau am ein hunan-werth, mae yna fwlch yn ein harfwisg ac rydym yn agored i ymosodiad y gelyn. Ro'n i wir yn poeni amdanyn nhw – roedden nhw ar y rheng flaen ac yn peryglu eu bywydau yn gyson.

Felly dyma ni'n astudio Salm 69:7 *'Oherwydd er dy fwyn di y dygais warth, ac y mae fy wyneb wedi'i orchuddio â chywilydd'* – adnod broffwydol am y groes, lle roedd gwarth yn gorchuddio wyneb Iesu er ein mwyn ni. Oherwydd hyn, gall Salm 34:5 hefyd fod yn wir amdanon ni. *'Y mae'r rhai sy'n edrych arno'n gloywi, ac ni ddaw cywilydd i'w hwynebau'*.

Yna, dyma ni'n cynnal Sesiwn y Groes arall, i ddelio â'r amrywiol faterion yn ymwneud â chywilydd yn ein bywydau. Soniodd rhai am y cywilydd o beidio cael cyfle i gael addysg dda, eraill am y cywilydd o dlodi, pechodau'r gorffennol ac yn y blaen. Wedyn cafodd y cwbl ei hoelio ar y groes. Roedd yn gyfnod arwyddocaol, ac roedd y dawnsio llawen ddilynodd y sesiwn yn fythgofiadwy.

Fe ddysgais i gymaint gan y tîm arbennig yma, a fedra i ddim eu hanrhydeddu ddigon. Dysgon nhw gymaint i mi, yn enwedig am ddyfalbarhau ac ymddiried yn Nuw mewn amgylchiadau anodd, a hefyd am roi blaenoriaeth lwyr i weddi. Cefais y fraint hefyd o weld iachâd corfforol gwyrthiol wrth i'r tîm, gyda rhyw ffydd gostyngedig ond hyderus, ymarfer eu hawdurdod ysbrydol. Ond ni chafodd pawb eu hiacháu, ac wrth gwrs mae yna ddirgelwch yna bob amser. Er hynny, gwelais lawer mwy o wyrthiau iacháu yn Affrica nag yn y Gorllewin. Maen nhw gymaint mwy ymwybodol o'r dimensiwn ysbrydol nag ydyn ni. Gan eu bod wedi delio ag ochr dywyll y byd ysbrydol cyn dod at Iesu, dydyn nhw'n cael dim anhawster i gredu y gall Iesu wneud llawer mwy.

Erbyn i ni gynnal dathliad 10fed pen-blwydd y weinidogaeth yn 2014, amcangyfrifwyd bod nifer y bobl gafodd eu heffeithio'n ddwfn ganddynt tua dwy filiwn. Roedd dros 2,000 o anghredinwyr wedi cael tröedigaeth a dod yn Gristnogion ymroddedig, gan gynnwys dewiniaid a gwrach-ddoctoriaid. I Dduw y bo'r holl ogoniant!

21. A CENIA...

Roedd Cenia yn cael ei hystyried yn wlad heddychlon, sefydlog, yn rhydd o'r tensiynau rhwng y llwythau a welwyd mor aml mewn gwledydd Affricanaidd eraill. Sut allai cyflafan o'r fath byth ddigwydd yno? Yn sgil etholiadau dadleuol ym mis Rhagfyr 2007 / Ionawr 2008, rhwygwyd y wlad gan drais.

Gofynnodd yr Eglwys Anglicanaidd yn Cenia i ni gyflwyno ein gweinidogaeth iddyn nhw, felly aeth Joseff draw o Rwanda i gwrdd â nifer o arweinwyr eglwysig.

O'r holl arweinwyr oedd yn bresennol, cafwyd yr ymateb mwyaf brwd gan gynrychiolwyr Undeb y Mamau. 'Gallwn weithio gyda hyn. Dewch draw i gynnal eich gweithdai gyda ni, a'n hyfforddi ninnau i'w rhedeg.'

(Mae Undeb y Mamau yn fudiad pwerus iawn yn yr Eglwys Anglicanaidd yn Affrica. Mae iddo aelodaeth o 450,000 yn Cenia, ac mae ganddo rôl allweddol wrth ddarparu Gwasanaethau Cymdeithasol.)

Es i Cenia yn fuan wedyn gyda brodyr o Rwanda a'r Congo. Doedd y berthynas rhwng Rwanda a Gweriniaeth Ddemocrataidd y Congo ddim yn dda iawn ar y pryd, ac roedden ni eisiau dangos yr undod oedd Iesu'n ei greu. Roeddwn innau, fel rhywun o wledydd Prydain, yn difaru'n fawr am y ffordd roedden ni wedi dominyddu a phechu yn erbyn Cenia pan goloneiddiwyd y wlad gennym. Cefais sioc ofnadwy o ddarganfod bod un o benseiri apartheid yn Ne Affria wedi datgan ei fod wedi dysgu dulliau apartheid gan y ffordd oedden ni Brydeinwyr wedi ymddwyn yn Cenia. Felly ro'n i, fel dinesydd Prydeinig, yn awyddus i gael cyfle i ofyn am eu maddeuant.

Mynychwyd y gweithdai cyntaf gan aelodau o Undeb y Mamau. Roedden nhw'n ymateb mor frwd o'r dechrau cyntaf, ac yn edifarhau fod y rhan fwyaf o bobl wedi dysgu rhagfarnau ar liniau eu mam. Dechreuon nhw sylweddoli eu bod nhw wedi chwarae rhan allweddol yn creu rhaniadau rhwng pobloedd yn Cenia. Mae nabod y rhagfarnau hynny, a sylweddoli eu grym ofnadwy i achosi gwrthdaro yn ddysgeidiaeth allweddol yn ein gweithdy.

Gweithdai llawn tyndra

Roedd y gweithdai cynnar hynny yn Cenia yn llawn tyndra, yn wir, ymhlith y rhai gyda'r tyndra mwyaf wnes i eu profi erioed. Roedd gweinidogaeth Gristnogol yn Naivasha yn garedig iawn wedi cynnig llety i ni yn eu canolfan. Dw i'n cofio'n dda ferched yn aros y tu allan i'r lleoliad yn Naivasha, yn ofni dod i mewn. Roedden nhw ofn cael eu lladd pe bai rhywun o lwyth gwahanol yn mynychu'r gweithdy, yn enwedig pe bai'n rhaid iddyn nhw rannu stafelloedd gwely. Dyma gyflwr Cenia ar y pryd, gyda llawer iawn o bobl yn dioddef o drawma.

Ond unwaith eto fe brofon ni ffyddlondeb Duw yn dwyn iachâd a maddeuant i bobl wrth iddyn nhw hoelio eu clwyfau mewnol poenus ar y groes. Fel bob amser, roedd Bwrdd y Brenin ar y diwedd yn amser hynod o lawen, wrth i bawb anrhydeddu a dathlu *pob un* o'r gwahanol lwythau.

Mewn gweithdy diweddarach, roedd rhai dynion yn bresennol, ar ôl iddyn nhw glywed am y fendith brofodd y merched. Roedd y tensiwn ar y dechrau yn ofnadwy. Dywedodd rhywun oedd yno fod y Beibl yn cefnogi glanhau ethnig. Ond ar ôl Sesiwn y Groes fe wellodd yr awyrgylch yn fawr.

Ar y diwrnod olaf, ro'n i'n awyddus i edifarhau fel dinesydd Prydeinig. Ro'n i wedi ymweld â Christion o Cenia oedd yn byw yn yr un dref â mi yng Nghymru, i ofyn iddo egluro i mi sut roedd y Prydeinwyr wedi cam-drin Cenia. Dywedodd fod Prydain wedi cyflawni llawer o anghyfiawnderau yn ystod cyfnod y MauMau, a bod y Kikuyu yn arbennig yn parhau i ddal dig yn ein herbyn. (Dois i ddeall llawer mwy am hyn yn ddiweddarach. Roedd gwrthryfel y MauMau [1952-1960] yn rhyfel yng Ngholoni Prydeinig Cenia [1920-1963] rhwng Byddin Tir a Rhyddid Cenia [y KLFA] oedd hefyd yn cael eu hadnabod fel y MauMau, a'r awdurdodau Prydeinig.)

Gofynnais i'r dyn hynaf o'r Kikuyu oedd yn bresennol gamu ymlaen, a dechreuais olchi ei draed. Ro'n i eisiau mynegi agwedd hollol wrthwyneb i ysbryd balch a thrahaus oedd tu ôl i Brydain yn coloneiddio Cenia. Dechreuais gyffesu y pethau ro'n i wedi dysgu amdanyn nhw, ac roedd y dyn wedi'i gyffwrdd yn ddwfn. 'Felly, ti'n gwybod! Ti'n gwybod! Ond mae'n iawn. Paid ypsetio. Mae'n iawn. Dw i'n maddau i chi!' Daeth yn amlwg fod pawb oedd yn bresennol wedi eu cyffwrdd. Er mawr syndod a llawenydd i mi, dyma nhw'n dechrau croesi'r ystafell i gofleidio'i gilydd a gofyn am faddeuant ar ran eu gwahanol lwythau. Aeth hyn ymlaen am beth amser.

Golchi traed cyn-ymladdwr MauMau

Ar y bore olaf, cyn gadael, roedd nifer yn awyddus i dystio i'r hyn oedd wedi digwydd. Neidiodd yr hen ŵr oeddwn i wedi golchi ei draed i fyny, a dweud, 'Doeddech chi ddim yn gwybod traed pwy oeddech chi'n eu golchi ddoe. Gwnes i ymladd yn erbyn y Prydeinwyr yng nghyfnod y MauMau, ac yn y trais diweddar yma dw i wedi bod yn hyfforddi'r bobl ifanc i ladd. Fy llysenw i oedd "Hard Rock". Ond heddiw mae gen i galon newydd. Pwy fyddai wedi credu y gallwn i gael calon newydd yn 79 oed!' Dechreuodd neidio i fyny ac i lawr mewn llawenydd! Yna gwnaeth ymrwymiad cyhoeddus y byddai'n mynd adref i ddysgu ffordd heddwch i'r bobl ifanc. A clywsom yn ddiweddarach ei fod wedi gwneud yr union beth yna.

Fe glywson ni lawer i dystiolaeth deimladwy a chalonogol iawn. Ces sioc pan ddywedodd un hen ddyn ei fod wedi bod ag ofn dod i'r gweithdy – roedd yn ofni y byddai'n lladd rhywun! Dywedodd ei fod, fel un o'r Kikuyu, yn casáu y Kalenjin gymaint, pe bai'n cwrdd ag un yn y gweithdy byddai wedi bod yn sicr o'i ladd. (Dw i mor falch nad o'n i'n gwybod hyn ar y dechrau!) Pan wnaethon ni rannu pobl yn grwpiau rhynglwythol bach ar gyfer Sesiwn y Groes, heb yn wybod roedden ni wedi rhoi'r dyn yna mewn grŵp gydag un o'r Kalenjin. Ond llaw Duw oedd tu ôl i hynny. Yn lle ei ladd, roedd y ddau wedi rhannu eu calonnau â'i gilydd, wylo gyda'i gilydd a mynd at y groes gyda'i gilydd.

Yng nghanol y sesiwn honno, tynnodd ei ffôn symudol allan a galw ei wraig. 'Wnei di byth gredu beth dw i newydd ei wneud! Dw i wedi rhannu fy nghalon gyda Kalenjin a hynny'n fwy dwfn nag y byddwn i wedi gwneud gyda chyd-Kikuyu!' Wedi hynny fe ffoniodd bennaeth y Kalenjin yn ei ardal, i ddweud bod ei galon wedi'i newid yn llwyr yn yr awr flaenorol. Awgrymodd y dylen nhw eistedd gyda'i gilydd ar ôl iddo gyrraedd adref, i weld sut y gallai'r llwythau gydweithio i adfer y cartrefi oedd wedi'u difrodi yn yr ymladd. Fe glywon ni wedi hynny mai dyna'n union ddigwyddodd.

Ar ddiwedd y gweithdy hwnnw aeth Bwrdd y Brenin ymlaen tan oriau mân y bore. Roedd cymaint o hwyl a llawenydd, byddech chi wedi taeru eu bod nhw i gyd wedi meddwi. Ond doedd yna ddim alcohol ar y Bwrdd. Roedd pawb yn bwydo ei gilydd gyda'r danteithion. Gwthiwyd cacen i'm ceg i gymaint o weithiau! Yna wrth i'r dathlu o gwmpas y Bwrdd ddod i ben, dyma pob un o'r llwythau yn arwain dawns oedd yn perthyn i'w diwylliant nhw. Ces fy syfrdanu wrth weld y dyn Kikuyu, oedd wedi casáu y Kalenjin, yn ymuno yn nawns y Kalenjin. Roedd pawb yn ymuno â dawns pawb arall yn y diwedd, er bod ymuno â naid uchel dawns y Maasai yn dipyn o her!

Dawns Cariad

Cefais sioc pan ddechreuodd y rhai oedd wedi cynrychioli'r Drindod ar ddechrau'r gweithdy ddawnsio. Ond y fath wefr brofais pan ffrwydrodd yr ystafell gyfan o lawenydd, wrth i bawb ymuno yn y ddawns. A pham ddim? O ble daeth awydd pob diwylliant i fynegi eu hunain trwy ddawnsio? Ar ddelw pwy gawson ni'n creu? Roedd symboliaeth y cwbl mor gyfoethog – y Duwdod yn ein gwahodd ni i ymuno yng nghylch eu dawns o gariad. Am ddarlun i'n rhyddhau ni! Pa effaith allai hynny ei chael ar ein ffordd o rannu'r efengyl?

Perchnogaeth leol o'r neges

Daeth hyfforddi Ceniaid lleol i gynnal gweithdy eu hunain yn flaenoriaeth. Felly roedden ni wrth ein boddau pan wnaethon nhw berchnogi'r weinidogaeth a dechrau cynnal y gweithdai eu hunain, heb ein help ni. Roedden nhw mor frwd i weld eu gwlad yn profi iachâd, ac fe weithion nhw'n galed ac yn hunan-aberthol, a gweld llawer o bobl yn ymateb. Roedd ofn y gallai'r etholiadau oedd ar fin dod fod hyd yn oed yn fwy treisgar na'r rhai blaenorol.

Canolbwyntiodd y tîm eu sylw ar y Rift Valley, lle gwelwyd y trais gwaethaf yn yr etholiad blaenorol. Buon nhw'n gweithio gydag eglwysi ac yn y gymuned, gan dargedu'r penaethiaid a hefyd y bobl ifanc di-waith oedd wedi eu dadrithio ac felly'n dueddol o gael eu recriwtio fel aelodau o grwpiau milisia. Allwn ni ond credu fod eu gwaith wedi cyfrannu at sicrhau fod yr etholiadau ddilynodd yn heddychlon, a diolch i Dduw am hynny. Mae'r gwaith yn Cenia wedi datblygu'n fawr erbyn hyn, ac mae ganddyn nhw eu mudiad cymunedol eu hunain o'r enw 'Way of Peace'.

Fodd bynnag, doedd fy ngwaith yn Cenia ddim ar ben. Ces wahoddiad gan y tîm cenedlaethol i fynychu rali heddwch oedd yn cael ei chynnal yn Eldoret, lle roedd y trais wedi bod yn arbennig o ddifrifol. Roedden nhw'n erfyn arna i, 'Plîs wnewch chi ddod i edifarhau a golchi traed? Gallai gael effaith mor fawr ar y sefyllfa.' Felly, fe wnaethon nhw wahodd sawl arweinydd lleol allweddol i mi allu golchi eu traed ar ôl cyffesu'n gyhoeddus bechodau Prydain yn Cenia. Cafodd y cwbl ei recordio ar y cyfryngau lleol.

Edifarhau am y sgrialu am Affrica

Rai blynyddoedd ynghynt roedd eiriolwyr o wledydd Prydain, Ffrainc a'r Almaen wedi bod yn gweddïo gyda'i gilydd am ddiwygiad yn Ewrop, ac yn methu deall pam nad oedd eu gweddïau'n cael eu hateb. Wrth iddyn nhw geisio Duw am y peth, cawson nhw eu harwain at 1 Samuel 21, lle mae'r brenin Dafydd yn gofyn i Dduw pam roedd yna newyn yn y wlad. Ateb Duw oedd ei fod oherwydd eu pechod yn erbyn y Gibeoniaid.

'Felly, pwy ydy'n Gibeoniaid ni?' meddylion nhw. Daeth yr ateb yn amlwg yn fuan – Affrica. Roedd pechod Ewrop yn erbyn Affrica yn enfawr! Daeth y Scrialu am Affrica, fel y'i gelwir, i ben gyda chynhadledd barodd am dri mis yn Berlin yn 1884, pan dynnod cynrychiolwyr 13 o wledydd y Gorllewin linellau ar fap o Affrica, gan ffraeo gyda'i gilydd am pwy fyddai'n cael ble. Doedd dim un Affricanwr yn bresennol, a fuodd yna ddim ymgynghori gyda neb o Affrica chwaith. Cafodd y llinellau eu tynnu'n syth drwy ganol grwpiau o bobl oedd yn perthyn i'w gilydd, tra bod grwpiau eraill o bobl heb ddim yn gyffredin rhyngddyn nhw yn cael eu huno. Mae'r ffiniau artiffisial hyn yn dal i achosi problemau hyd heddiw.

Roedd yr eiriolwyr yn credu fod Duw yn eu harwain i drefnu ail-berfformiad proffwydol o'r gynhadledd honno, unwaith eto yn Berlin. Byddai cynrychiolwyr o'r holl wledydd oedd yn y gynhadledd wreiddiol yn cael eu gwahodd, ond y tro hwn bydden nhw hefyd yn gwahodd cynrychiolwyr o gynifer o wledydd Affrica ag a allai gael fisas i ddod. Digwyddodd hyn ym mis Tachwedd 2005, ac fe gefais i y fraint fawr o fynychu.

Roedd yn ddigwyddiad wna i byth ei hanghofio. Roedd yna lot fawr o ddagrau, wrth i bob gwlad yn ei thro gyffesu'r cam a wnaethon nhw ag Affrica. Tra roedden ni'n rhestru ein pechodau, mynnodd yr Affricaniaid wynebu eu hangen eu hunain i edifarhau, am bethau fel eilunaddoliaeth, rhyfela rhwng y llwythau, penaethiaid creulon ac anghyfiawn, a dyma nhw'n gofyn a allen nhw fynd yn gyntaf. Roedden nhw eisiau calonnau glân i dderbyn ein hedifeirwch ni.

Ar ôl i Ewrop a'r Unol Daleithiau edifarhau, dyma'r Affricaniaid yn ymateb un wlad ar y tro, a dyma pawb yn maddau i ni ac yn gweddïo bendith Duw arnon ni. Roedd yn cyffwrdd i'r byw. Roedden nhw'n dweud hefyd y byddai'n dda pe bai modd gwneud hyn yn eu gwledydd eu hunain. Daeth i gael ei adnabod fel Proses Gymodi Ewrop ac Affrica.

Mynd â'n hedifeirwch i Cenia

Yn llawer o'r gweithdai yn Cenia, ro'n i wedi gweld fod edifarhau ar ran Prydain yn torri'r iâ, gan alluogi'r Ceniaid i edifarhau am y gwrthdaro rhyngddynt â'i gilydd. Felly ro'n i'n awyddus i weld edifeirwch Prydain yn digwydd ar lefel genedlaethol cyn yr etholiadau nesaf yno.

Gwahoddais rai o'r bobl oedd wedi ymgynnull yn Berlin yn 2005 i ddod i Cenia. Roedd Hudson Mukunza, arweinydd Tŷ Gweddi Cenia ar y pryd, yn croesawu'r syniad yn frwd. Felly ym mis Gorffennaf 2012, aeth pump ohonon ni o'r Deyrnas Unedig i Cenia, ac ymunodd person arall o Brydain oedd yn gweithio yn Cenia â ni hefyd.

Cyn mynd, ro'n i wedi darllen 'Britain's Gulag – the Brutal End of Empire in Kenya' gan Caroline Elkins. Hwnnw oedd y llyfr anoddaf i mi ei ddarllen erioed. Roedd y disgrifiad o'r gwersyll-garcharau grëwyd yno gennym yn y 50au, a'r dulliau arteithio barbaraidd ddefnyddiwyd gennym, yn torri fy nghalon. Mae'n wir fod rhai degau o ymsefydlwyr Gwyn wedi eu lladd, ond fe wnaethon ni ladd cannoedd o filoedd o'r Kikuyu. Roedd rhaid i mi roi'r llyfr i lawr dro ar ôl tro, yn teimlo na allwn i oddef dim mwy, ond ro'n i'n gwybod bod rhaid i mi ei ddarllen i gyd os o'n i'n mynd yno i edifarhau.

Roedd yn ddigwyddiad bythgofiadwy arall, gyda llawer o ddagrau. Aeth y Ceniaid â ni i'r man lle roedd cenhadon Presbyteraidd cynnar o'r Alban wedi eu lladd. Cynhaliwyd cyfarfod cyhoeddus yno, gyda'r Ceniaid yn mynegi edifeirwch dwfn am beth ddigwyddodd. Roedden nhw'n mynnu gwneud hyn cyn derbyn ein cyffes a'n hedifeirwch ni.

Yna cynhaliwyd cyfarfodydd yn Nairobi i gyfleu ein hedifeirwch dyfnaf am yr hyn wnaeth ein gwlad. Cafwyd cyfle i siarad ar y radio a'r teledu hefyd, i gyffesu'r drwg wnaethpwyd. Byddai pobl yn ein stopio ar y stryd ac yn diolch i ni, ar ôl gweld y rhaglen deledu neu wrando ar y radio. 'Roedd pob un o'n teulu ni yn eu dagrau,' medden nhw. 'Mae hyn yn ein hiacháu ni!'

Aethon ni i ymweld â safle lle bu hil-laddiad, a chyfarfod rhai o'r bobl oedd wedi goroesi o'r gwersyll-garcharau. Buon ni'n golchi eu traed, a rhoi ychydig o bridd Prydain iddyn nhw fel arwydd symbolaidd ein bod yn dymuno rhoi eu tir yn ôl iddyn nhw. Roedden nhw i gyd yn hynod garedig a thrugarog wrth faddau i ni.

Yn fuan iawn ar ôl i ni ddychwelyd adre, dyma lywodraeth Prydain am y tro cyntaf erioed yn cydnabod y drwg wnaethon nhw yn Cenia a hyd yn oed yn cynnig talu iawndal i'r bobl oedd wedi goroesi'r gwersyll-garcharau. Mae gynnon ni gredinwyr y fraint enfawr o agor y drws yn y byd ysbrydol, fel bod hyd yn oed gwleidyddion yn gallu'n dilyn weithiau. Nid dyma'r unig dro i ni weld hyn yn digwydd.

22. A'R BYD...

'Rydyn ni wedi clywed am y fendith yn Rwanda. Mae angen iachâd a chymod yn ein gwlad ninnau hefyd. Allwch chi ddod yma i'n helpu ni, plîs?' Dechreuodd y gwahoddiadau ddod o Côte d'Ivoire, Simbabwe, Sri Lanka, Myanmar...

Fyddai neges oedd wedi cyrraedd pobl Affrica yn gweithio yn Asia hefyd? Es i bob un o'r gwledydd hyn gyda phobl o wahanol wledydd oedd eisoes wedi'i hyfforddi, ac wedi gweld Duw ar waith yn eu gwledydd nhw. Ond daeth yn amlwg i ni na allen ni gyrraedd pobman mewn un oes. Roedd cymaint o angen yn y byd am iachâd a chymod, felly dyma ni'n dechrau meddwl am ffyrdd newydd o ehangu ac amlhau'r weinidogaeth.

Joseph gafodd y syniad gyntaf o redeg Ysgol Gymod Ryngwladol yn Rwanda. 'Yn lle ein bod ni'n ceisio mynd i bob rhan o'r byd, gadewch i'r byd ddod aton ni!' awgrymodd. Roedden nhw'n rhentu canolfan mewn lleoliad hardd, heddychlon allai groesawu cynrychiolwyr o wahanol wledydd. Byddai'n rhaid i bobl o wahanol ddiwylliannau rannu llety, ond byddai hynny ynddo ei hun yn rhan sylweddol o'r profiad dysgu.

Ysgol Gymod Ryngwladol

Cafodd yr Ysgol gyntaf ei chynnal ym mis Ionawr 2012, gyda chymorth Le Rucher Ministries yn Geneva. Erbyn hyn, roedd rhai o staff Le Rucher yn ein helpu drwy gynnal gweithdai hyfforddi eraill fel dilyniant i'n gweithdy ni.

Nid ein gweithdai cymodi ni ydy diwedd y stori – dim ond y dechrau ydyn nhw. Pan mae calonnau pobl, a'u perthynas a'i gilydd wedi'i iacháu, rhaid iddyn nhw symud ymlaen i weithio gyda'i gilydd i adfer y gymuned. Mae angen mynegiant ymarferol o'r cymod. Os nad ydyn ni'n ei fyw, mae cymod yn ddiystyr.

Felly dechreuodd Renee Schudel gynnal gweithdai ar seiliau Beiblaidd datblygiad cymunedol, gyda'r nod o newid agwedd pobl o dderbyn a goddef eu sefyllfa i'r argyhoeddiad y gallen nhw wneud rhywbeth creadigol i sicrhau newid. Roedd yn brofiad gwefreiddiol a chalonogol i mi glywed am gymunedau'n cydweithio ar fentrau syml yn defnyddio'r adnoddau oedd ganddyn nhw. Roedd yn arbennig o effeithiol pan oedd troseddwyr a dioddefwyr yn gweithio gyda'i gilydd. Dyma sy'n digwydd bellach mewn cymaint o leoedd.

Lle mae gwrthdaro, mae unrhyw raglenni datblygiad cymunedol yn wastraff ymdrech ac arian llwyr os nad cheir cymod, gan fod gwrthdaro yn gallu dinistrio'r cwbl mewn dim o dro.

Roedd Erik Spruyt, cyfarwyddwr Le Rucher Ministries, yn cynnal sesiynau ar Arweinyddiaeth a gofalu am weithwyr Cristnogol. Yn yr Ysgol gyntaf, fe geisiwyd rhoi'r un faint o amser a phwyslais ar bob agwedd - cymod, datblygiad cymunedol, arweinyddiaeth a gofal am y gweithwyr. Bellach, fodd bynnag, mae'r prif ffocws ar iachâd a chymod, gyda'r bwriad o fuddsoddi cymaint ac sydd modd yn y bobl sy'n mynychu'r cyfarfodydd, er mwyn iddyn nhw allu mynd â gweithdy ICGE yn ôl i'w gwledydd eu hunain, er ein bod hefyd yn rhoi peth amser i'r agweddau eraill. Wrth i mi ysgrifennu hwn (2021) rydyn ni'n cynllunio ein seithfed Ysgol.

Dim ond ar ôl i ni ddechrau cynnal yr Ysgolion hyn y cofiais y geiriau o Eseia 60:1-3 roddodd Duw i mi yn nyddiau cynnar fy ymweliadau â Rwanda: 'Bydd cenhedloedd yn dod at dy oleuni...' Ac yn awr mae'n digwydd!

Er bod gennym gynrychiolwyr yn dod o lawer o wledydd a chyfandiroedd gwahanol, roedd yn siomedig nad oedd pawb wedi mynd adref i ddechrau'r weinidogaeth yn eu gwledydd eu hunain. Felly dyma ni'n ceisio annog pobl i ddod fel timau bach o ddau neu dri, fel y bydden nhw'n fwy tebygol o weithio gyda'i gilydd ar ôl mynd adref i'w gwledydd eu hunain.

Er hynny, rydym wrth ein bodd bod rhai unigolion wedi mynd adref i ddechrau cynnal gweithdai ac wedi gwneud gwaith anhygoel, ymhell y tu hwnt i'n disgwyliadau. Cafodd Thomas Green, y cyfeiriwyd ato'n gynharach ym Mhennod 15, ei anfon i'r Ysgol gan EFICOR – mudiad cymorth a datblygiad Cristnogol yn yr India. Ers iddo fynd yn ôl, mae Thomas wedi cynnal nifer fawr o weithdai yng ngogledd-ddwyrain India, gyda chanlyniadau calonogol iawn.

Daeth Joe Mulombo i'r Ysgol o Kinshasa, yng Ngweriniaeth Ddemocrataidd y Congo; dyn swil, tawel a diymhongar. Yn rhyfeddol, a hynny ar ei ben ei hun, mae Joe wedi cynnal llawer o weithdai yn ardal Kinshasa a hyd yn oed yn Brazzaville, Congo, prif-ddinas gwlad gyfagos. Mae Duw yn llawn syrpreisis!

Ar ddiwedd yr Ysgol, rydyn ni'n cynnig hyfforddiant ymarferol, lle gall grwpiau sydd wedi mynychu'r Ysgol fynd gyda mentor i brifysgol neu bentref yn Rwanda a rhedeg eu gweithdy eu hunain. Gan fod hon yn sefyllfa 'bywyd go iawn', gyda chyn-droseddwyr a dioddefwyr yn mynychu'r gweithdy gyda'i gilydd am y tro cyntaf, maen nhw'n aml yn hynod o nerfus. Ond mae Duw wedi bod yn ffyddlon. Mae wedi defnyddio'r Cristnogion hyn yn eu gwendid i gyflawni ei amcanion, ac maen nhw'n aml wedi gweld gwyrthiau, er mawr syndod iddyn nhw!

Yn un Ysgol, roedd y tîm yn dystion i wraig Twtsi oedd wedi colli llawer o'i pherthnasau yn yr hil-laddiad, yn cymodi gyda'r dyn Hwtw oedd wedi eu llofruddio nhw. Roedden nhw wedi gweld ei phoen. Bu bron iddi lewygu wrth stryglo i fynd â'i phoen at y groes, ac roedd rhaid i eraill ei helpu. Ond yna fe welon nhw'r ddau yn cofleidio ar ôl i'r troseddwr edifarhau. Ers hynny, maen nhw wedi derbyn lluniau ar eu ffonau symudol o'r ddynes yn croesawu'r troseddwr i gwrdd â'i theulu a'r cymod ddilynodd hynny. Does dim rhaid dweud fod y profiad hwn wedi cryfhau eu hyder yn fawr, a'u hannog i fynd yn ôl i weithio fel cymodwyr yn eu gwledydd eu hunain.

Roedd yr Ysgolion cyntaf yn Rwanda yn ddwyieithog – Saesneg a Ffrangeg – ond bellach mae yna Ysgol Ranbarthol Ffrangeg yn cael ei chynnal yn Côte d'Ivoire, Gorllewin Africa. Felly mae Ysgol Ryngwladol Rwanda yn cael ei chynnal yn Saesneg yn unig.

Drysau eraill yn agor yn annisgwyl

Weithiau mae'r drysau sy'n agor i ledaenu'r weinidogaeth wedi dod mewn ffyrdd anarferol ac annisgwyl. Ym mis Chwefror 2015, ces wahoddiad i gynnal seminar ar thema Cymod, ar y cyd gyda gwraig o eglwys y Mennoniaid, gyda'r ddwy ohonon ni'n rhannu ein dull gweithredu ein hunain. Cynhadledd Ryngwladol ar Ofal am Weithwyr Cristnogol oedd hi, i'w chynnal yn Antalya, Twrci, a byddai gen i dri-chwarter-awr i roi cyflwyniad.

Ro'n i'n ansicr iawn beth i'w wneud – oedd hi'n iawn i mi fynd yr holl ffordd yna i siarad am 45 munud mewn cynhadledd oedd ddim hyd yn oed ar Gymod? Dw i mor ddiolchgar fod gen i grŵp gofal ymgynghorol dw i'n atebol iddyn nhw. Dw i'n cyflwyno pob gwahoddiad dw i'n ei dderbyn iddyn nhw am gyngor ac arweiniad. Roedden nhw mor ansicr ag oeddwn i, heblaw am un person, sef (y diweddar bellach) Dewi Arwel Hughes, cyn-Ymgynghorydd Diwinyddol Tearfund. Mewn ffordd oedd ddim yn nodweddiadol ohono, dywedodd ei fod yn teimlo'n sicr fod Duw yn hyn ac y dylwn fynd.

Ac yn wir, fe drodd allan i fod yn drefniad dwyfol. Yn y seminar 45 munud honno fe gwrddais George De Vuyst, Americanwr oedd yn gweithio gyda Resonate Global Mission, ac wedi bod yn byw yn Wcráin ers blynyddoedd. 'Mae angen y weinidogaeth hon arnon ni yn Wcráin,' meddai. Yn y diwedd, cafodd ei hun yn mynychu'r Ysgol Gymod Ryngwladol nesaf yn Rwanda ac yna gwahoddodd ni i fynd i Wcráin.

Erbyn hyn, mae tîm o Wcreiniaid wedi eu hyfforddi ac wedi cynnal nifer o weithdai yn agos iawn at reng flaen y frwydr yn Nwyrain y wlad. Ar ddiwedd eu gweithdai maen nhw wedi bod yn dystion i Wcreiniaid a Rwsiaid yn medru bendithio ei gilydd. Dydy hyn ddim llai na gwyrth. Rydyn ni hefyd wedi cynnal nifer o Ysgolion Rhanbarthol yno, rhai dwyieithog = Saesneg a Rwsieg – gan ymestyn allan i'r cyn-floc Sofietaidd i gyd. Rydyn ni'n ei galw yn 'Ysgol Gymod Ewrasiaidd', ac mae pobl wedi ei mynychu o nifer o wledydd lle mae'r sefyllfa yn sensitif iawn.

Rhoi blodau yn y lludw yn Wcráin

Yn fuan, daeth George yn aelod amhrisiadwy o'r tîm addysgu rhyngwladol, ac mae'n treulio oriau lawer yn helpu i ddiwygio ein deunyddiau ar gyfer y gweithdai.

Yn yr un gynhadledd yn Nhwrci, fe wnes i gyfarfod gwraig o'r Iseldiroedd oedd yn gweithio yn yr Aifft, a thrwyddi hi agorodd y drws i ni weithio yn y Dwyrain Canol. Erbyn hyn rydyn ni wedi cynnal dau weithdy ac un digwyddiad hyfforddi yn yr Aifft, gyda nifer o bobl o wledydd cyfagos yn eu mynychu – rhai ohonyn nhw yn ffoaduriaid.

Dw i bob amser wedi bod a baich dros ffoaduriaid, felly roedd hyn yn ateb i weddi. Fe wnaeth dau gwpl Eifftaidd fy helpu i gynnal y gweithdy diwethaf. Roedd eu doniau fel hwyluswyr a hyfforddwyr wedi gwneud cymaint o argraff arna i. Petawn i ddim wedi mynd i Dwrci...

Yn ystod haf 2018, cefais e-bost gan ddyn busnes Americanaidd sy'n gweithio ym Macedonia. Fo oedd arweinydd y Rhwydwaith Galwad i

Weddi yn y Balcan, a gofynnodd am alwad Skype gyda mi. Dywedodd fod rhywun wedi rhoi copi o'm llawlyfr addysgu ICGE iddo, a'i fod yn credu mai dyma'r neges oedd ei hangen yn y Balcanau. Gofynnodd i mi siarad yn eu Cynhadledd Weddi nesaf yn Kosovo y mis Tachwedd hwnnw.

Ro'n i mewn ychydig o benbleth, felly yn ystod yr alwad Skype, gofynnais pwy oedd wedi rhoi'r llawlyfr addysgu iddo. Doedden ni ddim wedi argraffu'r llyfr ers blynyddoedd. (Rydyn ni'n ceisio'i wella'n barhaus, felly mae'n haws i'w gadw ar-lein i unrhyw un ei lawr-lwytho'n rhad ac am ddim.)

Dywedodd ei fod wedi ei dderbyn gan ddynes o Dde Affrica oedd wedi symud yno i fyw. Cofiais pwy oedd hi – ro'n i wedi ei chyfarfod unwaith yng nghartref fy ffrindiau oedd yn arwain y tîm yn Ne Affrica bryd hynny. Roedd wedi mynychu gweithdy gafodd ei gynnal ganddyn nhw, ac roedd ar fin gadael i weithio fel cenhades yn y Swdan. Ond yn ddiweddarach bu rhaid i genhadon adael y Swdan, a doeddwn i ddim wedi clywed dim mwy amdani. Mae'n debyg ei bod wedi cyfarfod dyn o'r Iseldiroedd mewn cynhadledd yn yr Almaen, ac roedd y ddau yn teimlo eu bod yn cael eu galw i briodi a symud i Macedonia.

Pan glywais hyn, ro'n i'n teimlo bod olion bysedd Duw ar y cwbl. Rhoddodd hyn yr hyder i mi fynd i'r Balcanau i weld a fyddai drws i'r weinidogaeth yn agor yno. Mae hanes y gwrthdaro yn y Balcanau yn erchyll ac mor gymhleth fyddwn i byth wedi dewis mynd yno fy hun. Daeth Dr Derek Munday, sy'n cadeirio fy ngrŵp ymgynghorol, gyda mi i Kosovo, a chawsom gynhadledd gyffrous ac arwyddocaol iawn.

Daeth dau berson ata i ar y diwedd gan ddweud y bydden nhw'n hoffi cael eu hyfforddi i redeg gweithdy ICGE, gan fod angen dirfawr amdani yn eu gwledydd. Un ohonyn nhw oedd Pastor Venco Nakov o Macedonia a'r llall oedd Georgia o Wlad Groeg, dwy wlad oedd mewn gwrthdaro â'i gilydd ar y pryd. Felly gwahoddais y ddau i fynd gyda mi i'r gweithdy a'r hyfforddiant oedd i'w gynnal yn Hwngari yn Chwefror 2019.

Yn ddiweddarach, daeth gwahoddiad i gynnal gweithdy ICGE ym Macedonia, ger Llyn Prespa, sydd ar ffin Gwlad Groeg ac Albania, yn ogystal â Macedonia. Y gobaith oedd y byddai rhywfaint o iachâd yn y berthynas rhwng Groeg a Macedonia. Ond doedd y naill ochr na'r llall yn frwd i fynychu'r gweithdy. Roedd y gwrthdaro rhyngddyn nhw yn dal yn fyw iawn. Felly mwyafrif y mynychwyr oedd y tîm wnaeth arwain Rhwydwaith Galwad i Weddi y Balcan. Daeth Georgia â'i gŵr o Serbia a'i thri plentyn oedd bellach yn oedolion, ac un ffrind arall. Nhw oedd yr unig rai o Wlad Groeg. Daeth Pastor Venco Nakov â'i wraig o Fwlgaria, a rhai eraill o Macedonia, gan gynnwys *ex-pats* a phobl leol.

Roedd yna rai adegau llawn tyndra, yn enwedig wrth drafod yr enw Macedonia, sydd bellach yn swyddogol yn cael ei alw yn Ogledd Macedonia. Roedd y ddau arlywydd wedi cytuno i'r enw hwnnw, ond roedd llawer o bobl yn y ddwy wlad yn teimlo eu bod wedi cael eu bradychu gan eu harlywyddion. Roedd un wraig hyd yn oed yn bygwth gadael ar ôl y noson gyntaf oherwydd i mi alw'r wlad yn Ogledd Macedonia.

I mi, uchafbwynt y gweithdy oedd yr amser o edifeirwch, pan ymunodd y Groegiaid a'r Macedoniaid mewn un cwtsh mawr crwn! Bellach mae gan y tîm lleol ddiddordeb mewn symud y weinidogaeth yn ei blaen, gan obeithio y bydd yn cynnwys holl wledydd y Balcanau yn y pen draw.

Tra dw i'n ysgrifennu hyn i gyd (2021), mae'n ymddangos fod drysau'n agor i'r gweithdy gael gwahoddiad i Ogledd a De America. Dyna i ni gyffrous!

Serbiad yn gwisgo Mantell y Genedl Sanctaidd
yng Ngogledd Macedonia

Crefyddau eraill?

Mae pobl wedi gofyn i mi sawl gwaith, fyddwn i'n ystyried addasu gweithdy
ICGE i'w gwneud yn dderbyniol i grefyddau eraill. Rydyn ni wedi gweddïo
a thrafod hyn yn helaeth, ac wedi dod i'r casgliad na ddylid newid cynnwys
y gweithdy, er fod croeso bob amser i bobl o grefyddau eraill fynychu.

I ni mae amlinelliad Beiblaidd y gweithdy yn hollbwysig. Mae dechrau
gyda'r Drindod yn gwbl sylfaenol – dyna pam cawson ni'n creu, a dymuniad
Duw ydy i ni ymuno a chylch cariadus undod mewn amrywiaeth. Mae deall
rôl y Lleidr yn hanes ein cenhedloedd mor bwysig; yna'n bwysicaf oll, gweld
marwolaeth Iesu ar y groes fel y pwynt canolog yn hanes y ddynoliaeth, lle
mae Duw yn delio gyda holl gamweddau'r byd. Iesu ydy'r unig un all ddwyn
ein pechod, a'r unig un all leddfu ein calonnau drylliedig, beichus.

Wedi dweud hynny, rydyn ni wedi cael pobl sy'n dilyn crefyddau eraill yn mynychu ein gweithdai, a hyd y gwn i, fuodd yna erioed wrthwynebiad i'n ffordd o wneud pethau. I ddweud y gwir, mae'n ymddangos fod y bobl hyn wedi'i werthfawrogi'n fawr.

Yn Sri Lanka, roedd yn rhaid i ni gyfieithu tair ffordd, oherwydd bod angen gweithio yn Tamil a Sinhala yn ogystal â'r Saesneg. Roedd hynny'n dipyn o her, yn enwedig pan oedd yr iaith anghywir i'w chlywed dros ein clustffonau.

Roedd yn sioc i ni fel tîm ddarganfod nad oedd y cyfieithwyr yn Gristnogion. Hindŵ, Bwdhydd ac un Mwslim os cofia i'n iawn. Mae canran y Cristnogion yn Sri Lanka yn fach iawn, felly doedd ganddyn nhw mo'r bobl gyda'r sgiliau i gyfieithu ar y pryd. Sut ar y ddaear allen nhw gyfieithu gweithdy Beiblaidd tybed, yn enwedig pan fyddai'r cyfieithydd Hindŵ yn cyfeirio at 'y duwiau' yn lle Duw? Ond roedd y bobl ar y gweithdy yn ein sicrhau eu bod yn deall yr hyn olygwyd.

Yn dilyn y sesiwn ar Ymateb Duw i Ddioddefaint Dynol sy'n disgrifio Iesu fel yr un sy'n cymryd ein pechod a'n poenau ni arno'i hun, daeth un cyfieithydd oedrannus aton ni. 'Mae bod yma yn brofiad bendigedig,' meddai. 'Dw i rioed wedi clywed y fath beth o'r blaen! Hindŵ ydw i, ond fyddech chi'n fodlon caniatáu i mi roi fy mhoenau i ar y groes hefyd?' Fe wnaethon ni ei sicrhau bod Iesu wedi marw ar y groes am fod Duw wedi caru'r *byd* cymaint. Wrth gwrs fod croeso iddo.

Dywedodd cyfieithydd Bwdhaidd, ar ôl clywed Joseff o Rwanda yn dysgu ar 'Sefyll yn y Bwlch' i edifarhau dros y grŵp o bobl dych chi'n perthyn iddo, 'Waw! Roedd hwnna'n anhygoel!'

Mae Mwslemiaid hefyd wedi mwynhau'r gweithdy. Yn Rwanda daeth Imam (arweinydd o fewn Islam) i'r gweithdy, a chymerodd ran yn yr amser adborth bob bore. Ar y diwrnod cyntaf roedd wedi cael ei gyfareddu gan y ffocws ar galon a chymeriad Duw – nad ewyllys Duw ydy popeth sy'n digwydd, a'i fod yn wylo dros gyflwr toredig ein byd, ond yn abl i'w brynu yn ôl.

Ar y bore olaf, pan welodd y groes, cyfaddefodd ei fod yn gwybod, pan welodd y groes, na allai gymryd rhan yn y gweithgaredd hwnnw fel Imam Mwslimaidd. Ond roedd wedi bod yn gwylio'n ofalus, ac wedi sylwi fod pobl yn edrych yn feichus wrth agosáu at y groes. 'Ond pan adawon nhw, roedden nhw'n rhydd!' meddai. 'Ac ro'n i'n genfigennus. Falle na wnaethoch chi sylwi fy mod i wedi mynd at y groes yn gyflym ar ddiwedd y sesiwn, hoelio fy mhapur arni, a gweddïo ar Allah.'

Yn rhyfeddol, yn ddiweddarach y diwrnod hwnnw, ar ôl gwrando ar lawer yn gofyn am faddeuant i'w gilydd, safodd ar ei draed a dywedodd ei fod yn teimlo bod angen iddo fo fel Mwslim ofyn am faddeuant, oherwydd nad oedden nhw bob amser wedi trin Cristnogion yn dda. Ar ôl clywed am hyn, gofynnais i arweinydd y tîm lleol oedd wedi cynnal y gweithdy, sut oedd o wedi llwyddo i berswadio'r Imam i fynychu'r gweithdy. 'O, dw i wedi bod yn meithrin cyfeillgarwch gydag o ers talwm,' meddai. Dyna'r allwedd.

Pan wnaeth tîm Gweriniaeth Ddemocrataidd y Congo hedfan allan i Weriniaeth Canolbarth Affrica i gynnal gweithdy, roedd nifer o Foslemiaid yn bresennol, gan gynnwys o leiaf un Imam. Roedden nhw i gyd wrth eu bodd gyda'r ddysgeidiaeth. Gofynnais i Daniel a oedden nhw wedi newid eu ffordd o wneud unrhyw beth, a sicrhaodd fi nad oedden nhw wedi gwneud hynny o gwbl. Pan aeth y tîm yn ôl yno ychydig fisoedd yn ddiweddarach i arwain dilyniant i'r gweithdy, roedd yr Imam yno, yn wên o glust i glust. 'Dw i wedi bod yn dysgu eich stwff chi ym mhobman!' meddai.

Dywedodd yr Imam mai'r ddysgeidiaeth yr oedd yn ei garu fwyaf oedd y rhan am ddod yn ddinesydd o'r Genedl Sanctaidd. Roedd Daniel wedi drysu braidd wrth glywed hyn, ac meddai wrth yr Imam, 'Ond fe ddwedon ni fod rhywun yn dod yn ddinesydd yn y Genedl Sanctaidd trwy ymddiried yn Iesu.' 'Dw i'n gwybod,' meddai. 'Dyna'n union dw i wedi bod yn ei ddweud wrth bawb!'

Felly, rydyn ni wedi dysgu peidio bod ag ofn gwahodd pobl o grefyddau eraill, ond i wneud yn gwbl glir mai gweithdy Beiblaidd ydy o.

Mae yna lawer o sefydliadau seciwlar (a rhai Cristnogol sy'n defnyddio dulliau seciwlar) yn ceisio dysgu am gymod mewn lleoedd ble mae yna wrthdaro. Cymod ydy ffrwyth ein gweithdai ni, nid eu cynnwys. Dydyn ni byth yn 'addysgu' am gymod. Ond rydyn ni wedi darganfod, pan fydd pobl yn cyfarfod Duw yn bersonol, wedi derbyn ei ddatguddiad o'i galon ac wedi rhoi eu holl boen a'u dicter iddo, mai cymod ydy'r canlyniad fel arfer.

Dw i o hyd ac o hyd yn clywed pobl yn dweud pa mor wahanol ydy'n gweithdy ni i'r lleill sy'n cael eu cynnig y dyddiau hyn. Roedd hyn yn peri penbleth i mi, ac yn gwneud i mi ofyn tybed beth oedd mor wahanol. Eglurodd Daniel yng Ngweriniaeth Ddemocrataidd y Congo: 'Yn y gweithdy hwn o'r dechrau i'r diwedd, rydych chi'n ein cysylltu ni â chalon Duw, ac mae o wedyn yn newid ein calonnau ni.' Dyna rywbeth dw i'n hapus iawn i ddal ati i'w wneud!

Gwneud albymau cymod

Rai blynyddoedd yn ôl, ces fy nghyflwyno i Dave Bankhead, cerddor o Loegr sy'n ceisio hybu cymod drwy gerddoriaeth. 'We Are One' ydy'r enw ar ei weinidogaeth - www.weareone.org.uk. Dim ond ychydig funudau gawson ni hefo'n gilydd, ond roedd ganddo ddiddordeb darganfod mwy am ein gwaith.

O ganlyniad, daeth o a cherddor arall gyda mi i Dde Affrica, a'n helpu drwy arwain addoliad yn rhai o'r gweithdai. Yna gofynnodd i mi oedd yna rywbeth allai o ei wneud i wasanaethu'r gwaith yn Rwanda – oedd yna unrhyw un yno yn canu caneuon newydd am iachâd a maddeuant? Pan ddwedais bod, awgrymodd efallai y gallen ni wneud albwm ohonyn nhw, gan mai dyna oedd ei broffesiwn. Ro'n i'n gyffrous iawn am y syniad, ac felly hefyd Anastase a Joseph yn Rwanda.

Felly dyma ni'n cynnal gweithdai i gyfansoddwyr caneuon yn Rwanda, ac yn dilyn eu profiad yn y gweithdai cawson nhw eu hannog i ysgrifennu caneuon newydd. Yna fe ddewison ni'r goreuon, a daeth cerddorion at ei gilydd i'w recordio. Roedd yn brofiad mor bleserus i mi. Fel rhywun o

Gymru, lle rydyn ni wedi arfer canu pedwar llais a harmoneiddo o oedran ifanc, dw i wrth fy modd hefo canu Affricanaidd, ac roedd yn bleser pur helpu i drefnu'r harmonïau. Ces gyfle i ymuno â'r côr hefyd, er bod rhaid i mi fod wedi ysgrifennu'r geiriau ar bapur – allwn i byth fod wedi cofio'r holl eiriau Kinyarwanda hynny!

Dros y blynyddoedd nesaf, fe wnaethon ni dair albwm: y gyntaf yn y flwyddyn 2000 yn gri o'r galon, *'Lord, Heal our Nation!'* Yna albwm plant o'r enw *'Arise and Shine'* yn 2002, ac yn 2004, albwm o dystiolaethau o iachâd a maddeuant, yn dwyn y teitl, *'Blessed Nation'.* Mae'r rhain i gyd yn Kinyarwanda ac ar gael drwy *'We are One' Music.* Yn 2005 aethon ni â grŵp o blant oedd â Saesneg da i Dde Affrica i ymuno â phlant o dreflan dlawd iawn, i greu albwm Saesneg o'r enw *'Heal Africa.'*

Ers hynny, mae Dave wedi helpu i wneud albymau tebyg yn Bwrwndi, Cenia a Côte d'Ivoire. Doedd gen i ddim rhan yn hynny, ond dw i'n llawenhau o weld y cyfraniad maen nhw wedi'i wneud i ddod a mwy o iachâd i'r gwledydd hynny.

Lledaenu'n bellach

Ers blynyddoedd lawer, enw'r gweithdy fu Iacháu Clwyfau Gwrthdaro Ethnig (*Healing the Wounds of Ethnic* Conflict) – ICGE. Fodd bynnag, mae rhai pobl wedi dweud wrthon ni fod angen cymod yn eu gwledydd nhw hefyd, ond mai nid ethnigrwydd ydy'r broblem mewn gwirionedd. Felly rydyn ni bellach wedi newid yr enw i Iacháu Calonnau, Trawsnewid Cenhedloedd (*Healing Hearts, Transforming Nations*) - ICTC. Rydyn ni wedi addasu rhywfaint ar y cynnwys i'w wneud, gobeithio, yn fwy defnyddiol i gynulleidfa ehangach. Yr unig ffordd i drawsnewid cenedl ydy iacháu calonnau pobl yn gyntaf.

Rydyn ni'n dal i ddysgu, ac yn ceisio gwella'r deunydd yn barhaus. Dydy'r llawlyfr dysgu ddim y gair olaf ar unrhyw bwnc, dim ond y dechrau. Mae cymaint mwy i'w ddysgu am Dduw a'i ffyrdd. Dywedodd hyd yn oed yr Apostol Paul, oedd wedi profi cymaint o ddatguddiadau goruwchnaturiol, fod yr hyn roedd yn ei wybod yn anghyflawn (1 Corinthiaid 13:12).

Erbyn hyn mae Llawlyfr dysgu ICTC wedi'i gyfieithu i lawer o ieithoedd, gan gynnwys y Gymraeg, ac mae mwy eto i ddod. Rydyn ni'n hapus iddo gael ei ledaenu mor eang â phosibl, ac mae pobl yn rhydd i addasu'r cyflwyniad i siwtio'u diwylliannau eu hunain. Mae ar gael ar-lein, i'w lawrlwytho am ddim (Gweler Atodiad 2 am fanylion).

Pan fydd timau wedi cael eu hyfforddi mewn gwahanol wledydd, dydyn ni ddim yn rhoi ein henw ni iddyn nhw nac yn ceisio rheoli beth maen nhw'n ei wneud. Rydyn ni'n eu hymddiried yn weddigar i'r Ysbryd Glân. Mae Ysgolion Cymodi Rhanbarthol eraill yn cael eu cynnal neu'n cael eu cynllunio mewn gwahanol rannau o'r byd, ac maen nhw'n cael eu rhedeg gan dîm o drefnwyr rhyngwladol. Mae'n syndod i mi sut mae Duw yn dal ati i 'luosogi torthau a physgod' heddiw.

Mae cyfres o 16 o fideos byrion yn cael eu paratoi ar hyn o bryd (2021) i ysgogi pobl i ddefnyddio'r llawlyfr addysgu sydd ar lein. Pan yn ffilmio'r fideos hyn yn 2018, aed â mi yn ôl i'r eglwys dlawd, wledig yn Nyamata, Rwanda. Dyma lle cynhaliwyd Sesiwn y Groes am y tro cyntaf, a gofynnwyd i mi adrodd y stori yn yr union fan lle cynhaliwyd hi.

Wrth i ni orffen ffilmio dyma grŵp o bobl o dŷ cyfagos yn rhedeg ata i, gan weiddi 'Shangaaz! Shangaaz!' (Modryb! Modryb!). Er mawr syndod i mi, dyna lle roedd Pastor Venuste ac eraill oedd wedi bod yn y gweithdy cyntaf hwnnw yn 1994. Roedden nhw wedi clywed fy mod yn dod yno i ffilmio. Ces fy nghofleidio'n dynn gan bawb! Dywedodd Pastor Venuste fod Duw wedi iacháu ei galon doredig yn y cyfarfod cyntaf hwnnw, a'i fod wedi bod yn rhannu neges iachâd byth ers hynny.

Dw i mor falch o ddweud nad ydy'r weinidogaeth hon bellach yn dibynnu ar fy rhan i yn y gwaith. Mae digon o bobl abl wedi'i hyfforddi mewn gwahanol rannau o'r byd – pobl sy'n angerddol frwd i weld iachâd a chymod yn lledaenu ar draws y byd. Yn ogystal â bod yn aelod hanfodol o'r tîm addysgu rhyngwladol, mae Joseph wedi sefydlu ei weinidogaeth ei hun yn Rwanda dan yr enw *Rabagirana Ministries*, a bellach mae ganddyn nhw eu canolfan eu hunain, yn gartref i'r Ysgol Gymod Ryngwladol.

Joseph and Esther

Mae'r wedd greadigol i'r Gweithdy wedi datblygu hefyd. Cynhaliodd *Rabagirana Ministries* weithdy ar gyfer artistiaid, aeth ati wedyn i beintio lluniau yn cyfleu eu profiad o'r hyn ddysgon nhw. Mae'r rhain bellach yn Arddangosfa o'r enw 'The Lighthouse', sy'n cael ei ddefnyddio i hybu dealltwriaeth a gobaith am iachâd. Dw i'n hoff iawn o greadigrwydd y lluniau, sydd i'w gweld ar ddiwedd y bennod hon.

Trefnodd Jean Paul weithdy i actorion yng ngogledd-orllewin Rwanda, a ffurfiwyd grŵp drama cymodi o ganlyniad i hynny. Mae'r grŵp yn lledaenu'r neges drwy ddrama.

Mae gweinidogaethau eraill wedi tyfu mewn gwahanol wledydd, pob un â'u henwau a'u hunaniaeth arbennig eu hunain. Byddai'r gwaith yn mynd yn ei flaen hyd yn oed pe bawn i'n disgyn yn farw yfory. A dyna sut y dylai fod.

Dathlu Amrywiaeth

Umugambi w'Imana ku mibanire y'abantu
Wari uko twishimira ubudasa hagati y'amatsinda
y'abantu,twubahiriza,duha agaciro imico y'abandi
tudahuje. Urugero rwiza rw'Imibanire ihebuje ni ubumwe
mu budasa twigira mu Butatu bwera bw'Imana.

Itang 1:26; Yohani 17:21-22

*Iyo urebye abo mudahuje byose, ibara, igihugu wumva
ubishimiye kandi ari umugisha?*
" Byapfiriye he ?

God's plan for Human relationships
was that there would be unity in diversity. We should seek
to come together, even as we honor and celebrate each
other's cultural differences, as the Father, Jesus, and Holy
Spirit are the model for perfect human relationships,
different and yet One.

Genesis 1:26; John 17:21 - 22

*Are you happy to see people who are different from you
by ethnicity, color and country as blessing?
If not, what went wrong?"*

 Website: www.rabagirana.org

Rhagfarn yn cael ei basio i lawr y cenedlaethau

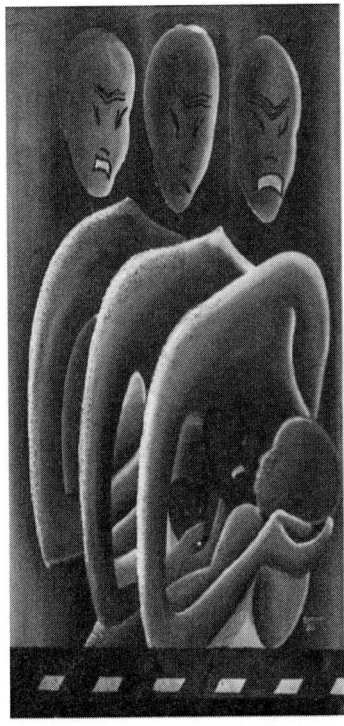

Gushyira Itsinda ry'abantu mu gatebo kamwe Bigira ingaruka mbi cyane. Bitera amacakubiri n'umwiryane, byangiza imibanire bigatera amakimbirane.
Abaheburayo 12:15

Ni ibiki byaba bigutera gushyira abantu mu gatebo kamwe?

Ni izihe ngaruka bifite ku myifatire yawe no ku mibanire yawe n'abandi?

Usabe imana ihumanure ibitekerezo byawe.

Prejudices (bitter roots) are very destructive and are the start of all wars and divisions
Hebrews 12:15

How have your prejudices influenced your beliefs and attitudes? What are the results?

If not, what went wrong?"

Ask God to renew your mind.

 **Website: www.rabagirana.org**

GAIR I GLOI

Wrth edrych yn ôl, dw i'n rhyfeddu. Mae Duw yn fy syfrdanu. Dw i'n dal i'w chael yn anodd credu popeth gawson ni'r fraint o'i weld. Mae'n teimlo ychydig fel breuddwyd – fel petawn i'n dweud stori rhywun arall. Pam ar y ddaear fyddai Duw wedi defnyddio rhywun hollol ddinod o Gymru i hedfan i ganol erchyllta'r sefyllfa honno, a helpu pobl i ddod o hyd i iachâd fyddai wedyn yn gyfrwng i fendithio cymaint o wledydd eraill.

Dydy o ddim wedi bod yn hawdd i gyd. Mae wedi costio – mae'r gwrthwynebiad ysbrydol yn erbyn y weinidogaeth hon wedi bod yn llethol weithiau. Mae cymod yn thema sy'n rhedeg drwy'r Beibl. Mae'r Duwdod bob amser wedi bod eisiau i'r ddynoliaeth rannu eu perthynas gariadus anhygoel o undod mewn amrywiaeth – dyna natur y Duwdod ei hun. Dyna pam mae tangnefeddwyr yn cael eu galw yn 'blant i Dduw'. Felly mae cymod yn rywbeth mae gelyn ein heneidiau yn ei gasáu a'i wrthwynebu'n gryf.

Mae'r timau wedi talu'n ddrud hefyd. Bu farw dau aelod o dimau mewn gwahanol wledydd yn sydyn iawn ar ôl eu pigo gan bryfed a'r pigiad yn troi'n heintus. Cafodd ffermwr gwyn yn Ne Affrica oedd yn arwain y gwaith yn KwaZwlw Natal ei drywanu i farwolaeth gan leidr crwydrol oedd yn gwybod dim am gymaint yr oedd yn cael ei garu a'i barchu gan y gymuned Ddu leol. Yn Durban bu farw aelod Indiaidd annwyl o'r tîm yn sydyn iawn.

Roedd aelodau o'r tîm yn aml iawn yn cyrraedd adre i ddarganfod salwch neu broblemau difrifol eraill yn eu teuluoedd. Mae'r gelyn wedi ceisio rhannu a dwyn anfri ar y timau, ac wedi llwyddo i wneud hynny weithiau gyda'r rhai hynny nad oedd yn ddigon cadarn yn y ffydd.

I raddau llai, mae cost wedi bod o ran fy iechyd fy hun. Mae'r holl deithio wedi effeithio ar fy nghydbwysedd, ac mae'r ddaear dan fy nhraed yn teimlo'n ansefydlog drwy'r amser, fel petai'n siglo'n gyson. Dydy hynny ddim yn fy mhoeni'n ormodol – mae'n rhyfeddol beth mae'r ymennydd yn dod i arfer ag o. Mae'n bris bach iawn i'w dalu am yr holl wyrthiau o ras Duw dw i wedi'i gweld.

Mae gwrthwynebiad ysbrydol i unrhyw waith cymodi yn anochel. Yn ein profiad ni, mae'n ymddangos po fwya'r gwrthwynebiad cyn y digwyddiad, mwya ydy'r canlyniadau. Wrth ddod wyneb yn wyneb â phob math o anawsterau ymlaen llaw, rydyn ni'n tueddu i ddweud, 'Mae'n rhaid fod Duw yn bwriadu gwneud rhywbeth da!'

Dydy hi ddim bob amser yn hawdd dod adre o dramor i eglwys sy'n pryderu am bethau gwahanol iawn. Mae'n teimlo weithiau fel petawn i ar blaned hollol wahanol. Dw i'n cofio dychwelyd o ymweliad â Rwanda yn fuan ar ôl yr hil-laddiad, a rhywun yn gofyn i mi ble ro'n i wedi bod. 'Yn Rwanda,' meddwn i. 'O, hyfryd! Buon ni yn Tenerife.' (Dw i'n sylweddoli bellach nad ydw i erioed wedi ffitio i mewn i unrhyw focs, ond falle fod hynny'n bris mae'n rhaid i arloeswyr ei dalu. Mae'n anochel ei fod yn llwybr unig, ond mae'r canlyniadau yn werth y cwbl.)

Dydy'r cwbl ddim wedi bod yn fêl i gyd i'r weinidogaeth ychwaith. Bu camgymeriadau a siomedigaethau. Weithiau doedd yna ddim digon o weddïo. Weithiau roedden ni'n meddwl fod trefnwyr oedd newydd eu hyfforddi yn fwy aeddfed nag oedden nhw mewn gwirionedd. Weithiau fe fethon ni ddod o hyd i'r 'mab tangnefedd' iawn (Luc 10:6) – rhywun allai symud y weinidogaeth yn ei blaen yn eu hardal nhw. Weithiau mae timau sydd wedi eu hyfforddi gynnon ni wedi cynllunio'n frwd i gynnal gweithdai yn eu hardaloedd, ond heb wneud dim byd, o bosib am nad oedd ganddyn nhw gyllid digonol. Ond gweinidogaeth sy'n cymhwyso eraill ydyn ni, nid gweinidogaeth sy'n ariannu eraill.

Mae'r galw am gymod yn y byd mor fawr, rydyn ni weithiau, wrth i'r weinidogaeth dyfu'n gyflym, wedi canolbwyntio gymaint ar y gwaith nes esgeuluso gofalu am unigolion a meithrin y timau. Syrthiodd rhai i bechod difrifol. Gwelsom briodasau yn chwalu, er fod perthynas rhai wedi eu hadfer o ganlyniad i weddïo dyfal.

Oherwydd hanes creulondeb Ewropeaidd yn Affrica, pryd bynnag dw i'n glanio yno, dw i, fel person â chroen gwyn, yn cynrychioli'r gormeswr. Does dim ffordd o osgoi hynny. Mae'n rhaid i mi dderbyn mai gwyn ydw i a cheisio byw mewn ffordd ac ysbryd gwahanol i'r hanes dw i'n ei 'gynrychioli'. Er fy mod wedi gwneud fy ngorau glas i beidio ailadrodd agweddau anghywir a gweithredoedd gwael pobl â chroen gwyn yn Affrica, mae'n dal yn wers anodd i'w dysgu. Dw i'n gwybod fy mod wedi gwneud camgymeriadau ac wedi clwyfo rhai pobl yn gwbl anfwriadol. Mae hiliaeth yn gymaint rhan o hunaniaeth pobl wyn, dydyn ni ddim bob amser yn sylweddoli ein bod yn bod yn tramgwyddo. Drwy'r cwbl, dw i wedi dod o hyd i ryw barodrwydd rhyfeddol i faddau a thrugarhau yn Affrica, sydd â chymaint i'w ddysgu i ni yn y Gorllewin.

Dywedodd rhywun wrtho i unwaith fy mod yn 'hunllef i weithio gyda hi fel trefnydd'. Mae'n wir nad oes gen i lawer o ddealltwriaeth o strwythurau trefniadol. Dw i bob amser yn tueddu i feddwl, 'Beth ydy'r peth gorau i'w wneud rŵan? Gadewch i ni wneud hynny.' Dw i ddim yn ystyried canlyniadau ehangach fy mhenderfyniadau. Dw i'n siŵr nad ydw i wedi bod y person hawsaf i weithio gyda hi, ac eto mae Duw wedi bod mor drugarog.

Er gwaethaf popeth, mae wedi bod yn werth y cyfan. Mae'r rhai sydd wedi ymateb i'r alwad i fod yn gymodwyr wedi gweld canlyniadau anhygoel i'w hymdrechion. Mae rhai o'n hystadegau'n dangos bod ein gwaith wedi effeithio ar filiynau o bobl. Mae addewidion Duw i mi, cyn i mi adael am Rwanda y tro cyntaf hwnnw, wedi dod yn wir, ac yn dal i gael eu gwireddu heddiw. Mae Iesu'n dal i allu amlhau offrymau di-nod fel y torthau a'r pysgod.

Bendithion gwaith tîm

Mae llawer o wersi wedi'i dysgu ar y ffordd. Dw i wedi dysgu fod gweithio gyda timau trawsddiwylliannol yn fendith fawr (er yn heriol iawn ar brydiau!). Mae gan bob un ohonon ni ein cryfderau a'n gwendidau ein hunain, a gallwn gefnogi ein gilydd i gyflawni rhywbeth llawer cyfoethocach yn y diwedd. Dw i wedi cael fy mendithio ac wedi dysgu gymaint drwy'r dulliau creadigol newydd o gyflwyno ein deunydd mae pobl eraill wedi'i cyfrannu i'r weinidogaeth. Mae timau fel hyn hefyd yn modelu'r cymod mae ein calonnau'n dymuno ei weld.

Gwerthoedd

Wrth i ni deithio gyda'n gilydd dros y blynyddoedd, rydyn ni wedi datblygu a meithrin gwerthoedd arbennig. **Cariad** ydy'r un pennaf, a dyna ddylai fod yr unig beth sy'n ein hysgogi. Mae llwyddiant y gweithdy yn dibynnu ar bawb yn mynd adre yn teimlo eu bod yn cael eu caru, eu derbyn a'u gwerthfawrogi.

Gobaith ydy'r nesaf. Mae'n hanfodol ein bod ni'n bobl sy'n dwyn gobaith i sefyllfaoedd. Heb obaith, does gynnon ni ddim i'w gynnig i bobl.

Ond o ble mae'n gobaith yn dod? Mae Eseia 11 yn bennod broffwydol am Iesu, a fyddai'n dod i greu heddwch rhyfeddol fyddai'n galluogi'r rhai mwyaf annhebygol i gyd-fyw'n hapus. Dywed adnod 3, '*Nid wrth yr hyn a wêl y barna, ac nid wrth yr hyn a glyw y dyfarna.*' Roedd gobaith Iesu yn dod yn uniongyrchol oddi wrth ei Dad Nefol, fel y gwelwn yn glir yn Efengyl Ioan. Dydy'n gobaith ni ddim yn dod o'r cyfryngau! Nid yw'n dod o amgylchiadau ein cenhedloedd chwaith. Mae angen i ninnau dderbyn ein gobaith yn uniongyrchol oddi wrth Dduw, a bod yn bobl sy'n '*gorlifo â gobaith*' (Rhufeiniaid 15:13), fel bod pobl o'n cwmpas yn gallu ei brofi.

Rhaid i ni hefyd fod yn ddigon dewr i rannu'n profiad ein hunain yn gwbl agored a thryloyw – rhannu ein gwendidau a'n brwydrau, er fod gwneud hynny'n gwbl groes i arfer y diwylliant. Mae Rwanda yn ddiwylliant anrhydedd/cywilydd cryf lle mae pobl yn gwisgo 'mwgwd' ac yn gweld hynny fel y ffordd fwyaf diogel i oroesi. Dydy ymddiriedaeth ddim yn beth sy'n dod yn hawdd iddyn nhw. Dw i'n deall yn well erbyn hyn pam dechreuodd y gwaith yn Rwanda. Os oedden ni'n gweld Duw yn cyflawni gwyrthiau rhyfeddol mewn sefyllfa mor anodd, gallen ni fod yn hyderus y gallai'r un peth ddigwydd yn unrhyw le.

Rydyn ni wedi dewis bod yn hael gyda'n deunyddiau. Rhodd Duw ydy'r cwbl, ac mae i bawb. Felly rydyn ni wedi bod yn barod i hyfforddi ac arfogi mudiadau eraill er mwyn lledaenu'r neges mor eang â phosibl. Doedd gynnon ni ddim unrhyw awydd i adeiladu ymerodraeth!

Gweddi

Fyddwn i erioed wedi mentro mynd i unrhyw le i redeg y gweithdy hwn heb fod yn gwybod bod llawer iawn o bobl yn gweddïo. Mae'r gorchudd gweddi hwn yn gwbl hanfodol. Diolch i Dduw am y cannoedd o bobl ofynnodd am gael derbyn fy llythyrau gweddi, er mwyn iddynt allu fy nghefnogi drwy weddi. Mae cymodi yn frwydr ysbrydol. Mae amserlen y gweithdai yn drwm, ac mae'r cyfleon allwn ni eu neilltuo fel tîm i weddïo yn brin, felly rydyn ni'n ddibynnol ar eiriolaeth llu o gefnogwyr mewn gwahanol rannau o'r byd. Weithiau, hefyd, pan oedd sefyllfa anodd yn codi mewn gweithdy, bydden ni'n stopio i weddïo yn y fan a'r lle, ac roedd hynny yn arwain at ddrws yn agor i bethau newid.

Delio â'r boen

Mae pobl wedi gofyn i mi'n aml sut ydw i'n delio â'r holl boen a'r straeon dw i wedi'i clywed am erchyllterau. Onid ydy'r cwbl yn fy llethu'n llwyr? Ydy o ddim yn fy nghael i lawr? Yn sicr, mae hynny'n berygl. Dw i'n meddwl mai'r hyn sydd wedi fy nghario i ydy darganfod Iesu fel yr un sy'n cymryd ein poenau arno'i hun.

Dw i wedi gorfod dysgu dadlwytho, a throsglwyddo'r cwbl i Iesu, a gwneud hynny yn ddelfrydol cyn gynted ag y byddaf yn ei glywed. Weithiau mae'n anodd clirio'r meddwl o'r darluniau o bethau ddigwyddodd, ac mae'n rhaid i mi arllwys y boen i galon Iesu. Fo ydy Gwaredwr y byd, nid ni. Ac mae cyfle i rannu gyda chwnselwyr sydd wedi eu hyfforddi'n arbennig wedi bod yn ddefnyddiol iawn hefyd.

Mae gwrthod cymryd y cyfrifoldeb am iachâd pobl, ond yn hytrach rhoi'r cwbl i Iesu yn allweddol; ond hefyd, dysgu i ganolbwyntio ar y pethau cadarnhaol. Beth mae Duw yn ei wneud yng nghanol y cyfan? Dw i wedi darganfod ei fod yna bob amser. Mae gorfoleddu yn y pethau hardd mae'n eu gwneud, yn hytrach na'r sefyllfa negyddol, yn allweddol i ddal gafael yn y gobaith.

Dewrder?

'Rwyt ti'n berson mor ddewr yn gwneud beth rwyt ti yn ei wneud!' Mae pobl wedi dweud rhywbeth felly wrtho i mor aml, ond y ffaith ydy nad ydw i'n berson dewr o gwbl. Dw i ddim yn or-hoff o deithio. Fyddwn i byth yn ystyried teithio'r byd ar fy mhen fy hun, o'm dewis. Dw i ddim yn mwynhau cymryd risg, er fy mod yn fodlon mentro gwneud hynny pan mae angen. Dw i ddim yn berson tawel, digyffro mewn sefyllfaoedd anodd a phryderus, er y carwn yn fawr fod felly. Dw i ddim yn un sy'n cysgu'n dda mewn gwely dieithr. (Yn wahanol i un ffrind i mi ddwedodd y gallai hi ddisgyn i gysgu ar lein ddillad!) Dw i'n aml wedi gofyn i Dduw, 'Wyt ti ddim wedi dewis y person anghywir?' Ond y gwir ydy ei fod yn ymhyfrydu wrth ddefnyddio llestri gwan. 'Pethau ffôl y byd a ddewisodd Duw, er mwyn cywilyddio'r doeth.' (1 Corinthiaid 1:27-29) Pam? 'fel na all neb ymffrostio.' Mae wedi'n cynllunio ni i weithio orau pan rydyn ni'n gwbl ddibynnol arno fo. Dw i'n credu mai gweddïau llawer o bobl sydd wedi fy ngalluogi i ddal ati.

Heriau personol sy'n parhau

Ro'n i bob amser yn teimlo mai fi oedd eiriolwr gwaetha'r byd, ac felly na allwn i fyth fod yn gymwys i gael fy nefnyddio gan Dduw. Ac eto, fe ddefnyddiodd fi. Dw i wedi dod i weld bod Duw yn gweithio gyda phob un ohonon ni'n unigol, heb ein cymharu ni gyda'n gilydd. Mae rhai wedi'i donio fel eiriolwyr, ac yn gallu treulio oriau maith mewn gweddi. Mae rhai yn sensitif iawn i'r byd ysbrydol, ac fel petaen nhw'n gallu 'tiwnio i mewn' i glywed beth mae Duw yn ei ddweud.

Dw i'n cofio unwaith cwyno i'm gweinidog fy mod i mor ansensitif. Mae rhai pobl yn camu oddi ar awyren mewn gwlad newydd ac yn synhwyro ar unwaith ble mae'r cadarnleoedd ysbrydol drwg, a sut awyrgylch ysbrydol sydd yno. Dw i'n dod oddi ar awyren ac yn meddwl, 'Mae hwn yn edrych fel lle diddorol!' Ymateb doeth fy ngweinidog oedd, 'Diolch i Dduw nad wyt ti'n ei chael yn hawdd i synhwyro'r pethau yna. O feddwl am y lleoedd rwyt ti'n mynd iddyn nhw, pe byddet ti'n gallu synhwyro'r awyrgylch ysbrydol yno, fyddet ti ddim yn gallu gweithredu! Gan mai ti wyt ti, gelli gamu yn dy flaen yn ddilyffethair.' Roedd ei eiriau yn gymaint o anogaeth i mi.

Mae Luc 18:7-8 wedi dod yn eiriau ystyrlon iawn i mi. Iesu ydy ateb Duw i'r rhai sy'n gweiddi am gyfiawnder. Dydy Duw ddim yn oedi; mae'n ateb ar unwaith. Ond, fydd o'n dod o hyd i'r ffydd sydd ei angen iddo allu ymyrryd? Mae o wedi rhoi'r rhodd o ffydd i mi i wynebu'r amhosibl lawer gwaith. Gweddïau byr, ffyddiog, ydy'r hyn oedd o'n ei ddisgwyl gen i, nid ymbil hir a thaer. Dw i mor falch. Dw i'n ddiolchgar am y *'pob math o ymbil'* y sonnir amdano yn Effesiaid 6:18.

Mae'n debyg mai fy ngweddi fwyaf effeithiol ydy'r weddi un gair dw i wedi'i defnyddio'n *aml iawn*: 'HELP!' Dw i'n meddwl mai un ystyr i'r gorchymyn i 'weddïo yn ddi-baid' ydy y dylai'r llinell gyfathrebu rhyngon ni a Duw fod ar agor bob amser, ac y dylem fyw bob amser yn ymwybodol o'r bresenoldeb gyda ni. Does dim angen rhoi'r ffôn i lawr. Dw i'n cofio un siaradwr, yn yr Undeb Cristnogol pan oeddwn yn fyfyriwr meddygol yn Leeds, yn awgrymu na ddylen ni ddweud 'Amen' ar ddiwedd ein defosiwn boreol. Am beth rhyfedd, ond bendigedig, i'w ddweud – roedd Duw yn dal yno pan fyddwn yn bwyta fy mrecwast! Rydyn ni'n dueddol o ddefnyddio 'Amen' i olygu, *'over and out'* yn lle ei ystyr go iawn, sef 'boed felly.'

Dw i hefyd wedi sylweddoli bod gynnon ni i gyd wahanol ddulliau o weddïo, yn ôl natur ein personoliaeth, ac mae hynny'n iawn. Mae rhai yn bobl fanwl sy'n tueddu i weddïo gweddïau manwl iawn. Mae eraill, fel fi, tueddu i ganolbwyntio ar y darlun mawr. Myfyrio ar yr hyn y gall Duw fod eisiau'i wneud drwy'r sefyllfa benodol, a beth fyddai'r canlyniad terfynol fydden ni'n ei ddymuno. Dyna ffordd wahanol iawn o weddïo, ond mae'r ddau yn dda.

Delio gyda gwendidau

Tra'n ysgrifennu'r llyfr yma, dw i wedi dod i ddeall yn gliriach fy mod i wastad wedi bod yn arweinydd naturiol – rhywun â gweledigaeth, yn fentrus, yn berson 'Gadewch i ni ei wneud'. Ond fy ngwendid mwyaf fu'r anallu i wybod y gwahaniaeth bob amser rhwng fy syniadau da i a syniadau Duw. Oherwydd hyn, dw i mor ddiolchgar am y bobl dw i wedi bod yn atebol iddyn nhw – yn gyntaf i Le Rucher Ministries yn Geneva a yn fwy diweddar i'm grŵp cynghori 'Iacháu'r Cenhedloedd' yn y Deyrnas Unedig. Maen nhw wedi fy helpu i ddirnad sut mae Duw yn arwain, hyd yn oed pan nad oeddwn i bob amser yn hoffi hynny! Ond roedd yn iawn.

Wedi cydnabod fod yna duedd ynof i fod yn fyrbwyll, dyma fi'n addo i Dduw na fyddwn i'n dechrau dim byd newydd, ond yn gadael iddo fo agor y drws. Mae angen gallu goruwchnaturiol Duw ar bob gweithdy newydd, felly rhaid bod yn siŵr o'i arweiniad a'i amseriad. Mae hynny gymaint gwell na'm bod i yn ymdrechu i geisio gwneud i bethau ddigwydd.

Dw i bob amser wedi cael trafferth bod yn amyneddgar – gyda Duw a gyda phobl. Dw i eisiau i bopeth ddigwydd 'ddoe', a dw i eisiau i bobl gael pethau'n iawn y tro cyntaf. Ac eto, wrth edrych yn ôl dw i'n gweld mor amyneddgar mae Duw wedi bod hefo fi. Dw i'n gwingo wrth gofio fy ymddygiad anaeddfed yn y blynyddoedd cynnar, ac eto wnaeth Duw ddim rhoi'i fyny hefo fi. Mae o wedi cael lot o brofiad yn gweithio gyda phobl amherffaith. Dyna'r cwbl sydd ganddo! Arglwydd, gwna fi'n debycach i ti.

Gan sylwi fod yna duedd ynof i fod yn feirniadol, dywedodd un arweinydd YWAM wrtho i flynyddoedd yn ôl, 'Ti'n berson craff iawn, ac mae hynny'n iawn. Ond yr her i ti ydy troi dirnadaeth yn eiriolaeth nid yn farn.' Roedd clywed hynny'n help mawr i mi, er yn wers araf iawn i'w dysgu. Allwedd arall wnes i ei ddarganfod wrth geisio brwydro yn erbyn bod yn feirniadol oedd pwysigrwydd bachu ar bob cyfle i annog a chadarnhau pobl. Ces fy herio'n fawr unwaith, pan ddywedodd gwraig i weinidog wrtho i ei bod hi bob amser yn ceisio 'dod o hyd i'r aur yn y gwellt'.

Dw i wedi dod i gydnabod fwy nag erioed bwysigrwydd cael Gwenda yn chwaer i mi. Dywedodd rhywun unwaith wrth ffrind i mi, ar ôl sylwi ar berthynas y ddwy ohonon ni gyda'i holl heriau, 'Dw i ddim yn meddwl y gallai Duw fyth fod wedi defnyddio Rhiannon fe mae wedi gwneud, pe bai ganddi ddim Gwenda yn chwaer.' Mae hynny mor wir. Mae Gwenda yn help mawr i gadw fy nhraed ar y ddaear. Wrth ymwneud â hi, dw i'n gweld fy ngwendidau a'm hangen gwirioneddol am ras Duw bob dydd. Mae'n fy herio i fyw yr hyn rwy'n ei bregethu.

Dw i hefyd wedi dysgu mai fy nghryfder mwyaf ydy fy ngwendid mwyaf. Mae'n ymddangos mai'r dafod, a'm gallu i gyfathrebu, ydy fy nghryfder mwyaf. Ond dw i wedi sylweddoli, ac mae'n peri tristwch i mi, fy mod ar adegau yn gallu defnyddio fy nhafod i siarad yn negyddol a barnu pobl eraill. Mae fy ngallu i siarad yn fyrfyfyr yn golygu fy mod yn gallu dweud pethau yn rhy gyflym weithiau, heb fod wedi ymgynghori â'r galon a'r ymennydd gyntaf.

Un o'm cryfderau eraill ydy teimlo tosturi dros bobl sy'n dioddef, a'r awydd i 'unioni'r cam'. Dw i ddim bob amser wedi ymateb yn ddoeth, gan fy mod weithiau wedi gwneud y bobl dw i'n ceisio'u helpu yn ddibynnol arna i. A weithiau gall fy awydd i unioni'r cam droi yn awydd i 'reoli' – a dw i wedi dysgu mai nid dyna ffordd Duw o wneud pethau.

Mae'n gwendidau ni yn rywbeth all y gelyn eu defnyddio. Pam bod angen chwilio am ffyrdd newydd? Gallwn yn hawdd lithro yn ôl i'r hen rigolau, felly mae hyn yn rywbeth mae'n rhaid i mi fod yn wyliadwrus ohono'n gyson. Mae'n anodd i mi am fy mod yn un sy'n gallu gweld yn gyflym sut mae gwneud rhywbeth yn effeithiol.

Felly pan mae pobl newydd yn dysgu sut i arwain y sesiynau mewn gweithdy, y demtasiwn i mi ydy neidio i mewn a chywiro pethau pan fyddai'n teimlo fod rhywbeth wedi'i golli neu ddim yn cael ei gyfathrebu'n glir. Mae hynny'n amlwg yn rywbeth all ddigalonni rhywun ac mae'n tarfu ar lif y gweithdy. Dw i'n dal i ddysgu brathu fy nhafod ac ymddiried yn Nuw. Wedi'r cyfan, yr Ysbryd Glân sy'n gwneud y gwaith, a diolch byth, dydy llwyddiant gweithdy ddim yn dibynnu ar gyflwyniad perffaith o'r deunydd.

Ond gallen ni edrych ar y peth o ongl arall hefyd. Mae Duw yn gallu troi ein gwendidau ni i fod yr union beth mae'n ei ddefnyddio i fod y mwyaf effeithiol ar gyfer gwaith y Deyrnas. Gall ein gwendidau droi yn gryfderau. Dyna'n Duw achubol ni ar waith – y Duw a greodd Lilïau Tân.

AC YN OLAF, WRTH I'R DAITH BARHAU...

Mae wedi bod yn fraint aruthrol gweld yr Ysbryd Glân ar waith, yn trawsnewid bywydau. Mae dylanwad ein gweithdai wedi bod yn llawer ehangach nag y byddwn i erioed wedi disgwyl. Mae wedi bod fel taflu carreg i bwll o ddŵr a gweld y cylchdonnau'n symud allan ymhellach ac ymhellach. Ac mae'n nhw'n dal i fynd! Mae'r hedyn mwstard wedi tyfu'n goeden. O dan arweinyddiaeth leol, yn enwedig yn Rwanda, mae bellach yn cael effaith sylweddol ar sawl agwedd ar fywyd y genedl. Rhaid cydnabod bod cymod yn daith sy'n parhau, a bod sawl haen wahanol i'r broses o iachâd.

Dw i wedi derbyn llawer mwy na dw i wedi'i gyfrannu. Dw i wedi gweld cymaint o flodau hardd yn tyfu allan o ludw dinistr, gwrthdaro ac anghyfiawnder. Dw i wedi cael fy nghyfoethogi gymaint gan hyfrydwch lliwgar llawer o wahanol ddiwylliannau. Mae wedi bod yn bleser gen i gael gweld pobl yn cael iachâd o'r clwyfau dyfnaf, a'r waliau sy'n rhannu pobl a chymunedau yn dymchwel. Mae wedi bod yn gymaint o fraint bod yn dyst i ogoniant Duw ar waith yn rhai o leoedd tywyllaf y byd. I ddweud y gwir, gwelwyd ei ogoniant amlycaf yn y lleoedd tywyllaf. Mae hynny'n rhoi gobaith i mi ar gyfer pob sefyllfa drasig newydd. Dw i'n gwybod y bydd Duw yno, yn cyflawni gwyrthiau yn dawel, er na chlywn ni byth am y pethau hyn ar y cyfryngau.

Dw i'n cofio'r amrywiol argraffiadau ges i, a'r negeseuon roddwyd i mi gan eraill am yr hyn allai Duw ei wneud yn fy nyfodol (fel dw i'n dangos ym Mhennod 7). Bellach, gallaf weld mor ffyddlon mae Duw wedi bod yn cyflawni'r pethau hynny, er nad oedd gen i syniad sut y gallai wneud hynny ar y pryd. Oedd, roedd y gwaith roddodd Duw i mi y tu hwnt i unrhyw beth y byddwn i wedi'i ddychmygu. Roedd ganddo eisiau chwarae 'alaw ryngwladol' gyda'm bywyd. Yn y diwedd, byddwn yn cael mwy o feibion a merched ysbrydol nag y gallwn byth eu cyfrif. Mae'r llu o wersi a ddysgwyd, drwy boen yn aml, wedi eu defnyddio i gynnig cysur a rhyddid i lawer. Gafodd dim un o'm profiadau eu gwastraffu, ac mae hynny'n rhoi llawenydd mawr i mi.

Mae Duw yn wir yn Dduw sy'n prynu'n ôl yr hyn a gollwyd! Dywed Eseia 51:3, '*Bydd yr ARGLWYDD yn cysuro Seion, bydd yn cysuro'i hadfeilion. Bydd yn gwneud ei hanialwch fel Eden, a'i diffeithwch fel gardd yr ARGLWYDD. Bydd llawenydd a dathlu i'w clywed ynddi, lleisiau diolch a sŵn canu.*' Am addewid ryfeddol! Er ei bod yn cyfeirio'n wreiddiol at Seion, rydyn ni sy'n credu bellach wedi ein 'himpio' i'r olewydden (Rhufeiniaid 11:17) ac yn rhannu'r etifeddiaeth. Mae hyn yn wir am bob un ohonon ni. Dydy Duw ddim yn ein diystyru ni yn ein cyflwr toredig, mae'n ein hiacháu a'n hadfer fel y gallwn helpu eraill i ddarganfod harddwch yn eu lleoedd diffaith. Mae derbyn iachâd Duw yn hanfodol.

Rydyn ni wedi bod yn dystion dro ar ôl tro i ryfeddod Eseia 61:4: '*Byddan nhw'n ailadeiladu'r hen adfeilion, yn codi lleoedd oedd wedi'i dinistrio, ac yn adfer trefi oedd wedi'i difa a heb neb yn byw ynddyn nhw ers cenedlaethau.*' Pwy ydy'r 'nhw' sy'n profi'r fath wyrthiau? Yn Eseia 61:1-3 gwelwn mai nhw ydy'r rhai briwedig mae Iesu wedi'u hiacháu, eu cysuro a'u rhyddhau – y rhai y rhoddwyd iddyn nhw fantell mawl yn lle ysbryd anobaith. Mae adnodau 1-3 yn sôn am beth fydd Iesu yn ei wneud, ond yna yn adnod 4 mae'n newid i 'nhw'. Ni ydy'r rhai briwedig sy'n dwyn iachâd i eraill, gan ein bod wedi profi iachâd Duw yn ein bywydau ein hunain. Mae gobaith i ni *i gyd*.

Dw i'n fwy argyhoeddedig nag erioed fod y groes yn gwbl ganolog i bopeth a wnawn. Wrth gynnal gweithdy ICTC yng Nghymru ro'n i'n stryglo, o wybod nad oedd un grŵp yn deilwng i gyflawni dibenion Duw yn y genedl: y Cymry Cymraeg, y di-Gymraeg na'r bobl oedd wedi symud i mewn o'r tu allan – roedden ni i gyd wedi methu byw fel roedd Duw'n dymuno.

Yna dyma Duw yn fy atgoffa o Datguddiad pennod 5 – sefyllfa arall lle roedd wylo am nad oedd neb yn deilwng i gyflawni dibenion Duw. Yna dyma nhw'n darganfod Un oedd yn deilwng – Llew Jwda. Ond pan edrychon nhw, yr hyn welon nhw oedd Oen oedd wedi'i ladd. Iesu ydy'r unig un sy'n deilwng i iacháu ein cenhedloedd. Talodd y pris yn llawn am hynny ar y groes. Roedd y cwbl wedi'i gynnwys yn ei aberth iawnol.

Dw i'n dal i ddysgu, ac yn dod o hyd i adnodau fel Colosiaid 1:20 sy'n dweud fod gwaith cymodi Iesu ar y groes yn cynnwys *popeth*! *Wir*? Yn 2 Corinthiaid 5:19, sy'n dweud bod Duw yng Nghrist yn cymodi'r byd ag ef ei hun, y gair Groeg am *byd* ydy *cosmos*. Mae'r peth yn benffrwydrol! Mae'n golygu mai rhan fach iawn o'r darlun mawr ydy'r hyn rydyn ni'n cael y fraint o'i wneud hefo Duw.

Er y byddai rhai am awgrymu y dylen ni fabwysiadu dulliau llai tramgwyddus fyddai'n addas ar gyfer pob crefydd a phobl sy'n dilyn dim un, does dim byd tebyg i'r gwirioneddau Beiblaidd sylfaenol i drawsnewid byd toredig:

- y gwahoddiad croesawgar i ymuno ag undod cariadus y Drindod;

- y sicrwydd a'r diogelwch o gael eich cofleidio gan y Tad Cariadus.

- gwaith Iesu yn ein prynu'n rhydd ar y groes ac yn cymryd arno'i hun holl gyflwr trasig y ddynoliaeth, gan droi ein colled yn elw;

- yr hunaniaeth wedi'i hadfer a gynigir i ni fel cyd-ddinasyddion y Genedl Sanctaidd, lle gallwn anrhydeddu ein gilydd a dathlu ein hamrywiaeth.

Darganfod a phrofi'r gwirioneddau yma sy'n arwain at wyrthiau ym mywydau miliynau erbyn hyn. I Dduw y bo'r holl ogoniant!

Cariad uwchlaw popeth arall

Wrth heneiddio, a nesáu at ddiwedd y daith ddaearol, ro'n i bob amser wedi meddwl fyddwn i'n poeni am beth oeddwn i wedi'i gyflawni. Oedd o'n ddigon? *Beth ydy digon*? Oedd fy mywyd yn llwyddiant? Ond bellach dw i ddim yn credu mai'r hyn rydyn ni'n ei gyflawni a'n llwyddiant ydy nod ein bywydau. Dw i wedi dod i sylweddoli fwyfwy mai'r unig beth sydd gan Dduw ddiddordeb ynddo ydy ydyn ni wedi byw bywyd o gariad? Pe bai rhywun eisiau ysgrifennu rhywbeth ar fy ngharreg fedd, byddwn mor hapus petaen nhw'n rhoi un gair yn unig, 'Carodd'. Does dim byd arall o bwys. Dw i wir yn gobeithio y gallen nhw wneud hynny. Rhaid i mi fod yn onest: nid dyna oedd prif nod fy mywyd bob amser, ac mae gen i dipyn o ffordd i fynd eto.

Gallwn i ail-ysgrifennu a chrynhoi 1 Corinthiaid 13:1-3 i mi fy hun fel yma: 'Os dw i wedi cael fy ystyried yn gymodwr rhyngwladol, ac heb fod gennyf gariad, yr wyf fel efydd yn seinio neu symbal yn tincian. Os ydy fy ngweinidogaeth wedi cyffwrdd miliynau o fywydau a bod gen i'r ffydd i weithio yn y lleoedd mwyaf heriol, a heb fod gennyf gariad, nid wyf fi ddim.'

Byddai wedi bod mor braf petawn i wedi clywed yr Efengyl gyntaf mewn ffordd wahanol – bod Cariad ei hun yn dymuno dod i breswylio yn fy nghalon; a gyda credinwyr eraill, ei brofi yn ein trawsffurfio'n gynyddol i fod y bobl fwyaf cariadus ar y blaned. Y fath wahaniaeth fyddai hynny wedi'i wneud o ran deall pwrpas fy mywyd. Dywedodd Iesu mai dyma sut y byddai pobl yn dod i gredu (wrth ein gweld yn caru'n gilydd). Dydy hyn ond wedi dechrau suddo i mewn yn 'hwyrddydd fy mywyd'.

Mae Duw wedi dangos i mi'n glir mai nid yr 'wyneb cyhoeddus' ydy'r fi *go iawn*, ond sut un ydw i gyda'r bobl agosaf ata i, fy chwaer Gwenda yn fy achos i. Mae Colosiaid 3:12-14 yn her barhaus. Wrth edrych yn ôl, dw i'n rhyw feddwl mai'r pethau pwysicaf wnes i o safbwynt Duw oedd caru fy chwaer a bwyta 'pap' gyda morwyn dlawd yn Ne Affrica. 'Arglwydd, dysga fi i garu dy blant i gyd, yn gwbl ddiamod.'

Wrth i'r weinidogaeth dyfu, dw i wedi dod yn ymwybodol iawn na ddylai byth droi'n eilun. Fel mae Paul Oakley wedi dweud yn ei gân, 'Jesus, Lover of My Soul':

'Does dim hebot ti, Iesu, Mae'r cwbl oll i ti,
Er dwyn clod i'th enw pur.
Nid er fy mwyn i, nid wy'n haeddu dim o gwbl;
Dim ond ti sydd Dduw, ac i'th ewyllys plygaf fi.

Dylai perthynas gariadus agos gyda Duw ei hun fod bob amser yn flaenoriaeth yn fy mywyd.

Dw i wedi dweud wrth Dduw lawer gwaith, os bydda i byth yn cael fy hunaniaeth yn 'llwyddiant' yr hyn gyflawnais i, rhaid iddo ei gymryd oddi arna i. Fy unig nod ddylai fod byw bywyd yng nghoflaid breichiau cariadus y Tad, a gwneud yn siŵr mai dyna fy nghariad cyntaf bob amser. Rai blynyddoedd yn ôl, ro'n i'n teimlo bod Duw yn dweud wrtho i, 'Arhosa'n fach (yn dy olwg dy hun), glyna'n dynn, a wedyn fydd yna ddim terfyn ar yr hyn alla i ei wneud.'

Bod yn gludwr gobaith

Dw i'n credu bod hon yn alwad barhaus ar fy mywyd, ble bynnag ydw i. Mae cymaint o angen gobaith ar ein byd toredig. Mae bod yn gludwr gobaith ym mhob sefyllfa yn fraint ac yn her i mi am weddill fy mywyd. Mae sylfaen ein gobaith mor gadarn – nad oes dim y tu hwnt i allu Duw i'w adennill, a'i fod yn gallu tyfu Lilïau Tân yng nghanol holl ludw'r byd.

'O gariad na'm gollyngi i,
Gorffwysfa f'enaid ynot sydd;
Yr einioes roddaist , cymer hi,
A llawnach, glanach fyth ei lli
Yn d'eigion dwfn a fydd.

O lewyrch yn fy nghanlyn sydd,
Fy nghannwyll wan a rof i ti;.
A golau benthyg hon a fydd
Yn t'wynnu'n loywach, decach dydd
Yn dy glaer heulwen di.

O wynfyd pur a'm cais trwy fraw,
Ni allaf rhagot gau fy mron;
Rwy'n gweld yr enfys drwy y glaw,
Yn ôl d'addewid gwyn y daw,
Diddagrau fore llon.

O groes a gwyd fy mhen, yn awr,
Ni feiddiaf ddeisyf d'ochel di;
Mi fwriaf falchder f'oes i'r llawr,
A thardd o'i lwch, â gwridog wawr,
Fy mythol fywyd i.'

George Matheson, 1882
cyf. D.Tecwyn Evans

ATODIAD 1
AWGRYMIADAU AR GYFER
MYFYRDOD PERSONOL
NEU GRŴP

Pennod 1 Y Bont
- Wyt ti'n cofio adeg pan gest ti dy hun mewn lle nad oeddet ti erioed wedi disgwyl bod, a darganfod wedyn mai Duw wnaeth dy roi di yno?
- Elli di weld sut roedd Duw wedi bod yn dy baratoi di ar gyfer hynny?

Pennod 2 Dylunwyd gan y Crefftwr Medrus
- Pa brofiadau gest ti wrth dyfu i fyny sydd wedi dy wneud di y person wyt ti heddiw?
- Wnaeth y profiadau dy arwain di at Dduw neu i ffwrdd oddi wrtho?

Pennod 3 Be yn y byd dw i'n wneud yma?
- Wyt ti'n teimlo fod Duw wedi dy alw di i rywbeth, a bod llaw Duw arnat yn dy arwain?
- Ydy'r ymdeimlad o alwedigaeth wedi newid dros y blynyddoedd?
- Pa ddulliau mae Duw yn eu defnyddio amlaf i siarad â ti neu dynnu dy sylw?
- Wyt ti wedi stryglo hefo'r angen i reoli sefyllfaoedd? Os wyt, cymer ychydig amser i siarad gyda Duw am y peth.
- Oedd yna rwystredigaethau roedd rhaid i ti ddelio gyda nhw?

Pennod 4 Am fod yn Gymraes
- Wyt ti'n gyfforddus gyda dy hunaniaeth, neu oes yna glwyfau yna neu ymdeimlad o fod yn well nag eraill?

- Ydy dy hunaniaeth genedlaethol a diwylliannol yn bwysicach na'th hunaniaeth ysbrydol? Os ydy o'n gwestiwn rhy anodd i'w ateb, beth am ofyn i Dduw dy helpu.

Pennod 5 Wynebu'r brwydrau mewnol

- Beth ydy dy ymateb cyntaf wrth feddwl am Dduw? Sut wyt ti'n teimlo amdano? Ceisia fod yn gwbl onest.
- Ydy dy ymateb di i Dduw yn gadarnhaol neu'n negyddol? (Noder: efallai na fydd yr ateb yr un fath â'th ddatganiad o gyffes ffydd.)
- Wyt ti'n dawel fach yn gweld Duw fel awdur trasiedïau bywyd?
- Sut allet ti helpu rhywun arall sy'n cael trafferth gyda'i ddarlun o Dduw?

Pennod 6 Darganfod Duw yn Brynwr popeth

- Gofyn i'r Ysbryd Glân ddatgelu i ti unrhyw ffyrdd y gallet fod wedi dy dramgwyddo gan Dduw.
- Elli di siarad yn onest â Duw am dy deimladau amdano?
- Elli di ofyn iddo ble roedd o yn ystod dy gyfnodau o anhawster a phoen, a gofyn iddo ddangos beth sydd yn ei galon i ti?
- Wyt ti erioed wedi profi rhywbeth da yn dod o gyfnod o golled neu ddioddefaint?

Pennod 7 Mwy o brofiadau i'm paratoi

- Sut fyddet ti'n disgrifio dy angerdd?
- Wyt ti wedi teimlo weithiau fod Duw wedi bwriadu pethau mwy ar dy gyfer?
- Elli di feddwl am brofiadau sydd wedi newid dy ddeallorwiaeth o Dduw / o fywyd? Sut wnaeth y newid hwnnw wahaniaeth ymarferol yn dy fywyd?

Pennod 8 Gwersi ddysgwyd yn Liberia

- Wyt ti wedi bod mewn sefyllfa oeddet ti'n amharod i'w hwynebu, ond sydd wedi troi allan i fod yn fendith?

- Os ydy Duw yn edrych yn gariadus ar yr hyn fyddi di ryw ddydd yn ogystal â'r hyn wyt ti rwan, beth wyt ti'n gredu mae o'n ei weld?
- Sut un fyddai tad perffaith yn dy olwg di?
- Oes yna unrhyw brofiadau poenus yn dy fywyd sydd wedi eu hiacháu, ac y gall Duw eu defnyddio i'th alluogi i fendithio rhywun arall sy'n dioddef?

Pennod 9 Gwahoddiad i Rwanda
- Beth sy'n rhoi gobaith i ti?
- Sut elli di gynnig gobaith i rywun arall?

Pennod 10 Cyfarfod Arweinwyr Cristnogol yn Kigali
- Gofyn i Dduw ddangos i ti oes yna gredoau 'poblogaidd' diwylliannol sy'n dy atal di rhag dod i'w nabod yn well.
- Oes yna unrhyw beth fyddai'n dy helpu i symud y 'mwgwd' y gallet ti fod yn cuddio tu ôl iddo?
- Sut allai dy stori di am frwydrau bywyd ddod ag iachâd i eraill?

Pennod 11 Dod o hyd i iachâd wrth y groes
- Gofyn i Dduw roi dealltwriaeth ddyfnach o ystyr y groes i ti.
- Oes yna unrhyw drawma yn dy fywyd yr hoffet ti gael help, cyngor a gweddi amdano?
- Oes yna rywbeth wyt ti wedi bod yn ei gario yn dy galon y caret ti ei roi i Iesu?
- Beth fyddai'n dy helpu i dywallt dy boen i galon Duw? Oes yna rywbeth yn dy rwystro rhag gwneud hyn?

Pennod 12 Lansio Gweithdy Iacháu Clwyfau Gwrthdaro Ethnig
- Oes yna arwyddion bod yr eglwys yn dy ardal di angen ei hiacháu yn gyntaf cyn y gall fod yn asiant i gynnig iachâd i eraill?
- Gest ti brofiad erioed o orfod dyfalbarhau yn wyneb rhwystrau a digalondid? Pa les ddaeth o'r profiad hwnnw?

Pennod 13 Y Gweithdy'n datblygu

- Oes yna leoedd wyt ti'n eu hosgoi am ei bod yn well gen ti beidio mynd yno oherwydd rhyw atgofion poenus?
- Wyt ti'n ei chael yn haws maddau i bobl sydd yn bell i ffwrdd, ac yn anoddach maddau i'r rhai sy'n agos?
- Oes angen i ti faddau i rywun sy'n agos?

Pennod 14 Lluosogi'r Weinidogaeth

- Wyt ti erioed wedi cael dy rwystro rhag gwneud rhywbeth oeddet ti wir eisiau ei wneud, dim ond i ddarganfod yn ddiweddarach fod gan Dduw gynllun gwell?
- Gofyn i'r Ysbryd Glân ddatgelu unrhyw ragfarnau cudd all fod yn dy galon.
- Oes yna unrhyw ffyrdd creadigol y gallai Duw dy arwain i helpu i ffurfio partneriaethau annisgwyl rhwng pobl?

Pennod 15 Darganfod Duw yn Dad Cariadus

- Sut ddarlun sydd gen ti o'th Dad nefol?
- Sut wyt ti'n meddwl mae o'n teimlo amdanat ti?
- Gofyn i Dduw ddangos i ti pa brofiadau o'th blentyndod sydd wedi dylanwadu ar y ffordd wyt ti'n edrych arno.
- Gofyn iddo dy helpu i faddau i'th rieni am unrhyw ffordd y gallen nhw fod wedi dy siomi, ac yna rheda i'w freichiau cariadus. Gall o ddiwallu holl anghenion dy galon.

Pennod 16 Maddeuant Ysgytwol

- Wyt ti wedi profi erioed fod maddau i rywun wedi arwain at ryddid newydd i ti?
- Gofyn i'r Ysbryd Glân ddatgelu i ti os oes yna rywun rwyt ti'n eu llusgo trwy fywyd gyda rhaff anfaddeuant.
- Oes yna unrhyw ffordd y gallet ti helpu i gymodi pobl sy'n elyniaethus at ei gilydd?

Pennod 17 Her Edifeirwch

- Oes yna unrhyw un y gallet ti fod wedi'i dramgwyddo, y dylet ti ofyn am ei faddeuant a maddeuant Duw?
- Gyda pha grwpiau wyt ti'n uniaethu (ethnig, hiliol, gwlad, rhywedd, enwad, proffesiwn ac ati?)
- Pa agweddau neu weithredoedd pechadurus mae dy grŵp(-iau) di wedi bod yn euog ohonyn nhw?
- Oes yna unrhyw gyfleon y gallet ti eu cymryd i sefyll yn y bwlch ar ran dy grŵp di?

Pennod 18 Gwahoddiad i dde Affrica

- Oes yna ffyrdd diwylliannol creadigol y gallet ti eu defnyddio i estyn allan at bobl na fyddet ti'n cysylltu â nhw fel arfer?

Pennod 19 Syniadau Creadigol Newydd yn Ne Affrica

- Beth all y Drindod ei ddysgu i ti am dy ymwneud â phobl eraill?
- Oes yna grŵp o bobl sydd wedi'i dwyn oddi arnat, ond y caret ti eu cael yn ôl?
- Pa sylwadau cadarnhaol allet ti eu gwneud am grwpiau eraill yn dy sgwrs o ddydd i ddydd.
- Gofyn i Dduw ddangos i ti os oes yna unrhyw un y mae o eisiau i ti eu bendithio, a sut y dylet wneud hynny.

Pennod 20 Y neges yn cyrraedd y Congo

- Sut allai deall mwy am gymeriad Duw dy helpu i uniaethu â phobl mewn ffordd wahanol, yn enwedig y bobl hynny rwyt ti'n ei chael yn anodd dod ymlaen â nhw?
- Gofyn i Dduw dy helpu i weld pawb fel pobl sy'n cael eu caru'n ddiamod ganddo fo.

Pennod 21 A Cenia...

- Sut wyt ti'n gweld y groes yn cymodi gelynion?
- Ydy'r weithred symbolaidd o olchi traed yn ystyrlon i ti? Wyt ti wedi

gwneud hyn erioed? Allai fod yna ryw sefyllfa ble byddai hynny'n gymorth?

- Sut fyddet ti'n ymateb i wahoddiad gan y Drindod i ymuno yn 'Dawns cariad'?

- Pa gyfleon allet ti eu defnyddio i wahodd eraill i ymuno â'r cylch?

Pennod 22 A'r byd...

- Elli di ddychmygu ffyrdd creadigol o hybu cymod yn dy wlad?

- Oes yna bobl eraill y gellid eu hyfforddi i wneud yr hyn rwyt ti'n ei wneud?

- Wyt ti'n gweithio dy hun allan o swydd?

Gair i gloi

- Beth wyt ti'n meddwl ydy dy gryfderau a'th wendidau di, ac wyt ti'n gallu gweld sut y mae Duw yn defnyddio'r naill a'r llall?

- Elli di gofio unrhyw addewidion wnaeth Duw i ti sydd bellach wedi'i cyflawni?

- Oes yna 'Lilïau Tân' yn tyfu allan o ludw dioddefaint yn dy fywyd di?

- Gofyn i Dduw ddangos i ti ei flaenoriaethau o ar dy gyfer di i'r dyfodol.

ATODIAD 2
IACHÁU CALONNAU, TRAWSFFURFIO CENHEDLOEDD

Am fwy o fanylion am y weinidogaeth hon, ewch i www.HHTNglobal.org lle byddwch yn dod o hyd i:

- Ein llawlyfr dysgu, 'Iacháu Calonnau, Trawsffurfio Cenhedloedd' mewn amryw o ieithoedd.

- Cyfres o 16 fideo o'r un enw, sy'n ceisio ysgogi pobl i gysylltu â'r ddysgeidiaeth ar-lein, gan ddefnyddio tystiolaethau a chlipiau ffilm o'r gweithdai.

- PDF sy'n cyd-fynd â'r llyfr sain Fire Lilies, gyda lluniau a diagramau.

- Y llyfr, 'Jesus is our Hero', gafodd ei ysgrifennu yn 2006 gen i, Anastase Sabamungu (Twtsi), a Joseph Nyamutera (Hwtw). Mae'n rhoi disgrifiad mwy manwl o strwythur a ffrwyth y gweithdy.

- Dogfen yn amlinellu egwyddorion iachâd a chymod, i unrhyw un sy'n ystyried gwahodd y weinidogaeth i'w hardal nhw.

- Gwybodaeth am Ysgol Ryngwladol Cymod yn Rwanda; ysgol Cymod Eurasia; ac Ysgolion Rhanbarthol, gyda dyddiadau digwyddiadau yn y dyfodol.

- Dolen i 'Hope of a Thousand Hills'- llyfr gan Emily Bankhead, yn adrodd hanes y gwaith yn Rwanda.

Gweithdy Iacháu Calonnau, Trawsffurfio Cenhedloedd
Enw blaenorol: Gweithdy Iacháu Clwyfau Gwrthdaro Ethnig (ICGE)

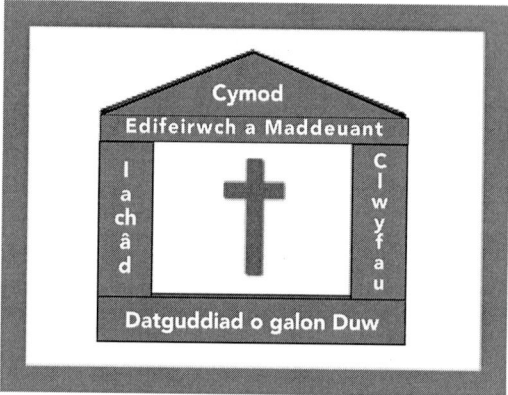

Adran 1: Gosod y Sylfaen
1 Bwriad Gwreiddiol Duw ar gyfer Perthnasau
2 Grym Ofnadwy Rhagfarn: Gwreiddiau Chwerw
3 Hunaniaeth wedi'i Adfer
4 Yr Eglwys fel Cyfrwng Newid
5 Dioddefaint a Duw Cariad
6 Adnabod Duw fel Tad Cariadus

Adran 2: Adeiladu'r Waliau
7 Y Lleidr
8 Y Galon Glwyfus
9 Ymateb Duw i Ddioddefaint Dynol
10 Gweithdy'r Groes

Adran 3: Gosod y Nenfwd
11 Maddau i'r Troseddwr
12 Grym Trawsffurfiol Edifeirwch a Gofyn am Faddeuant
13 Sefyll yn y Bwlch

Adran 4: Rŵan, y To!
14 Cyhoeddi Bendith
15 Ble Awn Ni Nesa?

ATODIAD 3
CYDNABYDDIAETHAU

Dw i mor ddiolchgar i gymaint o bobl sydd wedi fy helpu i sgwennu a chyhoeddi'r llyfr hwn. Yn gyntaf, hoffwn ddiolch i'm grŵp cynghori wnaeth fy annog yn daer, a hyd yn oed dweud eu bod yn teimlo y byddwn yn anufudd i Dduw pe na bawn yn sgwennu llyfr am fy stori. Heb yr anogaeth gref yma mae'n debyg na fyddwn byth wedi mentro.

Mae yna lawer mwy o bobl y dylwn ddiolch iddyn nhw: Roedd dawn olygyddol a chyngor Sandy Waldron yn anogaeth fawr yn nyddiau cynnar y brosiect; treuliodd fy ffrind Mary Munday, sydd hefyd yn aelod o'r grŵp cynghori ac yn ddarllenydd brwd, oriau lawer yn mynd drwy'r sgript drosodd a throsodd, gan roi lot fawr o gyngor defnyddiol i mi; yna Christine Orme, athrawes Saesneg a golygydd profiadol, roddodd heibio oriau o'i hamser i gywiro fy ngramadeg ac awgrymu gwelliannau; Rhoddodd Fawn Parish, ffrind agos arall ac awdur nifer o lyfrau, gyngor gwerthfawr iawn i mi. Fawn ydy cyfarwyddwr y Coalisiwn Cymodi Rhyngwladol.

Mae Martin Harrison, cyfaill o'r eglwys sydd hefyd yn awdur, wedi treulio oriau lawer yn fformatio a chywiro'r fersiwn Saesneg o'r llyfr ac yn ei baratoi ar gyfer hunan-gyhoeddi, ac mae wedi bod yn ased amhrisiadwy. Anodd mynegi mor ddiolchgar ydw i.

Rwy'n ddiolchgar iawn hefyd i Les Roberts, Diane Conde, Rosie Leavers ac Elaine Harrison am y prawf-ddarllen , ac i bawb sydd, yn garedig iawn, wedi darllen a chymeradwyo'r llyfr.

A diolch hefyd i Greg Leavers a Martin Harrison wnaeth recordio a golygu fersiwn sain o'r llyfr yn y Saesneg.

Wrth edrych yn ôl ar fy mywyd, mae gen i gymaint o le i ddiolch i'm rhieni, ac i bawb sydd wedi fy siapio mewn sawl ffordd wahanol, yn arbennig staff YWAM yn Nuneaton.

Diolch arbennig i Arfon Jones am oriau o waith yn cyfieithu acvaddasu'r llyfr Saesneg ar gyfer cynulleidfa Gymraeg.

Does dim terfyn ar fy niolchgarwch i'r holl arwyr sy'n cael eu crybwyll yn y straeon hyn, a llawer mwy sydd heb eu cofnodi. Chi ydy'r rhai sydd wedi rhoi gwerth i'r cwbl. Mae wedi bod yn fraint fawr i mi allu eich gwasanaethu, a dysgu cymaint gennych hefyd. Eich stori chi ydy hon mewn gwirionedd.

Yn olaf, mae fy niolch pennaf i'm Gwaredwr mawr, Iesu, sy'n ein gwneud yn 'fwy na choncwerwyr' beth bynnag fo'r anawsterau, yr heriau a'r trychinebau mae'n rhaid i ni eu hwynebu yn ein bywydau. Iesu sy'n dod â rhywbeth hardd o ludw bywyd, ac yn rhoi gobaith tragwyddol i ni. Boed iddo gael ei glodfori am byth!